International Commercial
Arbitration Law：
Issues and Cases

国际商事仲裁法：
争点和案例

沈 伟 主编

上海交通大学出版社
SHANGHAI JIAO TONG UNIVERSITY PRESS

内容提要

国际商事仲裁在程序法和实体法上存在许多争论的焦点问题。就程序法而言,仲裁程序的合法性、仲裁庭和法院的关系、仲裁裁决司法审查的标准是比较突出的问题;就实体法而言,仲裁协议的有效性、准据法的适用在实践中仍有许多盲点和争点值得讨论。本书以仲裁案件的流程为主线,从仲裁协议、仲裁庭、仲裁程序到仲裁裁决、仲裁裁决的撤销、仲裁裁决的承认和执行,再到仲裁裁决的司法审查、公共政策,以案例为对象、以争点为重点,对国际商事仲裁理论和实践中的疑难问题展开分析。本书既可以作为法学专业学生的教材,也可为从事法学研究的专家学者及实务人员提供参考。

图书在版编目(CIP)数据

国际商事仲裁法:争点和案例 / 沈伟主编.
上海:上海交通大学出版社,2024.8 -- (涉外法治论丛).
ISBN 978 - 7 - 313 - 31067 - 5

Ⅰ. D997.4
中国国家版本馆 CIP 数据核字第 2024XJ9604 号

国际商事仲裁法:争点和案例
GUOJI SHANGSHI ZHONGCAIFA:ZHENGDIAN HE ANLI

主　　编:	沈　伟		
出版发行:	上海交通大学出版社	地　　址:	上海市番禺路 951 号
邮政编码:	200030	电　　话:	021 - 64071208
印　　制:	上海万卷印刷股份有限公司	经　　销:	全国新华书店
开　　本:	710 mm×1000 mm　1/16	印　　张:	17.25
字　　数:	285 千字		
版　　次:	2024 年 8 月第 1 版	印　　次:	2024 年 8 月第 1 次印刷
书　　号:	ISBN 978 - 7 - 313 - 31067 - 5		
定　　价:	70.00 元		

序
PREFACE

国际商事仲裁发展迅猛，中国的商事仲裁法也日趋成熟。上海、北京、深圳、广州等地都以建设国际商事仲裁中心为目标。商事仲裁法的理论和实践在不断发展，禁诉令等新实践和临时仲裁、外国仲裁机构准入重新立法也带来了新的问题。

"从实践中来，到理论中去"是本书的初衷。本书围绕国际商事仲裁具体案例，对抽象的理论加以阐释和解读，以加深对国际商事仲裁理论的理解。本书案例的选取沿着国际商事仲裁案件的流程展开，从仲裁条款的有效性到仲裁程序和仲裁裁决的作出，再到仲裁裁决的承认和执行。这样的设计和展开更有带入感。

国际商事仲裁的核心问题是仲裁庭和法院之间、当事人意思自治和司法主权之间的关系，司法审查作为法院支持和介入商事仲裁的机制，是本书特别关注的议题。因此，本书相当多的案例其实是法院判决。当然碍于篇幅，本书无法穷尽所有的争点和案例，期待今后能够进一步丰富和扩展。

是为序。

沈 伟

2024 年 5 月 26 日

目录
CONTENTS

第一章　仲裁协议的效力 ··· 1

  第一节　仲裁协议的类型及定义 ··· 1

  第二节　仲裁协议无效的情形 ··· 5

  第三节　不存在仲裁协议的情形 ··· 13

第二章　恶意提起确认仲裁协议效力 ································ 18

  第一节　申请确认仲裁协议效力案件概述 ························· 18

  第二节　恶意提起确认仲裁协议效力案件的手段及应对措施 ········· 18

  第三节　结语 ··· 27

第三章　仲裁程序法 ··· 29

  第一节　仲裁程序法的定义 ··· 29

  第二节　仲裁程序法的独立性 ··· 29

  第三节　仲裁程序法的确定 ··· 31

  第四节　非国内化仲裁 ··· 42

  第五节　中国的仲裁程序法适用 ··· 45

第四章　仲裁程序违法 ··· 49

  第一节　仲裁程序违法的定义 ··· 49

第二节　仲裁程序违法的情形与案例 ·························· 52

第三节　结语 ·························· 72

第五章　仲裁员和仲裁庭 ·························· 73

第一节　仲裁员的资格与选定方式 ·························· 73

第二节　仲裁员的行为准则 ·························· 78

第三节　仲裁员的责任 ·························· 85

第四节　结语 ·························· 88

第六章　仲裁裁决 ·························· 90

第一节　仲裁裁决的定义和分类 ·························· 90

第二节　仲裁裁决的效力 ·························· 96

第三节　仲裁裁决的籍属：由仲裁机构标准到仲裁地标准 ·········· 103

第四节　仲裁裁决程序瑕疵的处理 ·························· 108

第五节　仲裁裁决的撤销 ·························· 115

第六节　对社会公共利益的影响 ·························· 121

第七章　仲裁裁决的撤销 ·························· 124

第一节　撤销仲裁裁决概述 ·························· 124

第二节　仲裁裁决撤销的事由 ·························· 127

第三节　撤销的具体事由分析 ·························· 132

第四节　申请撤销仲裁裁决的结果 ·························· 157

第八章　仲裁裁决的承认与执行 ·························· 162

第一节　概念明晰：承认与执行 ·························· 162

第二节　当事人申请 ·························· 165

第三节　法院裁定 ·························· 171

第四节　结语 ·· 200

第九章　执行涉外仲裁裁决内部报告制度 ·················· 202

第一节　地方保护主义与司法低效 ································ 202

第二节　执行涉外及外国仲裁裁决的内部报告制度 ············· 204

第三节　基于最高法院 98 份批复的实证研究 ·················· 209

第四节　实证研究的回归分析 ····································· 221

第五节　中央化司法控制：内部报告制度对抑制地方保护主义的

　　　　有效性 ·· 224

第六节　以司法改革为背景 ·· 226

第十章　国际商事仲裁中的公共利益(公共政策) ·········· 229

第一节　"公共利益"的内涵 ······································· 229

第二节　"公共利益"在仲裁制度中的体现 ····················· 232

第三节　"公共利益"仲裁司法审查的司法实践 ················· 233

第四节　公共政策在国际商事仲裁实践中的适用 ··············· 244

第四节　结语 ·· 251

参考文献 ··· 253

索引 ·· 256

后记 ·· 262

第一章
仲裁协议的效力 *

第一节 仲裁协议的类型及定义

一、仲裁协议的类型

仲裁协议根据形式的不同可分为仲裁条款、仲裁协议和其他文件中包含的仲裁条款三种。仲裁条款是指在订立的合同中包含的将合同争议提交仲裁的条款;仲裁协议是指在争议发生之前或者之后,双方当事人在自愿的基础上订立的同意将争议提交仲裁解决的一份书面文件;其他文件中包含的仲裁条款则是指信函、电报、电传、传真或其他书面方式固定的通过仲裁方式解决争议的意图。

二、仲裁协议的定义

仲裁协议(arbitration agreement)是指双方当事人在合同中预先载明表示愿意将其在履行合同过程中发生的争议交付仲裁解决的一种条款,或者当事人在争议发生后,以其他方式达成的愿意提交仲裁的一种书面协议。

(一) 仲裁协议的形式要件:书面形式

《联合国贸易法委员会国际商事仲裁示范法》(简称《国际商事仲裁示范法》,2006 年修订)第 7 条规定:仲裁协议应为书面形式。仲裁协议的内容以任何形式记录下来的,即为书面形式,无论该仲裁协议或合同是以口头方式、行为方式还是其他方式订立的。电子通信所含信息可以调取以备日后查用的,即满足了仲裁协议的书面形式要求。"电子通信"是指当事人以数据电文方式发出的任何通信;"数据电文"是指经由电子手段、磁化手段、光学手段或类似手段生成、发

送、接收或储存的信息,这些手段包括但不限于电子数据交换、电子邮件、电报、电传或传真。

世国各国仲裁法普遍要求仲裁协议必须采取书面形式,例如印度《仲裁法》《中华人民共和国仲裁法》(以下简称《仲裁法》),以及我国香港地区《仲裁条例》等。为了说明书面形式要件的重要性,现以华夏航运(新加坡)有限公司和东海运输有限公司运输合同纠纷[案号(2019)粤72认港1号]为例(见图1-1)。

本案当事人约定因该包运合同产生的所有争议应提交我国香港地区仲裁,适用英国法。仲裁庭分别作出首次终局裁决和费用终局裁决,裁决东海公司应向华夏公司支付相应赔偿款项以及相关仲裁费用。前述两份仲裁裁决均已生效,但东海公司未履行裁决项下的支付义务,华夏公司根据《最高人民法院关于内地与香港特别行政区相互执行仲裁裁决的安排》的规定,向广州海事法院申请认可和执行上述两份仲裁裁决。本案的争议焦点是新增货物运输合同中关于仲裁协议的约定是否满足书面形式。东海公司抗辩称,涉案运输所涉的租船协议是当事人双方通过口头形式达成的,既没有约定仲裁条款,也没有达成仲裁协议。而仲裁庭认定华夏公司在电话沟通后,通过电子邮件向东海公司发送了租船确认书,对合同条款进行了确认。由于华夏公司没有收到以电子邮件发送的未送达通知,东海公司的电子邮件服务器已经收到包含租船确认书的电子邮件。

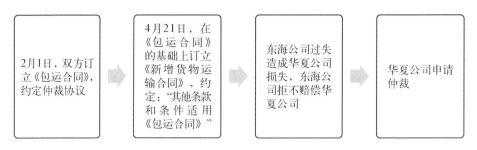

图1-1   华夏航运(新加坡)有限公司和东海运输有限公司运输合同纠纷

从本案可以看出,在我国香港地区《仲裁条例》下,一份有效的协议应当以书面形式确定下来。因此,订立仲裁协议的当事人双方要想确保仲裁协议的有效性,应当将仲裁协议以书面形式订立。

在印度德里高等法院受理的"Apm Air Cargo Terminal Services & Anr. v. Celebi Delhi Cargo Terminal Management India Private Limited & Anr."案中,法院以双方并未签署最终包含仲裁条款的书面协议为由,认为当事人之间不存

在有效的仲裁协议。

第一申请人 APM Air Cargo Terminal Services 为第二申请人 APM Infrastructure Pvt. Ltd. 的分支机构。第一被申请人 Celebi Delhi Cargo Terminal Management India Private Limited 在第三方 Delhi International Airport Pvt. Ltd.（DIAL）公司的新德里货运站和机场服务招标中竞标成功，就新德里 IGI 机场的进口国际货运站的外包人力资源服务发布《提案征询》。2018 年 3 月 26 日，第一被申请人向两名申请人签发了决标信。但是第一被申请人在两个月后才提供正式的"协议"，在此之前，申请人已经根据当事人对协议条款的共识开始操作，并提供了银行保函。对于第一被申请人提供的协议，申请人认为与《提案征询》有很大出入，涉及增加银行担保、酬金、抚恤金等款项的支付，在本地空运货站增加人员等许多义务的增添加重了财务负担。2018 年 10 月 18 日，申请人通过电子邮件，再次要求第一被申请人就协议中的问题进行紧急讨论，当事人总体上已同意该初步协议，申请人继续进行工作，第一被申请人也作出支付（虽有迟延）。随后，当事人就双方之间的分歧和最终协议的签署进行沟通，但未能达成一致。

2019 年 3 月的应付款项到期后，申请人请求第一被申请人履行支付义务。第一被申请人通知第二被申请人对申请人提交的银行保函进行兑现。申请人根据印度《仲裁和调解法》第 9 条请求法院下达临时措施，命令阻止第一被申请人清算和兑现银行保函。

本案双方的争点在于是否存在仲裁条款，以便决定申请人根据印度《仲裁和调解法》第 9 条提出的申请是否可以维持。法院查明，申请人将经其单方面签署的《服务协议》的副本发送给了第一被申请人。双方当事人就该协议的条款产生分歧。从当事人的往来信件中可知，第一被申请人并未签署该《服务协议》。

印度《仲裁和调解法》第 7 条第 3 款规定：仲裁协议应为书面形式；第 4、5 款规定了书面形式的具体要求："仲裁协议载于以下文件中即为书面形式：（a）经当事人签署的文件；（b）相互往来提供协议记录的信件、电传、电报或其他电子通信手段；（c）相互往来的索赔声明和抗辩声明中，且一方当事人声称有协议而另一方当事人不予否认。""在合同中提及载有仲裁条款的任何文件的，只要此种提及可使该仲裁条款成为该合同一部分，即构成书面形式的仲裁协议。"仲裁协议属于法定的要式合同，未经书面形式不发生效力。第一被申请人并未签署该《服务协议》，协议中包含的仲裁条款也因不存在书面形式而无效。

非仲裁协议当事人不得根据印度《仲裁法》第 9 条向法院寻求保护，印度德里高等法院因此驳回了申请人根据印度《仲裁法》第 9 条提出的请求法院下达临时措施命令，以阻止被申请人兑现银行保函的申请。

通过上述两案的对比，在法律层面上，中国香港地区的《仲裁条例》相较于印度的《仲裁法》，在对书面形式的认定上更加宽松。我国香港地区的《仲裁条例》允许以任何形式订立的仲裁条款，只要能够记录下来，则都是书面协议；而印度《仲裁法》对书面形式列举了相应的要求。在事实层面上，两案最大的差别在于是否将双方达成仲裁协议的合意进行了书面化。对于"Apm Air Cargo Terminal Services & Anr. v. Celebi Delhi Cargo Terminal Management India Private Limited & Anr."案来说，虽然双方已经开始履行合同的主要义务，但是双方始终没有通过一个书面形式的文件对仲裁协议的合意予以确定，缺少要式合同所要求的书面形式，仲裁协议不成立，因此法院作出了仲裁协议不存在的裁决。而在东海公司案中，双方在电话中口头达成了租船协议并入包运合同的条款且适用包运合同的仲裁协议后，华夏公司向东海公司发送了载有租船确认书的电邮，法院即可根据我国香港地区的《仲裁条例》第 19 条第 3、6 款认定存在仲裁协议。

(二) 仲裁协议的实质要件

我国《仲裁法》规定：请求仲裁的意思表示、提交仲裁的事项、选定的仲裁机构属于仲裁协议的实质要件。任一要件不明确，都将导致仲裁协议无效。同时，《仲裁法》及其司法解释还规定仲裁协议(条款)约定的仲裁事项超出法律规定的仲裁范围（例如婚姻、收养、监护、扶养、继承纠纷，行政纠纷，劳动争议等），或者协议一方为无民事行为能力人或限制民事行为能力人的，或者订立仲裁协议(条款)时受到胁迫、非真实意思表示的，或者约定了"或裁或审"的，仲裁协议(条款)无效。

《涉外商事海事审判实务问题解答》第 83 条规定："根据《中华人民共和国民事诉讼法》第 257 条和《中华人民共和国仲裁法》第 65 条的规定，涉外经济贸易、运输和海事中发生的纠纷，当事人可以通过订立合同中的仲裁条款或者事后达成的书面仲裁协议，提交我国仲裁机构或者其他仲裁机构仲裁，但法律并未允许国内当事人将其不具有涉外因素的争议提请外国仲裁。因此，如果国内当事人将其不具有涉外因素的合同或者财产权益纠纷约定提请外国仲裁机构仲裁或者在外国进行临时仲裁的，人民法院应认定有关仲裁协议无效。"

第二节　仲裁协议无效的情形

一、约定的仲裁事项超出法律规定的仲裁范围

《承认及执行外国仲裁裁决公约》(《纽约公约》)第 2 条第 1 款规定:"当事人以书面协定承允彼此间所发生或可能发生之一切或任何争议,如关涉可以仲裁解决事项之确定法律关系,不论为契约性质与否,应提交仲裁时,各缔约国应承认此项协定。"与此同时,《示范法》第 7 条第 1 款也对可仲裁事项予以了宽泛认定。

下文对最高人民法院(简称最高法院)判决的侵权纠纷案例进行比较,以说明可仲裁事项的范围。

以山东康宝生化科技有限公司(简称康宝公司)和北京华宇同方化工科技开发有限公司(简称华宇同方公司)纠纷[案号:(2020)最高法知民辖终 111 号]为例(见图 1-2)。涉案《技术服务合同》第 12 条约定了仲裁条款:"双方因履行本合同而发生的争议,应协商、调解解决。协商、调解不成的,确定按照以下方式处理:① 提交项目所在地仲裁委员会仲裁;② 依法向项目所在地人民法院起诉。"在合同履行过程中,康宝公司违反保密条款、知识产权有关约定条款,根据华宇同方公司提供的成套技术文件及图纸等,未经华宇同方公司同意擅自向国家知识产权局申请了名称为"一种分离三氯蔗糖尾气的装置和方法"、专利号为 ZL201710476029.0 的发明专利(简称涉案专利),侵害了华宇同方公司的合法权益。华宇同方公司曾于 2018 年 11 月 26 日向山东省青岛市中级人民法院(简称

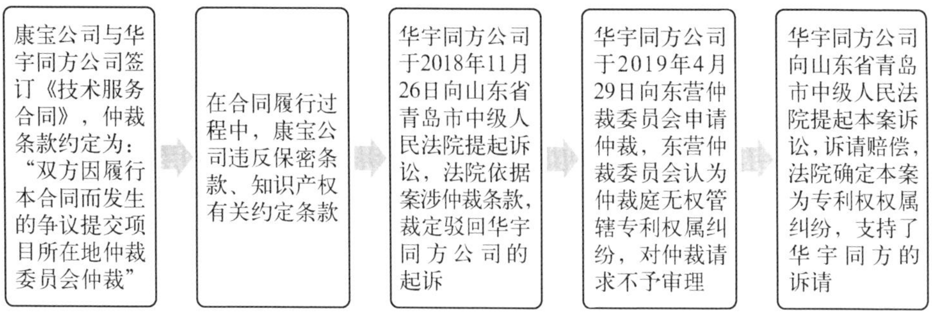

康宝公司与华宇同方公司签订《技术服务合同》,仲裁条款约定为:"双方因履行本合同而发生的争议提交项目所在地仲裁委员会仲裁" → 在合同履行过程中,康宝公司违反保密条款、知识产权有关约定条款 → 华宇同方公司于2018年11月26日向山东省青岛市中级人民法院提起诉讼,法院依据案涉仲裁条款,裁定驳回华宇同方公司的起诉 → 华宇同方公司于2019年4月29日向东营仲裁委员会申请仲裁,东营仲裁委员会认为仲裁庭无权管辖专利权属纠纷,对仲裁请求不予审理 → 华宇同方公司向山东省青岛市中级人民法院提起本案诉讼,诉请赔偿,法院确定本案为专利权权属纠纷,支持了华宇同方的诉请

图 1-2　康宝公司和华宇同方公司案

青岛市中级法院)提起诉讼,康宝公司提出管辖权异议,认为涉案《技术服务合同》存在仲裁协议,应当由东营仲裁委员会仲裁。青岛市中级法院依据涉案仲裁条款认定案件属于仲裁管辖,裁定驳回华宇同方公司的起诉。华宇同方公司又于 2019 年 4 月 29 日向东营仲裁委员会申请仲裁,东营仲裁委员会认为仲裁庭无权管辖专利权权属纠纷,故对仲裁请求不予审理。于是,华宇同方公司再次向青岛市中级法院提起诉讼。

本案的主要争点在于:知识产权的侵权纠纷是否属于可约定的仲裁事项,这决定了本案管辖权的归属。这一争论也是实务中普遍存在的一种错误倾向,一些当事人或律师认为仲裁是处理合同争议的,因此,侵权争议不属于可仲裁事项,但在司法实践中,侵权行为并非不可仲裁,实务中存在不同的司法倾向。履行合同中涉及的侵权行为都是合约性侵权,必须与合同其他条文,例如免责条款、时效条款和赔偿金条款等一并调整,接受仲裁管辖。

在本案中,法院认为涉案专利权的权属纠纷,已超出华宇同方公司与康宝公司在《技术服务合同》中约定的"因履行本合同而发生的争议",本案纠纷应属于人民法院受理民事诉讼的范围。这一裁判结果主要是因为当事人在约定仲裁条款时使用的表述不够全面和稳妥(本案当事人使用的表述:因履行本合同而发生的争议),而《最高人民法院关于适用〈中华人民共和国仲裁法〉若干问题的解释》第 2 条规定:"当事人概括约定仲裁事项为合同争议的,基于合同成立、效力、变更、转让、履行、违约责任、解释、解除等产生的纠纷都可以认定为仲裁事项。"可见,华宇同方公司的诉请,并非基于康宝公司存在违约行为应承担违约责任这一法律关系,而是基于康宝公司擅自将华宇同方公司所有的技术申请了专利,侵害了华宇同方公司的权益这一法律关系。

对于侵权纠纷的可仲裁性,我国《仲裁法》第 2 条规定:"平等主体的公民、法人和其他组织之间发生的合同纠纷和其他财产权益纠纷,可以仲裁。"在"江苏省物资集团轻工纺织总公司诉(香港)裕亿集团有限公司、(加拿大)太子发展有限公司侵权损害赔偿纠纷"案中,最高法院曾指出侵权行为是在签订和履行合同过程中产生的,同时也是在仲裁法实施后发生的。而原告与两名被告签订的两份合同第 8 条均明确规定:"凡因执行本合约所发生的或与本合约有关的一切争议,双方可以通过友好协商予以解决;如果协商不能解决,应提交仲裁。"本案应通过仲裁解决,人民法院无管辖权。自此,侵权纠纷属于"其他财产权益纠纷"便有了基本定论。在(2018)最高法民辖终 131 号民事裁定书中,最高法院同样认为:"李某某是对因执行《土地收购合同》发生的争议起诉,虽然《土地收购合同》已被认定为无效,但是李某某和枝江土地中心因《土地收购合同》而发生财产纠纷,这一事实是客观存在的。《仲裁法》第 2 条规定:平等主体的公民、法人和其他组织之间发生的合同纠纷和其他财产权益纠纷,可以仲裁,即仲裁的管辖范围不限于合同纠纷,其他财产权益纠纷均可以仲裁。李某某和枝江土地中心因执行《土地收购合同》发生的侵权纠纷,也可以仲裁解决。"①

最高法院对于(2020)最高法知民辖终 111 号的认定否定了知识产权纠纷属于可约定的仲裁范围,相较于其他侵权类型,在知识产权纠纷是否属于仲裁范围的问题上,最高法院更为保守。②

在最高法院受理的"中国科学院大连化学物理研究所诉正大能源材料(大连)有限公司侵害商业秘密纠纷"案中,③最高人民法院认可了侵犯商业秘密纠纷的可仲裁性,仲裁协议双方受合同中仲裁条款的约束。本案双方签订了一份技术转让合同,涉案合同第 19 条第 1 项约定:双方因履行涉案合同而发生的争议,协商、调解不成的,确定提交中国国际仲裁委员会仲裁。原告主张:被告在合同解除之后仍在使用合同下的技术,并获得收益,侵犯了原告的商业秘密。被告则主张该案应根据技术转让合同所包含的仲裁条款提交仲裁解决。

最高法院认定:第一,根据《仲裁法》第 3 条规定,侵害技术秘密等财产权益纠纷并非仲裁法明确规定不可仲裁的争议。第二,该侵权纠纷的审理涉及案涉合同及补充合同对于该商业秘密的约定及履行情况等的审查,审查范围仍然在仲裁条款约定的与合同有关的争议范围内。第三,本案当事人均为案涉合同当事人,不存在影响他人或社会公共利益的情形。基于此,最高法院认定本案争议内容属于案涉合同仲裁条款约定范围。最高法院的判决明确了即使当事人以侵权为由提起诉讼,与合同有关的争议也应受合同中有效仲裁条款的约束,具有可仲裁性。

此外,反垄断争议是否属于仲裁范围,中国的情况与域外有所不同。

在美国,通过仲裁程序解决反垄断争议在司法实践中逐步得到确定。在

---

① 《"因履行本合同而发生的争议",不包括侵权纠纷(最高法院)》,https://mp. weixin. qq. com/s/u472rQ6jJZ6QpHpYmULCaQ,最后访问日期:2023 年 5 月 1 日。

② 《"因履行本合同而发生的争议",不包括侵权纠纷(最高法院)》,https://mp. weixin. qq. com/s/u472rQ6jJZ6QpHpYmULCaQ,最后访问日期:2023 年 5 月 1 日。

③ 参见(2021)最高法知民终 1934 号民事裁定书。

2019 年联邦第三巡回上诉法院受理的"Johnson & Johnson and Janssen Biotech (简称强生) v. Rochester Drug Cooperative(RDC)"案中,法院支持了反垄断争议具有可仲裁性,防止当事人试图通过反垄断争议的特殊性来规避双方仲裁协议的管辖。本案中,被上诉人 RDC 为一家药品采购商和批发商,长期从强生公司采购一种专门治疗类风湿性关节炎药品 Remicade。后美国食品药品监督管理局(FDA)开始批准生产 Remicade 替代药物,强生公司生产的该种药品的垄断地位受到威胁,为应对该情况,强生公司推出一项反竞争计划。双方于 2015 年签订了《分销协议》,RDC 被授权为分销商,并规定强生为其分销包括 Remicade 药物在内的强生药品的各种后勤义务,其中,第 4.2 条的"争议解决条款"约定了"由本协议引起或与本协议有关的任何争议或主张,须首先根据美国仲裁协会(American Arbitration Association,AAA)的《商事调解程序》提交调解……任何争议无法通过调解在 45 日内解决的……应将争议根据 AAA《商事仲裁程序》提交至仲裁"。后双方发生争议,根据《谢尔曼法》(*Sherman Act*)第 1、2 条,RDC 向地区法院提起诉讼,控告强生的反竞争行为,强生则主张根据双方仲裁条款应将争议提交至仲裁。

本案的争点是,反垄断争议是否属于当事双方约定的仲裁协议管辖范围。对此,美国联邦第三巡回上诉法院认定如下:首先,根据以往判例,法院通常将"由协议产生或与合同有关"这一术语解释得极为广泛,本案仲裁协议中"本协定引起的任何其他未决争议"包括对据称的反竞争行为提出质疑的反垄断主张。其次,RDC 的反垄断主张针对强生使相关药品的价格抬高以出售的反竞争计划,明显与双方签订的《分销协议》密切相关,因此与仲裁协议有关,属于当事双方约定的仲裁协议管辖范围。

事实上,美国联邦最高法院通过 1986 年的"三菱汽车案"推翻了"美国安全原则"。美国第十一联邦巡回法院在 1997 年"Kotam Electronics 案"中,又进一步确认了反垄断争议的可仲裁性。2019 年强生公司案逐步确认了若反垄断主张与合同具有相当的相关性,即可属于仲裁管辖的判例规则。

中国的司法实践总体上对垄断纠纷可仲裁性采取否定态度。最高法院知识产权法庭受理的"呼和浩特市汇力物资有限责任公司(简称汇力公司)诉壳牌(中国)有限公司(简称壳牌公司)"案中,①汇力公司是壳牌公司的经销商,汇力公司向壳牌公司提起两项诉讼:一项涉及壳牌公司在合作期间屡次在具体项目中协

---

① (2019)最高法知民辖终 46、47 号。

调组织经销商投标,构成划分市场和固定价格的横向垄断协议;另一项涉及纵向垄断协议。在这个案件中,法院以反垄断法的公法性质以及反垄断涉及公共利益为由,认为本案争议不属于仲裁法规定的可仲裁范围。

但在同为壳牌公司经销商的"山西昌林有限公司(简称昌林公司)诉壳牌公司"案中,①反垄断争议的可仲裁性得到了认可。本案原告昌林公司起诉壳牌公司实施了一系列滥用市场支配地位的行为。壳牌公司随后提出管辖权异议,称由于壳牌公司与昌林公司之间存在仲裁约定,故所涉争议不属于人民法院受理范围。法院认为,昌林公司提出的诉讼请求及理由与双方之间签订的《经销商协议》约定的特许销售权利义务内容存在密切关联,双方纠纷实质仍属于因履行《经销商协议》而产生的争议,因此,昌林公司与壳牌公司签订的《经销商协议》约定的"因本协议引起的任何争议"的仲裁条款有效。

壳牌公司两案呈现不同判决结果的原因可能在于,案件争议与合同履行的相关程度不同。在"昌林公司诉壳牌公司"案中,法院认为原告诉讼请求与合同规定的特许销售权利义务密切相关;而在"汇力公司诉壳牌公司"案中,原告提起诉讼的被告的横向、纵向垄断行为均与双方合同无密切关联。

总之,对于反垄断争议是否属于仲裁法规定的可仲裁范围的问题,我国尚无明确的法律规定。2022年11月18日发布的《最高人民法院关于审理垄断民事纠纷案件适用法律若干问题的规定(公开征求意见稿)》第3条规定:"原告依据反垄断法向人民法院提起民事诉讼,被告以双方之间存在合同关系且已有仲裁协议为由提出异议的,不影响人民法院受理垄断民事纠纷案件。但是,人民法院受理后经审查发现不属于垄断民事纠纷案件的,可以依法裁定驳回起诉。"如果该条款最终生效、施行,则可能意味着在中国法下,反垄断民事纠纷原则上不可以通过仲裁解决。②

二、无效的仲裁协议

司法实践中较为常见的无效的仲裁协议主要包含了如下四种情形:① 当事人在签订格式合同时在多元争议解决条款中未做出选择;② 当事人表示可以将争议提交仲裁解决,又可以通过诉讼解决;③ 当事人请求仲裁的事项超出仲裁

① (2019)最高法民申 6242 号。
② 《中国法下纠纷的可仲裁性:近期司法实践观察》,https://mp.weixin.qq.com/s/56iqA0O1mZgG-0DXu8vEUA,最后访问日期:2023 年 5 月 10 日。

协议约定的范围;④仲裁协议中存在为当事方诉诸仲裁解决争议设置了阻碍的条款。其中,①②是实践中最常见的情形,③④则是提醒当事人在磋商、订立仲裁协议时应格外注意仲裁协议的范围问题,以及不合理保证金条款可能会由于阻碍当事人诉诸仲裁而被判定无效的情况。

针对第三种情形,以林某某和新加坡华联力宝医疗有限公司(ZLTD.)购股协议纠纷[案号:(2019)沪01协外认5号]为例(见图1-3)。本案的争议焦点在于《第二补充协议》关于司法管辖权的约定是否变更了《购股协议》中的新加坡国际仲裁中心仲裁条款。根据仲裁庭意见,《第二补充协议》的管辖权条款没有提及该条款所适用的争议范围。鉴于仲裁庭有义务对相关协议中貌似不一致的仲裁和管辖条款尽力作出合理解释,仲裁庭认为这一条款亦不取代原购股协议中的新仲裁条款。实际上,根据所引用的英国高等法院相关判例,仲裁庭同意,该等专属管辖条款应被解读为限于监督法院(在本案中为新加坡法院)的司法监督权。综上,仲裁庭确信,仲裁庭对审理申请人在本仲裁中提出的所有诉请的管辖权,不在任何方面因《主体变更契约》或《第二补充协议》中的管辖权条款而被变更或排除。换言之,本案裁决通过合理解释明确了后续协议约定由新加坡法院专属管辖并不排除SIAC仲裁,应理解为新加坡法院司法监督。基于此,订立仲裁协议的双方当事人如果在后续合作中有修改仲裁协议的行为,应当做到表述精确考究,以区分法院的监督权和管辖权。

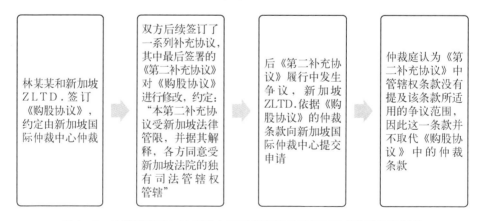

图1-3　林某某和新加坡华联力宝医疗有限公司(ZLTD.)购股协议纠纷

在美国司法实践中,当当事人请求仲裁的事项超出仲裁协议约定的范围时,该事项不能通过仲裁方式解决。在2019年美国联邦第五巡回上诉法院受理的"Papalote Creek Ii, L.L.C.(简称 Papalote) v. Lower Colorado River Authority

（简称 LCRA）"案中，Papalote 与 LCRA 签订了一份电力购买合同，由 LCRA 以固定价格购买 Papalote 公司生产的全部电力。双方在合同中约定了仲裁程序，约定将当事各方与合同履行有关的任何争议提交至仲裁。之后，LCRA 通知 Papalote 发起仲裁程序，解决双方就合同损害赔偿限制责任问题发生的争议。

　　双方的争点在于，合同损害赔偿限制责任问题是否属于双方仲裁协议的范围。第五巡回上诉法院通过 2016 年"Hays v. HCA Holdings, Inc."案、2010 年"Granite Rock Co. v. Int'l Bhd. of Teamsters"案以及 2016 年"Gross v. GGNSC Southaven LLC"案，形成了判定争议可仲裁性问题的基本框架：① 当事双方的仲裁协议是否有效；② 争议问题是否属于仲裁协议的范围。

　　根据以往判例，仲裁协议的范围是合同法问题，虽然联邦法和州法都规定要作出有利于仲裁的合同解释，但是仲裁员的权限不得超出双方约定的范围，以及有利仲裁的政策不能将合同条款扩大至当事各方原本意图之外。如果仲裁条款将仲裁员的权利限制在对合同的解释上，则仲裁员无权就协议中未提及的事项作出决定；如果仲裁条款约定，仲裁范围仅限于与合同履行有关的争议，则仲裁员不能决定解释性争议等其他事项。在本案中，当事双方明确约定将当事各方与合同履行有关的任何争议提交至仲裁，该条款表明了当事各方将仅限于与履行有关的争议提交至仲裁的意图，且并未授权仲裁其他非履行有关的争议事项，例如本案有关的合同解释争议。合同损害赔偿限制责任问题属于合同的解释问题，而非仲裁范围内的合同履行问题，当提交仲裁的事项超过仲裁协议的约定时，争议不具有可仲裁性。

　　上述案例表明，仲裁范围将严格遵守仲裁协议的约定，并且对合同的解释、履行等问题有严格的区分，双方当事人在协商仲裁协议时应尽量将仲裁范围规定得全面、准确。

　　在印度最高法院受理的"M/s. Icomm. Tele. Ltd. v. Punjab State Water Supply & Sewerage Board & ANR"案中，M/s. Icomm. Tele. Ltd. 与 ANR（第二被上诉人）签订供水合同，包含招标通知中的仲裁条款。仲裁条款约定，为防止轻率主张，请求仲裁的一方须按照标的额的 10% 提供保证金，汇到银行的指定仲裁员的账号。如作出有利于请求人的裁决，保证金须按其获判款额的比例退还，如有任何余款，则须予以没收并付予另一方。上诉人主张，该条款属于附合合同，根据以往判例，附合合同是指在私人主体和国家之间存在不对等议价能力情况下订立的合同，该类合同基于不合理的理由应当予以撤销。

双方的争点在于，仲裁协议中保证金条款是否具有效力。本案中，法院以双方都是商事主体为由否定了该条款为附合合同的主张，但认为该条款因具有专断性，使仲裁程序变得效率低、成本高而无效。印度最高法院依据《宪法》第 14 条，对该仲裁条款进行司法审查，审查该条款是否具有专断性。法院认为，该仲裁条款要求申请仲裁方提供保证金的目的在于防止"轻率主张"，但是 10% 保证金事实上可达到较大金额，适用于所有在最低限额内提出的主张，显然与"轻率主张"并无直接联系。法院认定，由于该条款为当事方诉诸仲裁解决争议设置了阻碍，与避开法院审理的目的相悖，同时会使仲裁程序变得效率低且成本增加，故认定该条款无效。

此外，中国司法实践对仲裁协议是否有效存在尚存较大争议，例如境外仲裁机构在中国内地的仲裁问题：当同时约定了仲裁机构和仲裁地，且仲裁机构所在地与仲裁地不一致时，涉外仲裁协议是否有效？其中涉及国际商会仲裁院（ICC International Court of Arbitration，ICC）的案件最具代表性。围绕境外仲裁机构在中国内地仲裁的仲裁协议的效力和裁决的执行，最高法院的立场也在不断变化，从最早承认境外仲裁机构在中国内地仲裁，到后来否认境外仲裁机构在中国内地仲裁，近年来又开始趋向于承认境外仲裁机构在中国内地仲裁，[①]例如（2013）民四他字第 74 号案（简称"北仑利成案"）。当事人于 2013 年 2 月 1 日订立的《销售和购买沥青岩合同》第 11 条约定："任何各方所产生的或有关的建设、意义和操作或违反本合同效力的所有争议或分歧应通过仲裁在北京解决，国际商会仲裁规则（简称 ICC 规则）和依据其所作的裁决对双方当事人具有约束力"。对此，浙江省高级人民法院优先适用了《仲裁法》司法解释第 16 条的规定，认定该案当事人并未约定关于仲裁协议效力所适用的法律，又鉴于仲裁地为中国内地，认定属于当事人选择了中国法的情形，并根据《仲裁法》第 16、18 条，以仲裁协议没有约定仲裁机构为由，认定仲裁协议无效。

之后，《最高人民法院关于宁波市北仑利成润滑油有限公司与法莫万驰公司买卖合同纠纷一案（简称"北仑利成案"）仲裁条款效力问题请示的复函》表示："双方当事人在合同中约定了适用 ICC 规则进行仲裁，因此应当按照订立合同时有效的 ICC 规则来确定本案仲裁条款是否约定了仲裁机构。2012 年 1 月 1 日生效的国际商会仲裁规则第 6 条第 2 款规定：'当事人同意按照仲裁规则进行

---

① 李庆明：《境外仲裁机构在中国内地仲裁的法律问题研究》，《环球法律评论》2016 年第 3 期，第 183 页。

仲裁,即接受由仲裁院对该仲裁进行管理。'故 ICC 对仅约定适用其规则但未同时约定其他仲裁机构仲裁的合同争议具有管辖权。本案当事人约定适用 ICC 规则但未同时约定其他仲裁机构进行仲裁,应当认为当事人的约定属于'按照约定的仲裁规则能够确定仲裁机构'的情形。"最高人民法院因此认定涉案仲裁条款有效。

第三节 不存在仲裁协议的情形

司法实践中还大量出现不存在仲裁协议的情形,主要可以归纳为三种情况:① 仲裁协议签订人缺乏代理权或者代表权;② 当事人没有订立仲裁协议的意思表示;③ 仲裁协议不能扩张至第三人或者扩张至其他协议中。

一、仲裁协议签订人缺乏代理权或代表权

以 IM 全球有限责任公司(简称 IM 公司)和天津北方电影集团有限公司(简称北方电影集团)电影引进合同纠纷[案号:(2018)津 01 协外认 2 号民事裁定书]为例(见图 1-4)。本案的争议焦点在于孙某是否有权代表或代理北方电影集团签订涉案《交易备忘录》,涉案仲裁裁决是否符合《纽约公约》第 5 条第 1 款(甲)项规定的不予承认及执行情形。

2016年5月11日至22日,孙某代表天影恒星(天津)投资股份有限公司与IM公司就电影引进事宜签署《交易备忘录》,双方约定仲裁条款:"接受独立电影电视联盟国际仲裁院按照该仲裁院有效的仲裁规则在洛杉矶仲裁"

2017年2月24日,IM公司与天影恒星公司签署《交易备忘录》的修订协议,该协议约定天影恒星公司无条件接受并承担"Tianjin North Film Corporation"对IM公司的全部责任和义务

后IM公司和天影恒星就合同的履行发生争议,IM公司以北方电影集团为被申请人申请仲裁,获得仲裁裁决

IM公司向天津市第一中级人民法院申请承认及执行上述仲裁裁决

图 1-4 IM 公司和北方电影集团合同纠纷

法院认为，本案存在《纽约公约》第 5 条第 1 款(甲)项规定的情形。《纽约公约》第 5 条第 1 款(甲)项前一部分所称"无行为能力"应理解为"缺乏契约能力"(lacking the power to contract)，也包括行为人无权代表或代理公司签订仲裁协议。具体到本案，应当审查孙某是否有权代表或代理北方电影集团签订涉案《交易备忘录》，审查应当"依对其适用之法律"进行。

关于孙某是否有权代表北方电影集团签订涉案《交易备忘录》的问题，根据本案事实和当事人双方主张，应当依照《涉外民事关系法律适用法》确定相应准据法。针对"何人能代表公司"，《涉外民事关系法律适用法》第 14 条规定，适用登记地法律。北方电影集团登记地在中国境内，应当适用中国法判断。《民法通则》第 38 条规定："依照法律或者法人组织章程规定，代表法人行使职权的负责人，是法人的法定代表人。"《中华人民共和国公司法》第 13 条规定："公司法定代表人依照公司章程的规定，由董事长、执行董事或者经理担任，并依法登记。公司法定代表人变更，应当办理变更登记。"根据以上法律规定和北方电影集团的市场主体登记信息，孙某显然不能代表北方电影集团。

关于孙某是否可以代理北方电影集团的问题，《涉外民事关系法律适用法》第 16 条规定："代理适用代理行为地法律，但被代理人与代理人的民事关系，适用代理关系发生地法律。"本案中，孙某是在法国签订的协议，其是否可以代理北方电影集团签订协议，应当适用代理关系发生地法律，即法国法律来判断。

《法国民法典》对代理关系作出如下规定："委托或代理是指一人授权另一人以委托人的名义，为委托人完成某种事务的行为。""给予委托，得以经公证书或私署文书，甚至以信件为之；委托亦可口头授予，但是，仅在依照'契约与合意之债的一般规则'编所定之规则时，始允许以证人证明之。"根据上述法律规定，IM 公司有义务提供公证书、私署文书、信件、证人证言等证据证明委托代理关系成立，但 IM 公司并未提供，因此无法认定孙某可以代理北方电影集团。

至于 IM 公司提出的表见代理的问题，《法国民法典》对表见代理作出如下规定："无权代理或超越代理权而完成的行为不可对抗被代理人，除非相对人可合理信赖代理人的权力是真实的，特别是因被代理人的行为或表示。"根据该规定，主张表见代理成立的一方应举证证明其"可合理信赖代理人的权力是真实的，特别是因被代理人的行为或表示"。本案中，IM 公司主张其产生合理信赖的事由主要有孙某的名片及电影行业数据库 Cinando,而这两者均无法被认定为北方电影集团的"行为和表示"。在重大商业活动中,应审查签约主体的身份及授权文件,以名片来确认对方身份,显然不符合商事主体基本认知,无法构成法律规定的合理信赖。此外,IM 公司和北方电影集团无历史交易记录,故本案也无适用交易习惯的余地。

二、当事人没有订立仲裁协议的意思表示

再以吴某某和宜信惠琼国际融资租赁有限公司(简称宜信公司)连带保证纠纷[案号:(2020)京 04 民特 65 号]为例(见图 1-5)。本案的争议焦点在于宜信公司和吴某某之间是否存在有效的仲裁协议。法院认为自然人代他人在合同上签字是典型的不存在仲裁意思表示的情形。《连带责任保证合同》保证人签字处"吴某某"签名、《授权委托书》中委托人处"吴某某"的签名与样本上吴某某签名不是同一人所写,法院认为"无法证实吴某某与宜信公司之间存在仲裁的意思表示""吴某某与宜信公司之间不存在仲裁协议"。

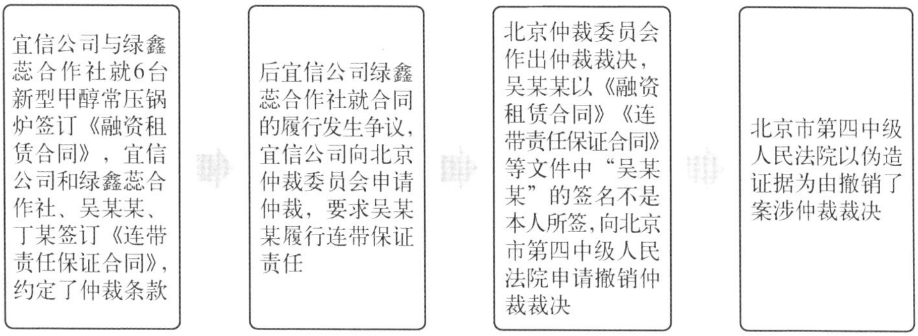

宜信公司与绿鑫蕊合作社就6台新型甲醇常压锅炉签订《融资租赁合同》,宜信公司和绿鑫蕊合作社、吴某某、丁某签订《连带责任保证合同》,约定了仲裁条款

后宜信公司绿鑫蕊合作社就合同的履行发生争议,宜信公司向北京仲裁委员会申请仲裁,要求吴某某履行连带保证责任

北京仲裁委员会作出仲裁裁决,吴某某以《融资租赁合同》《连带责任保证合同》等文件中"吴某某"的签名不是本人所签,向北京市第四中级人民法院申请撤销仲裁裁决

北京市第四中级人民法院以伪造证据为由撤销了案涉仲裁裁决

图 1-5 吴某某和宜信公司连带保证纠纷

三、仲裁协议不能扩张至第三人或者其他协议

仲裁协议原则上只约束双方当事人。但在国际贸易中,提单并入合同问题、关联公司等新的法律实体介入后,第三人对于仲裁协议效力的适用等问题使该原则不断被突破。随着国际和国内仲裁实践的不断发展和进步,仲裁理论也得到不断创新,从实践到理论为仲裁协议效力的扩张奠定了双重基础。[①]

[①] 赵健:《长臂的仲裁协议:论仲裁协议对未签字人的效力》,《中国国际私法与比较法年刊》2000 年第 1 期,第 515 页。

第三种情形以王某某、倪某某、韩后化妆品股份有限公司(简称韩后公司)和南通衡麓泰富投资中心(有限合伙)(简称泰富投资中心)投资纠纷[案号：(2020)京04民特328号]为例。2016年12月23日，韩后公司和泰富投资中心签订《增资协议》，约定仲裁条款；同一天双方签署《补充协议》。《补充协议》未专门约定争议解决方式，但其第4.2款约定："其他本补充协议未规定的有关的事宜，适用《增资协议》的规定。"泰富投资中心于2019年7月5日，以王某某、倪某某、韩后公司为被申请人，向仲裁委提出仲裁申请；仲裁庭认为，《增资协议》和《补充协议》签署于同一天，虽然《补充协议》未专门约定争议解决方式，但从实质内容看，可以认定《补充协议》是《增资协议》的"补充协议"，并且《增资协议》约定"其他本补充协议未规定的有关的事宜，适用增资协议的规定"，因此认定仲裁委具有管辖权，并作出仲裁裁决。申请人王某某向北京市第四中级人民法院提出前述撤销仲裁裁决。

本案的争议焦点在于《补充协议》是否适用《增资协议》中的争议解决方式。法院认为《补充协议》是否适用《增资协议》中的争议解决方式需要审查两份协议是否存在不可分性，而审查的基础是对两协议具体条款的查明和认定。《补充协议》及《增资协议》均为增资扩股各方达成的"完全合意"，两份协议作为增资扩股各方合意的总体呈现，密不可分，无法独立存在。

类似的案例还有："雅斯科控股株式会社(简称雅斯科会社)和吴某某、万利(中国)有限公司(简称万利公司)贷款纠纷"案[案号：(2019)闽民终1823号]。2015年5月12日，万利公司与其母公司万利国际控股有限公司(简称万利国际)签订《贷款协议》，仲裁条款约定提交新加坡国际仲裁中心(SIAC)仲裁。2015年5月22日，吴某某代表万利国际与株式会社YESCO签订《可转换公司债发行及认购合同》(简称《认购协议》)，约定由万利国际和吴某某承担连带保证责任，仲裁条款约定提交大韩商事仲裁院。2016年8月31日，株式会社YESCO与万利国际及吴某某签署《〈可转换公司债发行及认购合同〉的补充协议书》(简称《补充协议》)。2018年4月，株式会社YESCO分立，分立后，由雅斯科会社承继株式会社YESCO在《认购协议》和《补充协议》下的权利义务。后因万利国际及吴某某的违约行为，雅斯科会社认为万利国际怠于对万利公司行使权利，给雅斯科会社的利益造成了损害，雅斯科会社向福建省泉州市中级人民法院起诉债权人代位权直接要求万利公司向其付款。泉州市中级人民法院认为雅斯科会社行使债权人代位权时，应受万利公司与万利国际之间提交SIAC仲裁的仲裁条款约束。二审福建省高级人民法院认为仲裁条款只约束签订合同的各方当事人，对合同之外的当事人不具有约束力，雅斯科会社既非《贷款协议》的当事人，亦非该协议权利义务的受让人，不受其中仲裁条款的约束。

本案的争议焦点在于债权人对次债务人行使债权代位权，是否受到债务人和次债务人之间的仲裁条款的约束。法院认为，仲裁条款只约束签订合同的各方当事人，对合同之外的当事人不具有约束力。本案中，相关合同中虽签订了仲裁条款，但本案并非债权转让引起的诉讼。雅斯科会社既非《贷款协议》的当事人，亦非该协议权利义务的受让人，因此雅斯科会社行使代位权时不应受万利公司与万利国际之间仲裁条款的约束。对此给出的建议是第三人如果想要对相关主体提起仲裁申请，最好与相关主体另行签订仲裁协议。

但是，仲裁协议不能扩张至第三人或者其他协议的原则并非不能被打破，"公司集团理论"（group of companies）就是例外。在印度最高法院受理的"Reckitt Benckiser（India）v. Reynders Label Printing India"案中，原告 Reckitt Benckiser（India）要求非仲裁协议的签署方（本案第二被告）作为仲裁被申请人参加仲裁，其理由是第二被告作为第一被告的母公司，其通过 Mr. Frederik Reynders 加入涉案基础合同的协商过程，并同意了涉案仲裁协议，第二被告是被披露的被代理人。

法院查明两被告都是 Reynders Label Printing Group 的子公司。根据以往案例，仲裁通常发生在同时签署仲裁协议和基础合同的两方之间，但通过"公司集团理论"，仲裁协议在某些情形下虽然由集团内的某一公司签署，但是能够约束集团内的非签署方。在这种情况下，原告负有举证责任，证明第二被告有同意仲裁协议并愿意成为仲裁一方的意图，即可让非签署方受制于仲裁协议。

第二章
恶意提起确认仲裁协议效力 *

第一节　申请确认仲裁协议效力案件概述

仲裁协议指当事人选择仲裁作为纠纷解决方式的协议,具体包括合同中订立的仲裁条款或以其他书面方式在纠纷发生前或者纠纷发生后达成的请求仲裁的协议。有效的仲裁协议应当具有请求仲裁的意思表示、仲裁事项和选定的仲裁委员会三项必备要素,否则仲裁协议无效。

申请确认仲裁协议效力案件系仲裁司法审查案件的类型之一。《仲裁法》第20条规定,当事人对仲裁协议的效力有异议的,可以请求仲裁委员会作出决定或者请求人民法院作出裁定。因此,申请确认仲裁协议效力案件指人民法院依据当事人申请对仲裁协议效力进行审查的案件。

《全国法院涉外商事海事审判工作座谈会会议纪要》(2021年)第90条明确了申请确认仲裁协议效力案件的范围,即当事人之间就仲裁协议是否成立、生效、失效以及约束特定当事人等产生争议,当事人申请人民法院确认,人民法院应当作为申请确认仲裁协议效力案件予以受理,并针对当事人的请求作出裁定。

在现行仲裁协议的司法审查由法院、仲裁机构双轨制运行的情况下,这种制度设计使司法审查环节极易在实践中受到滥用。

第二节　恶意提起确认仲裁协议效力
案件的手段及应对措施

司法实践中,一些仲裁的申请人明知仲裁协议有效,但出于拖延债务履行的

---

*　本章作者王智锋、张恺。

目的,恶意提起确认仲裁协议效力之诉,并且在案件审查中利用各种程序性权利,想方设法地为审查程序制造障碍,以拖延案件的审理进程,取得时间性利益。

我们以"滥用""拖延"为关键词、"申请确认仲裁协议效力"为案由,以及北京、上海、广东三地为管辖法院,在"北大法宝"数据库中检索到了大量"恶意"确认仲裁协议效力的案件。

一、申请人以其签字或盖章系伪造为由提出申请

有些确认仲裁协议效力的案件,申请人往往以仲裁协议上其签字或者盖章系伪造为由申请确认仲裁协议无效,例如,在(2019)粤 19 民特 97 号案件中,凯旋公司以其未曾签署系争担保合同为由,申请确认案涉《最高额保证担保合同》中的仲裁条款无效,然而经法院查明,案涉担保合同同时存有凯旋公司的公章与法定代表人的签名,被申请人提供的由凯旋公司股东签名的《同意保证决议书》与录像也可以与在案证据相互印证,足以认定案涉担保合同的真实性,法院据此驳回了当事人的申请。①

该案的在案证据足以证明凯旋公司受《最高额保证担保合同》约束,但其在举质证环节坚持否定其签署案涉担保合同的事实,并没有提供任何证据证明案涉担保合同其上印章、签字的不真实,而申请人的行为已对仲裁活动造成实质性拖延,具有一定的恶意。

在(2021)粤 01 民特 1196 号案件中,蔡某某主张圣亚诺公司据以提起仲裁申请的《借款合同》中蔡某某的签名并非本人所签,故其中约定的仲裁条款不存在,请求法院确认仲裁协议无效。但经法院查明,案涉《借款合同》中的仲裁条款符合法律要求,且蔡某某等当事人已在该《借款合同》中签字,因此案涉仲裁协议对各方当事人有约束力。②该案中,蔡某某仅否认签字的真实性,但未能对其主张提供初步证据。易言之,当被申请人提交含有申请人签字的《借款合同》,且完成了对申请人与被申请人之间存在仲裁合意的初步举证责任后,申请人仅凭"否认"这一当事人陈述即认为已完成了举证,法院可以合理推定申请人存在恶意,其本意在于拖延仲裁进程。

对于此种情形,法官可以采取的做法是通知当事人参加询问,当庭向申请人释明依据《最高人民法院关于民事诉讼证据的若干规定》第 63 条第 3 款:"当事

① (2019)粤 19 民特 97 号。
② (2021)粤 01 民特 1196 号。

人故意作虚假陈述妨碍人民法院审理的，人民法院应当根据情节，依照民事诉讼法第一百一十一条的规定进行处罚"之规定，当事人虚假陈述的，一经查实，人民法院可以根据情节轻重予以罚款、拘留，构成犯罪的，依法追究刑事责任。[①] 对意欲滥用诉讼权利的当事人形成有效威慑。

申请人在主张仲裁协议上其签字或盖章系伪造的同时，通常还会提出鉴定申请。由于鉴定程序一般耗时较长，故容易被恶意申请人利用以拖延仲裁。例如，在前述 (2019) 粤 19 民特 97 号和 (2021) 粤 01 民特 1196 号案件中，申请人在否认仲裁条款效力的同时，向法院申请鉴定。两起案件的相同之处在于，申请人就其主张仅提供了"否认"这一当事人陈述，而希望通过在诉讼程序中以申请鉴定的方式获取鉴定意见书（无论其结果如何），从而完成其在证明这一环节上的逻辑闭环。这看似是对其诉讼权利的合理主张，实则是对民事诉讼证据制度理解的谬误。

根据《民事诉讼法》(2021 年修订) 第 67 条，当事人对自己提出的主张有责任提供证据。《民事诉讼法解释》(2022 年修订) 第 90 条规定，当事人未能提供证据或者证据不足以证明其事实主张的，由负有举证证明责任的当事人承担不利的后果。在此种类型的仲裁司法审查案件中，对签章真实性的否认，实质上是对双方当事人之间仲裁合意的否认。根据证明责任规则，应当由申请人对权利消灭的要件事实承担证明责任。然而，"否认"这一证明力极低的当事人陈述显然难以使法官形成"高度可能性"的内心确信，尚不足以启动鉴定程序。[②]

因此，对于是否启动鉴定程序应当持谨慎态度。首先，应当充分听取对方当事人的意见，如果对方当事人明确表示反对启动鉴定且理由确实充分，则不宜启动鉴定。其次，应结合合同的实际履行情况决定是否启动鉴定，虽然申请人主张其签字或盖章系伪造，但是有充分证据证明其有履行合同的事实行为，亦不宜启动鉴定。再次，当申请人为自然人时，合同的落款签字处一般留有指印，在申请人仅对笔迹真实性提出鉴定申请时，法院应向其释明需申请对指印的真实性进行鉴定，否则不予启动鉴定，在此情形下，笔迹和指印的鉴定应同时进行，以确保

---

① 然而，实践中这一类妨害民事诉讼行为的强制措施却鲜少得到实施，故未能充分发挥约束当事人诉讼行为的效力。

② 然而，同样是由广州市中级人民法院作出的 (2019) 粤 01 民特 1459 号裁定书在启动鉴定程序这一环节的认定上存在不同的实践。该案中，申请确认仲裁协议无效的原告同样是在没有提供任何初步证据的情况下向法院申请鉴定，但法院并未因此驳回其鉴定申请，而是在审查后认为确有必要鉴定，准许了该鉴定申请。鉴定结果也表明系争《和解代收款协议书》上的原告签字非本人所写，进而确认系争仲裁条款对原告无约束力。

鉴定结果的可靠性。此外,当申请人为法人或非法人组织时,如果合同落款处除盖有公章外,还有法人法定代表人或非法人组织负责人的签字,在申请人仅对公章真实性提出鉴定申请时,法院应向其释明应同时申请对法人法定代表人或非法人组织负责人签字的真实性进行鉴定,否则不予启动鉴定,以确保鉴定结果的可靠性。如果申请人认可法人法定代表人或非法人组织负责人签字的真实性,仅是对公章的真实性不予认可,因法人法定代表人或非法人组织负责人可代表法人或非法人组织对外从事民事活动,则没有启动对公章进行鉴定的必要性,不应启动鉴定程序。

二、不同的仲裁被申请人相继提出申请

根据《仲裁法》第 20 条,当事人对仲裁协议的效力有异议的,可以请求仲裁委员会作出决定或者请求人民法院作出裁定。司法实践中,存在不同的仲裁被申请人相互配合,依次申请确认仲裁协议无效、恶意拖延仲裁进程的情形。这种套路在金融借款合同纠纷案件中尤为常见,借款人、保证人、抵押人、质押人等轮流提出确认仲裁协议无效的申请,一个金融借款合同纠纷仲裁案件可以衍生出十几个甚至更多的确认仲裁协议效力案件,导致这类仲裁案件长达数年无法开庭审理,严重浪费了司法资源,同时也造成了很多信访问题。

(2021)粤 01 民特 1565 号就是这一类型的典型案件。申请人安信公司作为反担保权人曾于 2020 年 12 月 2 日基于其与被申请人鸿海环球公司、鸿海置地公司、忠毅公司、陶然居公司、鸿佳公司签订的《反担保合同》中的仲裁条款向广州仲裁委申请仲裁。申请人主张该金融借款纠纷仲裁案件因被申请人多次分别向不同法院申请确认仲裁协议效力,致使该案仲裁程序被多次中止,仲裁延后近1 年无法开展审理工作。

在本案裁决书作出之前,反担保人鸿海置地公司、忠毅公司曾以同一份《反担保合同》分别向深圳市中级人民法院、清远市中级人民法院申请确认仲裁协议无效,其中前者被法院于 2021 年 4 月 16 日裁定驳回,后者法院于 2021 年 4 月29 日立案后,在 2021 年 6 月 22 日驳回。[①] 除此之外,在同一系列金融借款纠纷案件中,案涉各方主体针对仲裁协议效力提起的司法确认案件更是高达十余起,而裁判结果均为确认仲裁协议有效。

在(2021)粤 01 民特 1565 号案中,广州市中级人民法院于 2021 年 11 月 29

───────────────

① (2021)粤 03 民特 233 号;(2021)粤 18 民特 19 号。

日作出裁定,一揽子解决了安信公司与被申请人之间仲裁条款效力的争议问题。此时距仲裁委立案之日已过去了将近 1 年的时间,对仲裁程序造成了实质性拖延。发生在广州市中级人民法院的(2018)粤 01 民特 1229 号与(2019)粤 01 民特 324 号两起关联案件也是这一滥用诉讼权利类型的典型案例。

上述两起案件,待确认的《仲裁协议》系由农行珠江分行与百嘉信集团、华骏公司签署。农行珠江分行基于《仲裁协议》向广州仲裁委申请立案后,百嘉信集团首先向广州市中级人民法院申请确认仲裁协议效力,申请于 2019 年 2 月 15 日被驳回。[①] 在该裁定书作出后,华骏公司作为百嘉信集团的子公司,又以相同的事实和理由再次向广州市中级人民法院申请司法审查。华骏公司在后一起案件中委托的诉讼代理人之一甚至与百嘉信集团在前一起案件中的代理人完全相同。而华骏公司提起的仲裁协议效力司法审查最终于 2019 年 6 月 4 日被广州市中级人民法院驳回。[②]

结合百嘉信集团与华骏公司之间存在的关联关系,以及两公司在诉讼中主张的事实和理由同一,足以认定两公司存在滥用诉讼权利、拖延仲裁进程的嫌疑。两公司在客观上也实现了通过启动司法审查程序以拖延仲裁进程的效果,但此种行为并未受到任何规制。对于两家公司而言,其所付出的成本更是微乎其微。根据《仲裁法》第 20 条第 2 款,当事人对仲裁协议的效力有异议,应当在仲裁庭首次开庭前提出。《仲裁法若干问题的解释》第 14 条进一步明确:"首次开庭"是指答辩期满后仲裁庭组织的第一次开庭审理,不包括审前程序中的各项活动。仲裁庭组成人员确定后,仲裁庭会在仲裁规则规定的期限内将开庭日期通知当事人,如果某一仲裁被申请人在确定的开庭日期前向人民法院申请确认仲裁协议无效,仲裁庭则会取消开庭,当其申请被驳回后,仲裁庭会再次确定开庭日期并通知当事人,此时其他的被申请人如果继续向人民法院申请确认仲裁协议无效,则仲裁庭只能再次取消开庭。如此反复,将导致仲裁庭长期无法对案件开庭审理。

司法实践中出现的仲裁被申请人恶意拖延仲裁进程的情形说明,"在仲裁庭首次开庭前"这一规定已不能适应我国新的审判形势,亟待修正。对此,《仲裁法(修订征求意见稿)》第 28 条就当事人提起仲裁协议效力异议的时限进行了修改,将"在仲裁庭首次开庭前"修改为"在仲裁规则规定的答辩期限内提出"。仲

---

① (2018)粤 01 民特 1229 号。
② (2019)粤 01 民特 324 号。

裁协议被申请人申请确认无效的实质是对仲裁机构的管辖权提出了异议,故《仲裁法(修订征求意见稿)》参照了《民事诉讼法》第130条:"人民法院受理案件后,当事人对管辖权有异议的,应当在提交答辩状期间提出"之规定,充分尊重仲裁的自治性,即由仲裁规则来决定具体的时限。一方面,这保障了被申请人合法的程序权利;另一方面,也可以有效防止不同的被申请人利用"在仲裁庭首次开庭前"这一时间节点恶意拖延仲裁进程。

三、同一仲裁被申请人同时向仲裁机构和人民法院提出申请

司法实践中,存在同一仲裁被申请人同时向仲裁机构和人民法院提出确认仲裁协议效力的申请却故意隐瞒不告知的情形。

在北京市高级人民法院审理的一起案件中,申请人王某某主张其与被申请人正华宝意公司之间不存在请求仲裁的意思表示,案涉《履行协议书》中的仲裁条款应属无效。经法院查明,王某某曾经已就系争仲裁条款向北仲提起异议申请,且已被驳回。如今,王某某再次就同样的仲裁条款向法院申请司法确认,不满足法院申请确认仲裁协议效力案件的受理条件,应予驳回。[①]

本案中,申请人未在起诉时向法院披露案涉仲裁条款已经相关仲裁庭审查的事实。考虑到案件的具体情况,即被申请人正华宝意公司在提起此次仲裁之前,曾经已经根据《履行协议书》中的仲裁条款向北仲申请仲裁,但北京仲裁委员会(简称北仲)并未支持正华宝意公司的请求,认为其主张的损失和金额并不确定,待确定后,正华宝意公司可以另行仲裁。申请人王某某正是在先前的仲裁程序中向仲裁委提出仲裁协议效力异议而后被驳回,并非在此次仲裁程序中提出。申请人认为,正华宝意公司先前提起的仲裁程序与此次提起的仲裁程序是截然不同的两项程序,故在先的经仲裁庭驳回的管辖权异议不应阻却其针对正华宝意公司此次提起的向法院申请确认仲裁协议效力的诉讼权利。

这一逻辑显然是错误的。一方面,北仲在先的管辖权异议决定已在客观上确认了王某某与正华宝意公司之间的仲裁协议效力;另一方面,在先的仲裁程序实际上未就案涉实体争议进行处理,而是认为申请人主张的"损失和金额不确定,确定之后可以另行仲裁",即仲裁协议所指向的实体争议仍然存在,仲裁协议并未因此失去效力,故北仲在先的管辖权异议决定仍有法律效力,具有阻却法院司法审查的效用,申请人的主张没有法律和事实依据。

---

① (2021)京民终118号。

案涉仲裁程序于 2020 年 7 月 15 日由北仲立案,原定于 2020 年 11 月 5 日开庭,但该起仲裁协议效力的确认案件却历经两审法院审理,最终由北京市高级人民法院于 2021 年 4 月 13 日作出终审裁定,案涉仲裁程序被拖延了半年之久。考虑到申请人委托的诉讼代理人是全国知名律师事务所,具有丰富的法律知识与较高的业务水平,不难认定申请人存在滥用诉讼权利、拖延仲裁程序的嫌疑。

类似的情况亦出现在北京市第四中级人民法院作出的判决中。在(2023)京 04 民特 448 号案件中,中关村建设公司作为申请人请求法院确认其不受同步物业公司与安居公司之间的仲裁协议约束。经法院查明,系争实体权益纠纷曾于 2013 年 1 月 24 日为北仲受理,中关村建设公司也曾于 2013 年 2 月 25 日向北仲提出管辖权异议,但仲裁庭曾作出决定,认定安居公司与中关村建设公司之间构成委托代理关系,且同步物业公司与安居公司订立相关协议时已知晓该等委托代理关系,故相关协议(包括仲裁协议)能够约束中关村建设公司,进而驳回了该公司的管辖权异议。与前述案件情况相同的是,本案在先的仲裁程序因当事人的申请同样被仲裁委撤销,且于在先仲裁程序中,相关当事人已就仲裁管辖权提出异议且仲裁委已作出决定驳回,即仲裁机构已经于在先仲裁程序中认定了仲裁协议的效力,但本案当事人仍然在后续的仲裁程序启动后再次向法院申请司法确认,已构成重复申请,客观上致使仲裁程序拖延了将近三个月。①

《仲裁法》第 20 条第 1 款规定:"当事人对仲裁协议的效力有异议的,可以请求仲裁委员会作出决定或者请求人民法院作出裁定。一方请求仲裁委员会作出决定,另一方请求人民法院作出裁定的,由人民法院裁定。"《仲裁法若干问题的解释》第 13 条第 2 款规定:"仲裁机构对仲裁协议的效力作出决定后,当事人向人民法院申请确认仲裁协议效力或者申请撤销仲裁机构的决定的,人民法院不予受理。"因此,在现行仲裁协议效力司法审查框架下,人民法院和仲裁机构均有权对仲裁协议的效力进行审查,但以人民法院进行审查为优先原则,除非在当事人向人民法院提出申请前,仲裁机构已对仲裁协议的效力作出决定。

结合《最高人民法院关于确认仲裁协议效力几个问题的批复》第 3 条有关人民法院受理仲裁协议效力异议案件后,应通知仲裁机构终止仲裁的有关规定不难发现,法院基于对仲裁协议效力的审查而对仲裁程序的介入颇具刚性,即只要仲裁委尚未对本案仲裁协议效力作出决定,经当事人申请,法院均可在受理案件后终止仲裁程序,这为当事人不当干预仲裁程序提供

---

① (2023)京 04 民特 448 号。

了充分的便利,①这使本应赋予当事人程序自由选择权②的《仲裁法》第 20 条沦为拖延仲裁的战术工具。

对此,《仲裁法(修订征求意见稿)》第 28 条作出了回应,将国际通行的仲裁庭自裁管辖权以立法的形式予以明确,即仲裁庭有权自行决定自己对纠纷的管辖权,而在仲裁庭未对仲裁协议效力问题作出决定前,当事人不得请求法院审查。从第 3、4 款的逻辑来看,法院审查的对象系仲裁庭对仲裁协议效力及管辖权异议的决定,非主管管辖权纠纷本身,这也符合仲裁司法审查的基本原理。③与此同时,即使当事人经仲裁庭确认这一前置程序后向法院提出申请,法院的司法审查也不影响仲裁程序的进行,且受到明确且严格的审查期限限制。

两审审查制在制度设计上提升了当事人滥用诉讼权利的成本与难度,可以避免仲裁程序过度拖延,同时也赋予了法院托底保障的地位,不使司法过度介入并影响仲裁,兼顾了仲裁的效率价值与司法的公正价值。

四、同一仲裁被申请人向不同法院提出申请或向同一法院多次提出申请

《仲裁司法审查规定》第 2 条规定,申请确认仲裁协议效力的案件由仲裁协议约定的仲裁机构所在地、仲裁协议签订地、申请人住所地、被申请人住所地的中级人民法院或者专门人民法院管辖。因此,在仲裁协议约定的仲裁机构所在地、仲裁协议签订地、申请人住所地、被申请人住所地不一致的情形下,申请人对管辖法院具有选择权。

司法实践中,存在同一仲裁被申请人故意向具有管辖权的不同法院提出确认仲裁协议效力的申请,且对后立案受理的法院进行隐瞒,因此出现不同法院先后立案受理同一仲裁的情形。虽然《仲裁司法审查规定》第 4 条规定,申请人向两个以上有管辖权的人民法院提出申请的,由最先立案的人民法院管辖,但在后立案受理的法院对被申请人不能送达或者即使能够送达但被申请人未予答辩的情形下,会出现不同的法院对同一仲裁被申请人的确认仲裁协议效力申请重复审查,甚至作出截然相反审查结论的情形。

---

① 张世超:《诉裁衔接视角下的主管竞择规制:以〈中华人民共和国仲裁法(修订征求意见稿)〉第 28 条为中心》,《甘肃政法大学学报》2023 年第 2 期,第 122—123 页。
② 江伟、李浩:《论人民法院与仲裁机构的新型关系:为〈仲裁法〉的颁行而作》,《法学评论》1995 年第 4 期,第 36 页。
③ 毛晓飞:《法律实证研究视角下的仲裁法修订:共识与差异》,《国际法研究》2021 年第 6 期,第 120 页。

司法实践中还存在同一仲裁被申请人多次向同一法院反复提出确认仲裁协议效力申请的情形，而同一法院重复审查，甚至作出相反的审查结论。

对此，《仲裁法（修订征求意见稿）》第 28 条第 4 款规定，当事人对（仲裁庭作出的）仲裁协议效力或者管辖权异议决定有异议的，应当自收到决定之日起 10 日内，提请仲裁地的中级人民法院审查。由此，对这一情形下的仲裁司法审查管辖权予以明确，即仲裁地的中级人民法院。而根据《仲裁法（修订征求意见稿）》第 27 条第 1 款，仲裁地由当事人基于意思自治在仲裁协议中约定；没有约定或约定不明的，仲裁地为管理案件的仲裁机构所在地。

《仲裁法》的此次修订不仅严格规制了当事人申请司法审查的时限，而且限定了管辖此类案件的法院范围，从体制规范的角度降低了当事人向多家法院或向一家法院多次提起仲裁协议确认之诉的可能。如此，将形成对此类"恶意"案件的有效规制。

当然，在现阶段，为防止同一仲裁被申请人恶意同时向不同法院申请确认仲裁协议效力或多次向同一法院反复申请确认仲裁协议效力，笔者认为还可以做出如下努力。

首先，人民法院在接收立案材料时可让申请人签订承诺书，承诺其未就同一份仲裁协议向本院或其他法院申请过确认仲裁协议效力，如果进行虚假陈述，自愿承担法律的制裁。如果人民法院查实申请人有滥诉行为的，则予以严肃处理，可采取罚款等处罚措施，涉及律师的可向司法局发送司法建议。

其次，建立全国法院范围的案件在线查询系统，立案庭进行立案登记前必须完成关联案件查询，查明申请人是否已向其他法院或本院申请确认仲裁协议效力，之后再决定是否立案受理，以防止重复立案。

再次，目前申请确认仲裁协议效力案件，申请人仅需缴纳 400 元的申请费，滥诉、伪诉成本较低。因此，可对《诉讼费用交纳办法》进行修改，适当提高此类案件的申请费金额，以增加申请人的滥诉成本。此外，还可以引入一项"类担保制度"，即申请人的申请如果成立则仅收取 400 元，先前多收的费用予以退还，申请不成立的则申请费不予退还。另外，在同一仲裁被申请人确认仲裁协议效力的申请第一次被人民法院裁定驳回后，基于在先裁判的羁束力，仲裁机构即可开庭审理，而不应继续等待同一仲裁被申请人后续申请的处理结果出来后再决定是否开庭。

五、被申请人配合申请人提出管辖权异议

《仲裁司法审查规定》第 10 条规定："人民法院受理仲裁司法审查案件后，被

申请人对管辖权有异议的,应当自收到人民法院通知之日起十五日内提出。人民法院对被申请人提出的异议,应当审查并作出裁定。当事人对裁定不服的,可以提起上诉。"司法实践中,存在被申请人配合申请人恶意提出管辖权异议以拖延仲裁司法审查案件的审查,进而达到阻碍仲裁案件开庭的情形。这种情形在金融借款合同中尤为常见,一般是借款人向法院提出确认仲裁协议无效的申请,将出借人、保证人、抵押人、质押人等列为被申请人,保证人、抵押人、质押人作为共同利益方和关联方往往会配合借款人提出管辖权异议,借此拖延仲裁司法审查案件的处理,并且在管辖权异议裁定作出之后提起上诉,进而达到拖延仲裁案件审理的目的。

对于被申请人恶意提出管辖权异议的问题,笔者有以下建议。

首先,《仲裁法(修订征求意见稿)》第 28 条第 4 款已明确仲裁协议效力司法审查的管辖法院,当事人客观上已不具备提起相关管辖权异议的可能。当然,考虑到仲裁地所指向的中级人民法院或许并不唯一,此时当事人提出管辖权异议已无明显必要,其意图主要在于拖延案件的处理进程。对此,法院立案庭可要求当事人充分说明提出申请的原因及必要性。

其次,对于当前《仲裁法(修订征求意见稿)》第 4 款后半段赋予当事人向上一级法院申请复议的权利,笔者认为有待商榷,应考虑禁止当事人对管辖权异议裁定的上诉或复议的权利。司法实践中,对申请确认仲裁协议效力案件提出管辖权异议的基本上是申请人的关联方,目的是拖延仲裁程序的推进,并非真正对管辖权持有异议。因此,赋予当事人对管辖权异议裁定上诉或复议权的意义不大,反而会导致仲裁申请人对人民法院司法效率产生不满。

第三节　结　语

被申请人恶意提起确认仲裁协议效力的行为严重阻碍、拖延了法院对仲裁的司法审查,以及仲裁程序的顺利进行。本应起到保护当事人诉讼权利的仲裁司法审查制度在实践中被滥用,亟须加以规制。

2021 年 7 月 30 日公布的《仲裁法(修订征求意见稿)》从调整当事人提起仲裁协议效力异议的时限、引入仲裁庭自裁管辖权、司法审查托底保障的角度,完善了当前仲裁司法审查制度,其对司法实践产生的实效有待确认。一方面,对于实践中常见的以签字或盖章系伪造为由提出申请的案件，人民法院应当在证据证明制度的基础之上合理安排双方当事人的证明责任。对当事人申请鉴定的案件，人民法院应当对鉴定必要性予以充分审查。另一方面，人民法院面对种类繁多的恶意案件，应当在法律框架内向当事人充分释明妨碍诉讼审理的法律后果，以训诫、罚款、发送司法建议的方式，将民事诉讼法保障司法秩序的程序性规定贯彻落实于实践之中。

如何平衡好保障当事人权利和提升仲裁效率，必须以司法实务经验为基础，以期能够推动我国现有仲裁司法审查制度的完善，提升人民群众对人民法院仲裁司法审查工作的满意度。

第三章
仲裁程序法[*]

第一节　仲裁程序法的定义

仲裁是双方当事人合意处理商事争议的常见方式，意思自治原则在仲裁中的重要体现就是仲裁程序法。

仲裁程序法又称为仲裁法(lex arbitri)或仲裁的"程序法"(procedural law)、"法庭法"(curial law)，意指支配仲裁的法律，是适用于仲裁程序的法律规范的总称。一国之内除了本国立法机关制定的仲裁法之外，还存在着各个仲裁机构自行制定并适用于审理具体案件的仲裁规则，故国际商事仲裁程序适用的法律主要有两方面：一是仲裁规则；二是仲裁程序法。[①] 我国学者通常认为仲裁程序法的范围包括仲裁庭的管辖权、可仲裁性的争议、仲裁庭的组成、仲裁协议的效力、仲裁适用的程序法与实体法、所遵循的最低仲裁限度标准、裁决的形式、对仲裁员的异议以及执行裁决的能力等。[②]

仲裁程序法的适用与仲裁的自治属性密切相关，基于仲裁的司法性，产生了仲裁地法的适用；基于仲裁的意思自治，产生了仲裁程序法的当事人选择适用；基于仲裁的自治性，产生了非国内化仲裁的适用。

第二节　仲裁程序法的独立性

仲裁程序法的独立性是指国际商事仲裁中的仲裁法所属法律体系可独立

---

[*]　本章作者柴文龙、胡耀辉。
[①]　陈治东：《国际商事仲裁法》，法律出版社 1998 年版，第 205 页。
[②]　朱克鹏：《国际商事仲裁的法律适用》，法律出版社 1999 年版，第 69 页。

于实体法所属法律体系，即适用于仲裁的程序法律与适用于实质争议的实体法律不属于同一法律体系，因为当事人可以基于不同的考虑分别选择程序法和实体法。例如，认为英国海商法制度完善而选择英国法作为实体法，但这并不意味着当事人也选择了英国法作为程序法，当事人仍可以选择其认为的较英国法有更多自治权的他国法律作为程序法。

仲裁程序法的独立性案例见表 3-1。

表 3-1　仲裁程序法的独立性案例

案例一	James Miller v. Whitworth Street Estates，1970①
案件事实	一家英格兰公司与一家苏格兰的建筑公司在英格兰订立建筑合同。该合同采用皇家建筑协会提供的标准格式合同，但合同中没有明示合同准据法。合同中的仲裁条款约定发生争议时，由皇家建筑协会主席指派独任仲裁员进行仲裁。争议发生后，皇家建筑协会指定苏格兰仲裁员，并且仲裁在苏格兰依照苏格兰程序法进行。在仲裁过程中，作为被诉人的英格兰公司要求仲裁员按照英格兰法中关于"判案要点陈述"的要求陈述裁决。由于这是在苏格兰法中没有规定的程序，仲裁员拒绝了英格兰公司的要求。英格兰公司遂向英格兰法院提出申请，要求法院指令仲裁员执行"判案要点陈述"程序。在英格兰公司申请执行"判案要点陈述"期间，仲裁员作出了有利于苏格兰当事人的裁决。在英格兰法院，英格兰公司申辩，合同的准据法应该是英格兰法，那么，仲裁程序也应受英格兰法支配
争议焦点	合同的准据法是英格兰法，仲裁程序是否由苏格兰法约束
裁判要旨	英国上诉法院认为，仲裁程序法可不同于支配争议实质问题的法，从当事人在任命仲裁员后依照苏格兰程序进行仲裁的行为来看，英格兰公司已同意或接受依照苏格兰法进行
裁判理由	虽然英格兰法律约束当事人之间的合同，但仲裁程序法是苏格兰法律，因为当事人在苏格兰提起仲裁程序，并且整个程序都是根据苏格兰法律进行的。这表明合同和仲裁程序可以适用不同的法律
案例二	Compagnie Tunisienne de Navigation SA v. Compagnie d'Armement Maritime SA②

---

① Whitworth Street Estates (Manchester) Ltd. v. James Miller and Partners Ltd. https://vlex.co.uk/vid/whitworth-street-estates-manchester-793276481，最后访问日期：2023 年 6 月 13 日。

② Compagnie Tunisienne de Navigation S.A. v. Compagnie d'Armement Maritime S.A. https://vlex.co.uk/vid/compagnie-tunisienne-navigation-s-792824629，最后访问日期：2023 年 6 月 13 日。

案件事实	一家法国公司和一家突尼斯公司在法国巴黎签订了一项石油运输国际合同。当事人采用的是英文印刷的标准格式的租船合同,并订立了附加条件。合同约定,如果有争议发生,将在伦敦通过仲裁解决。发生争议后,双方当事人根据该条款,将所发生的争议提交伦敦仲裁院解决。由于当事人之间对合同的准据法是英国法还是法国法存在歧义,该案被提交至伦敦上诉法院
争议焦点	合同的准据法是英国法还是法国法
裁判要旨	上诉法院认为,当事人依照英国法律程序将有关合同准据法的争议提交上诉法院这一事实本身说明,仲裁是依照英国法进行的,但适用于合同争议实质问题的准据法应是法国法
裁判理由	法院在决定合同的准据法时需要考虑的是与合同存在最密切和最真实联系的法律。仅凭仲裁在伦敦进行的事实,不代表法国的租船合同必须由英国法而非法国法约束。英国仲裁适用法国法并非大事,合同实质问题的准据法与法院地法(lex fori)不同,就认定其属于不寻常的情形的看法是绝对站不住脚的
案例三	OCPC v. Wilhelm Diefenbacher KG & Diefenbacher, Cour d'Appel, Paris, June 18, 1974
案件事实	被诉方同意把开发其专利的专利许可证让与申诉方,所签订的转让合同中的仲裁条款规定,争议的实质问题适用比利时法律,国际商会的仲裁庭在巴黎作出了有利于被诉方的裁决。作为申诉方的比利时公司对该裁决不服,向巴黎上诉法院提出反对该裁决之诉。上诉法院查明,双方当事人约定将争议提交位于法国的国际商会并依照其仲裁规则进行仲裁;双方当事人同意任命法国仲裁员,并同意仲裁员作出的将巴黎作为仲裁地的决定
争议焦点	适用的仲裁程序法是什么
裁判要旨	上诉法院认为,当事人实际上已经默示选择法国法作为仲裁程序法
裁判理由	当事人选择比利时法作为实体法,并不等于程序也应适用比利时法

第三节　仲裁程序法的确定

一、当事人选择仲裁程序法

国际商事仲裁的仲裁程序并不隶属于一国的司法制度,当事人对仲裁程序法律适用的选择也并不意味着当然适用仲裁地法,还可以选择适用仲裁地或所属国以外的仲裁程序规则。例如,当事人 A 与当事人 B 可以在合同中约定,合同适用 A 国法律,但仲裁协议适用 B 国法律,因合同引起的或者与合同有关的任何争议,均应提交 C 国某仲裁委员会,D 国法律为仲裁程序法。

主张仲裁法律性质为契约说的学者认为,仲裁协议是私人契约,仲裁员的管辖权限来自当事人的契约约定,仲裁员不是法官,不是以国家的名义作出裁决。因此,基于契约自由原则,当事人应有权选择仲裁程序法。

当事人选择适用的仲裁程序法通常在商事合同或仲裁协议中事先约定,也可以在争议产生后协商确定,选择的内容通常包括具体程序、组织形式、争议解决方式和效力等。当事人选择适用仲裁程序法的优点在于贯彻了意思自治的原则,有助于使仲裁程序满足个案需要,确保程序正义,体现仲裁裁决的公正性、合法性。在个案中,因当事人对法律的理解及法律运用能力不同,选择适用仲裁程序法时或存在瑕疵,这种情况下不宜径行认定仲裁程序法的约定无效,而应补正瑕疵。

《最高人民法院关于人民法院处理涉外仲裁及外国仲裁案件的若干规定(征求意见稿)》第 26 条规定:"当事人仅约定适用某一仲裁机构的仲裁规则但未约定由该仲裁机构仲裁的,人民法院应认定其规则应被适用的仲裁机构有权仲裁有关案件。"该文件虽未生效,但反映了最高法院鼓励补正瑕疵的司法观点。

在国际民商事诉讼中,一国法院在诉讼程序问题上自动适用内国法规定的原因是避免法官既要适用外国实体法,又要适用外国程序法而负担过重,是出于方便和经济的考虑。但是,国际商事仲裁中的仲裁员不同于法官,其经常不是在自己本国进行仲裁,而是前往当事人指定的仲裁地的国家进行仲裁,可能对仲裁地法并不熟悉,因此,国际民商事诉讼适用法院地程序法的理由在仲裁中不具有重要意义。

当事人选择仲裁程序法案例见表 3 - 2。

表 3 - 2 当事人选择仲裁程序法案例

案例四	National Agricultural Coop. Marketing Federation India Ltd. v. Gains Trading Ltd.①
案件事实	申请人及被申请人订立协议,同意以确定价格向被申请人购买一定数量的铁矿石粉料。《协议》第 17 条规定,如未能通过谈判或双方协议达成和解,争议事项将适用印度 1996 年《仲裁与调解法》,提交我国香港地区仲裁并最终解决。尔后,双方发生争议,申请人认为按照协议的约定,印度法院应从其选定的 3 名人选中指定 1 人作为独任仲裁员,但被申请人认为印度法院对此无管辖权
争议焦点	当事人约定仲裁地点在我国香港地区,是否意味着适用香港法律
裁判要旨	法院认为,仲裁地点在我国香港地区并不意味着适用我国香港地区法律,在当事人对适用的争议解决法律已经做出选择的情况下,应当以当事人的选择为准,确定适用的争议解决法律
裁判理由	印度 1996 年《仲裁与调解法》并不只适用于仲裁地在印度的情况,也适用于仲裁地在印度之外的情况。当事人选择仲裁地在我国香港地区,同时适用印度 1996 年《仲裁与调解法》是有效的
案例五	河北五洲开元环保新材料有限公司(简称五洲开元公司)诉帕尔曼科技(北京)有限公司(简称帕尔曼公司)案②
案件事实	2017 年 6 月 22 日,原告五洲开元公司与被告帕尔曼公司签订了一套《帕尔曼 PFV315C 型粘结聚粒机买卖合同》。该合同约定五洲开元公司向帕尔曼公司采购一套 PFV315C 型粘结聚粒机。合同签订后,五洲开元公司依约支付了购买价款,共计 185 万元。2017 年 12 月 30 日,所购设备运至五洲开元公司驻地,原告开箱并进行设备的安装定位,发现该设备存在铭牌涂改、电路图差错以及螺栓不紧等问题。原告五洲开元公司认为该设备存在严重的质量问题,且被告帕尔曼公司存在涂改机器铭牌日期的行为,涉嫌欺诈,故诉至法院,要求解除合同,返还采购款 185 万元,并赔偿经济损失 10 万元与律师费损失 8 万元。被告帕尔曼公司提出管辖异议,认为原被告双方签订的买卖合同中约定了仲裁,应提请仲裁机构仲裁解决,请求驳回原告的起诉 原被告双方签订的《帕尔曼 PFV315C 型粘结聚粒机买卖合同》为中英文双语合同,其中"争议和适用法律"一节约定,"根据国际商会仲裁法则规定,供需双方之间,任何合同之外或者合同相关内容引起的争议、索赔以及争执需要

---

① National Agricultural Coop. Marketing Federation India Ltd. v. Gains Trading Ltd. https://indiancaselaws. wordpress. com/2012/04/15/national-agricultural-coop-marketing-federation-india-ltd-vs-gains-trading-ltd/,最后访问日期: 2023 年 6 月 13 日。

② (2018)京 0101 民初 6973 号, https://wenshu.court.gov.cn/website/wenshu/181107ANFZ0BXSK4/index. html? docId = ZrYSEN3V1XyhRytlVxSb7X/VU5mAL5bGCLCJTbbhMuccCDCVp6feJp/dgBYosE2gUORpKEs7PA7Oitf2kxqsBeMzHDgOfXmf8pNJ8JM1zrWbosLiknGGYTBkMwyB5c5Z,最后访问日期: 2023 年 6 月 13 日。

案件事实	妥善友好解决，一旦调解失败，根据国际商会仲裁法的规定，需要最后在北京仲裁"。原告五洲开元公司认为，该仲裁条款未选定仲裁机构，为无效仲裁协议，作为被告帕尔曼公司住所地的北京市东城区人民法院对本案具有管辖权。被告帕尔曼公司认为，该条款英文部分已经明确选定依据 ICC 规则进行仲裁，可以据此确定仲裁机构，合同中的中文条款翻译不准确，综合中英文条款来看，应为有效的仲裁协议
争议焦点	当事人在仲裁协议中仅约定了纠纷适用的仲裁规则，且无法达成补充协议的，能否明确仲裁规则所指向的仲裁机构
裁判要旨	当事人在仲裁协议中仅约定了纠纷适用的仲裁规则，且无法达成补充协议的，视为未约定仲裁机构，仲裁协议无效。但是，通过审查当事人的仲裁合意及约定适用的仲裁规则内容，能够明确仲裁规则所指向的仲裁机构的，则仲裁协议有效
裁判理由	本案中，原告五洲开元公司与被告帕尔曼公司在买卖合同中明确约定适用国际商会仲裁规则仲裁解决纠纷，虽未明确选定仲裁机构，但依据双方约定的仲裁规则能够确定仲裁机构，即国际商会仲裁院，该仲裁院对仅约定适用国际商会仲裁规则但未同时约定其他仲裁机构仲裁的合同争议具有管辖权。故原被告双方应当按照双方达成的仲裁协议，通过仲裁机构仲裁解决买卖合同争议。被告帕尔曼公司提出的管辖异议，要求驳回原告五洲开元公司的起诉之意见，应予支持
案例六	原告闽东丛贸船舶实业有限公司与被告瓦锡兰瑞士有限公司（Wärtsilä Switzerland Ltd.）船舶物料和备品供应合同纠纷①
案件事实	原告闽东丛贸船舶实业有限公司与被告瓦锡兰瑞士有限公司船舶物料和备品供应合同纠纷一案，被告在提交答辩状期间对厦门海事法院管辖权提出异议，认为法院对本案没有管辖权。其理由如下：① 原被告之间签订的三份《船用发动机供货合同》第7.5条为仲裁条款，该条款明确载明：涉及本合同或执行的各类争议，应通过友好协商解决。假如无法解决，那么，可以根据瑞典国际经济贸易仲裁委员会的《暂行程序规则》提交该委员会仲裁。仲裁应在斯德哥尔摩进行，仲裁委员会的决定应为最终性质，对双方均有约束力，任何一方不得向法院或其他主管当局上诉修改其裁决。仲裁费用应由败诉方承担。② 从本案仲裁条款的内容来看，当事人并未约定确认仲裁条款效力的准据法，但明确约定了仲裁地为瑞典斯德哥尔摩，因此，瑞典法律应作为确认本仲裁条款效力的准据法。③ 根据瑞典仲裁法律，本案仲裁条款是合法有效的。一是根据瑞典仲裁法律的有关规定，只要当事方之间存在确定的法律关系和仲裁意图，仲裁协议即告成立，而不论当事人是否约定了具体的仲

---

① （2014）厦海法商初字第 21 - 2 号，https://wenshu.court.gov.cn/website/wenshu/181107ANFZ0BXSK4/index.html?docId=kq9U36fE7LpziaEUbyEJ7RpzskQ7dVs9jHX1ZlOst1cPaAH63NpJbZ/dgBYosE2gUORpKEs7PA7Oitf2kxqsBeMzHDgOfXmf8pNJ8JM1zrVSi/F6CR9xW4rbdW3feUgf，最后访问日期：2023 年 6 月 13 日。

续 表

案件事实	裁规则或仲裁机构,或者约定的机构名称是否完整或正确。此外,瑞典法对仲裁协议本身的具体形式也没有任何要求,仲裁协议通过书面或者口头等方式达成均可。二是本案仲裁协议是有效的,并可以为斯德哥尔摩商会仲裁院(简称 SCC)所接受。虽然仲裁条款中约定的"瑞典国际经济贸易仲裁委员会"这一机构名称并不准确,但仲裁条款中明确约定了仲裁地点为瑞典斯德哥尔摩,而瑞典唯一处理国际仲裁的机构是 SCC,SCC 并不严格要求仲裁协议中准确写出其全部名称,其可以接受本案仲裁条款的措辞,从而受理本案仲裁。综上,根据瑞典仲裁法律的规定,本案仲裁条款是合法有效的。因此,厦门海事法院对本案没有管辖权,请求法院依法驳回原告起诉
争议焦点	仲裁机构约定不准确时,仲裁条款是否有效
裁判要旨	虽然案涉仲裁条款约定的仲裁机构及其仲裁规则并不存在,但根据瑞典法律,仲裁协议中未载明准确的仲裁机构名称或仲裁规则并不影响仲裁协议本身的效力以及导致仲裁协议无效或无法执行,双方当事人仍可达成一致提交 SCC 或其他仲裁机构仲裁,或者依照《瑞典仲裁法》的相关规定组成仲裁庭进行仲裁
裁判理由	在管辖权异议听证中,原被告双方均同意以瑞典法律作为审查案涉仲裁条款效力的准据法,可视为双方就准据法达成一致约定,故应根据瑞典法律审查案涉仲裁条款的效力。关于瑞典法的查明,依照《中华人民共和国涉外民事关系法律适用法》第 10 条第 1 款的规定,外国法可由人民法院、仲裁机构或者行政机关查明。当事人选择适用外国法律的,应当提供该国法律 本案案涉仲裁条款中明确约定了案涉合同或执行的各类争议在协商不成的情况下均应提交仲裁,当事人之间的法律关系和仲裁意图清晰明确,符合瑞典上述法律的规定,因此,本案仲裁条款合法有效
案例七	瑞士米歇尔贸易公司(Mechel Trading AG)(简称米歇尔公司)诉中国厦门象屿集团有限公司(简称象屿公司)案①
案件事实	2004 年 3 月 26 日,象屿公司(买方)与米歇尔公司(卖方)签署了一份钢材买卖合同。合同就法律适用规定:"与本合同相关的一切法律争议应当受 1980 年 4 月 11 日制定的《联合国国际货物销售合同公约》管辖并据以解释。上述公约未规定的事项,则应参照国际统一私法协会于 1994 年颁布的《国际商事合同通则》。如果上述公约及通则未规定,则应当根据国际惯例及出卖方主要营业地的法律进行管辖和解释。"合同仲裁条款内容:"与本合同相关或由本合同引起的任何争议应根据国际商会仲裁院仲裁规则,并由依据上述规则指定的一名或多名仲裁员进行最终裁决。仲裁地点为中国北京,仲裁语言为中文或英文。" 2004 年 8 月 13 日,国际商会仲裁院受理由米歇尔公司作为申请人与象屿公

---

① (2004)厦民认字第 81 号裁决书,https://www.pkulaw.com/pfnl/a25051f3312b07f35ecb996090d24874 c61d7434e5d5971ebdfb.html?Keyword=%282004%29%E5%8E%A6%E6%B0%91%E8%AE%A4% E5%AD%97%E7%AC%AC81%E5%8F%B7%20&way=listView,最后访问日期:2023 年 6 月 13 日。

续　表

案件事实	司作为被申请人的买卖钢材合同仲裁纠纷案。2004 年 9 月 14 日,象屿公司向厦门市中级人民法院提出申请,要求确认与米歇尔公司签订的仲裁条款无效
争议焦点	仲裁条款对于仲裁机构有无约定及其对仲裁条款效力的影响
裁判要旨	从仲裁条款内容可以推导出来的唯一的仲裁机构是国际商会仲裁院
裁判理由	法院不能仅凭讼争仲裁条款未明确约定仲裁机构而认定该条款无效。双方当事人采用了国际商会推荐的标准仲裁条款作为本案争议的仲裁条款,双方约定仲裁适用国际商会仲裁院的仲裁规则并依照该规则组成仲裁庭。该仲裁条款的文字表达清楚,不会让人产生任何歧义,无需当事人补充约定就能推导出对双方之间的仲裁案有管辖权的唯一仲裁机构是国际商会仲裁院。根据当事人所选择的仲裁规则,足以组成仲裁庭并审理双方之间的合同纠纷。国际商会仲裁院是常设仲裁机构,其推荐使用的仲裁条款普遍为各国当事人所接受。国际商会所制定的大量规则已成为国际贸易的惯例。仲裁的最初形式就是临时仲裁,后来才有机构仲裁。在机构仲裁的情况下,仲裁裁决并不是机构做出的,而是仲裁庭或独任仲裁员依据当事人约定的规则或该机构的规则和其他法律规定做出的。仲裁机构对仲裁事务提供管理和服务。通行的国际仲裁理论认为若采用常设仲裁机构的仲裁规则而未约定由该机构仲裁且未约定其他仲裁机构的,推定规则被适用的机构有权仲裁有关案件。《最高人民法院关于人民法院处理涉外仲裁及外国仲裁案件的若干规定(征求意见稿)》第 26 条规定:"当事人仅约定适用某一仲裁机构的仲裁规则但未约定由该仲裁机构仲裁的,人民法院应认定其规则应被适用的仲裁机构有权仲裁有关案件。"此规定虽不是生效的司法解释,但反映了我国通行的仲裁法理论观点。依照该理论,应认定讼争仲裁条款有效。双方当事人的真实意思表示就是要将争议提交国际商会仲裁院仲裁

二、当事人未明示选择仲裁程序法

仲裁地是国际商事纠纷的重要连接点。在国际商事合同中,当事人可以分别约定商事合同及仲裁协议的准据法,但当事人仅约定商事合同的法律适用和准据法,却未约定仲裁协议的准据法时,推定仲裁地法为准据法。

仲裁地法在程序方面具有的法律地位和重要意义根本在于仲裁地国对其领域内进行的仲裁拥有有效的管辖权。除了仲裁地国外,没有哪个国家能对有关仲裁行使如此全面有效的控制。而且,从客观上讲,即使仲裁地法允许当事人选择外国程序法,外国程序法所具有的实际效力可能也是有限的。例如,在英国进行仲裁的当事人选择了外国程序法,是否就能不受英国法院的监督值得怀疑;反之,仅因为当事人选择英国程序法,英国法院就对一个在外国进行的仲裁实施监督,可能产生矛盾。

仲裁地法具有较大影响的另一原因在于,依照仲裁地国法进行仲裁,可以使裁决取得该仲裁地国的国籍,进而可作为外国仲裁裁决而依照《承认及执行外国仲裁裁决公约》(《纽约公约》)在有关国家得到承认和执行,但只有在仲裁地国有关法律制度完善健全的情况下,适用仲裁地法才会有利于仲裁的进行以及得到司法救济。

2006 年颁布的《最高人民法院关于适用〈中华人民共和国仲裁法〉若干问题的解释》(简称《2006 年司法解释》)第 16 条规定:"当事人没有约定适用的法律但约定了仲裁地的,适用仲裁地法律。"这是我国法律规范中首次出现"仲裁地"的表述。2010 年颁布的《涉外民事法律关系法律适用法》第 18 条规定:"当事人可以协议选择仲裁协议适用的法律。当事人没有选择的,适用仲裁机构所在地法律或者仲裁地法律。"该法的颁布在法律层面正式将"仲裁地"作为法律概念使用。

仲裁地法有关案例见表 3-3。

表 3-3 仲裁地法案例

案例八	Sulamérica CIA Nacional de Seguros S.A. v. Enesa Engenharia S.A.[①]
案件事实	该案涉及一份在巴西修建的水利发电站的保险合同。由于发生了工程事故,投保人向保险公司申请赔付,但保险公司认为该工程事故并不在保单承保范围内,而且投保人事前披露的某些信息并不充分构成对保单条款的违反。合同中对于争议解决约定有三个条款:① 巴西法院对合同争议有排他性管辖权;② 调解,即双方应当在争议提交仲裁之前,先将争议提交给双方选定的调解员进行调解。如果 90 天内争议没有调解成功,任何一方可以要求终止调解程序;③ 仲裁,双方在合同中详细约定了在调解不成功时将争议提交仲裁解决,并约定了仲裁员的产生、仲裁规定和仲裁庭的权限等细节,同时写明仲裁地为伦敦 在投保方提出索赔要求后,保险公司在英国伦敦启动了仲裁程序。作为反制措施,巴西公司在巴西当地法院申请了"禁诉令",禁止保险公司继续推进在伦敦的仲裁案。同样,保险公司也在英国法院申请了"禁诉令",禁止巴西投保人在巴西法院通过诉讼解决保险单项下的争议 对于英国法院发出的"禁诉令",巴西公司在英国法院上诉,主张:① "仲裁条款"应当适用于保险合同约定的准据法,即巴西的法律;② 根据巴西的法律,仲裁程序的启动必须得到投保人的同意,未经其同意而启动仲裁程序无效

---

① Sulamerica CIA Nacional de Seguros S.A. v. Enesa Engenharia S.A. [2012] EWCA Civ 638,https://www.trans-lex.org/311350/_/sulamerica-cia-nacional-de-seguros-sa-v-enesa-engenharia-sa-%5B2012%5D-ewca-civ-638/,最后访问日期:2023 年 6 月 13 日。

续　表

争议焦点	究竟是适用合同约定的准据，即实体法巴西的法律来判断仲裁条款的效力，还是根据仲裁条款约定的"仲裁地"伦敦的法律，即英国法来判断仲裁条款的效力
裁判要旨	该案中的仲裁条款应依据仲裁地法，即英国法判断
裁判理由	在该案中，英国上诉法院提出了有关判断"仲裁条款的准据法"的三阶审查法：① 当事人对于仲裁条款的准据法，是否作出明示的选择？② 当事人如无明示选择，是否可根据证据推导出当事人的默示选择？③ 如无法推导双方当事人的默示选择，则应当适用与"仲裁条款"（或"仲裁协议"）有最密切和最真实联系的法律 在此案中，显然不存在当事人对仲裁条款准据法的明示选择。对于默示选择，英国上诉法院指出，合同的实体法通常可以被"默认"为当事人对仲裁协议准据法的选择，即当事人选定的合同实体法对整份合同所建立起来的双方之间的权利义务关系，包括仲裁条款构成约束。但是，在此案中，英国上诉法院认为，该保险合同的实体法对该仲裁条款并不构成约束 首先，英国上诉法院注意到，既然双方当事人在合同中约定了仲裁地是伦敦，则意味着仲裁程序会在伦敦进行，该仲裁程序将受到英国仲裁法的规范和英国法院的司法监督。英国上诉法院指出，这个结论与英国更早期的其他案例，包括 C. D. X. L. Insurance Ltd. v. Owen Corning 所建立的法律原则是一致的。这两个案件所涉及的保险合同的准据法是纽约法，但仲裁地是伦敦，对此英国法院考虑到"仲裁地"的因素，认定英国法是仲裁条款的准据法 其次，英国上诉法院注意到，在此案中，如果适用巴西的法律，则该仲裁协议必须而且只能在投保人同意的前提下才能执行。但合同中有条款约定：任何一方均有权将合同争议在调解没有成功的情况下提交仲裁解决。因此，如果适用巴西的法律会导致一方"提起仲裁"的权利被"剥夺"，最终导致与合同约定不一致的结果 最终，英国上诉法院找出根据，并做出与仲裁条款"有最密切和最真实联系的法律"的判断。英国上诉法院认为，虽然仲裁条款是合同的一部分，应当与合同有最密切和最真实的联系，但是，仲裁条款的目的不同于合同，其是为了确保当仲裁成为解决争议的方式时，仲裁程序可以有法可依、合法进行，并得到必要的司法协助与监督。因此，当仲裁条款写明仲裁地为伦敦时，与仲裁条款有"最密切和最真实联系的法律"，就应当是仲裁地的法律，即英国法
案例九	BCY v. BCZ[①]
案件事实	BCY 诉 BCZ 是一起新加坡法院审理 2016 年已由法院裁决并发布的案件，争议涉及的是一份股权转让协议。双方在合同草稿中约定合同的实体法是纽约法，但仲裁条款中约定新加坡为仲裁地 在该案件中，股权转让协议虽经若干稿的修改，并在最后得到了各方可以签

① BCY v. BCZ，https://www.elitigation.sg/gdviewer/s/2016_SGHC_249，最后访问日期：2023 年 6 月 13 日。

续 表

案件事实	署的认可,但在签署之前的最后关头,合同一方明确提出不愿意签署该协议,因此整份合同未得到任何一方的签署。随后,合同草稿的一方认为仲裁条款独立于股权转让协议而存在,依据仲裁条款向不愿意签署股权转让协议的一方提起了仲裁。不愿意签署股权转让协议的一方则向新加坡法院提出异议,认为该仲裁程序中组建的仲裁庭对该项纠纷没有管辖权
争议焦点	该仲裁条款到底应当依合同草稿中约定的纽约法来判断,还是依据仲裁地新加坡的法律来判断
裁判要旨	当事人默示选择的仲裁协议准据法应当与其明示选择的合同实体法保持一致,除非有相反的情形。鉴于并不存在相反的情形,因此,合同所适用的实体法就应当是表明"仲裁条款的准据法的强有力标志",确认纽约法应为仲裁条款的准据法
裁判理由	仲裁条款的成立与主合同的成立密切相关。仲裁条款是主合同条款的一部分,其成立与否不能脱离整个主合同是否成立这一前提。因此,除非当事人另有约定,在签署包含仲裁条款的主合同之前,不能得出当事人希望仲裁条款先产生约束力的结论
案例十	BNA v. BNB①
案件事实	中国公司(甲公司)与韩国公司(乙公司)之间签署了工业气体的买卖合同。该合同的货物交货地在中国大陆。合同签署后,卖方甲和买方乙与另一家中国公司(丙公司)签署了一份补充协议,乙公司的权利与义务被转让给了丙公司。按照约定,该补充协议成为原有合同"不可分割"的一部分 随后,受让该合同权利与义务的丙公司作为买方没有支付货款,作为卖方的甲公司在新加坡启动了仲裁程序。案件中的被申请人要求仲裁庭就仲裁协议的效力进行审理。仲裁庭多数认定仲裁庭有管辖权,于是提出异议的被申请人向新加坡法院提起了诉讼
争议焦点	仲裁条款并未单独约定准据法,仅约定如果发生合同有关的争议,应按照何种仲裁规则在哪里进行仲裁
裁判要旨	仲裁条款并未单独约定准据法,仅约定如果发生合同有关的争议,应按照新加坡国际仲裁中心的规则在上海进行仲裁
裁判理由	新加坡法院首先考虑了Sulamérica案所确立的三阶审查法,并认为:① 各方当事人明确约定了合同的实体法为中国法;② 仲裁地为中国,原因是上海并非一个单独的司法区域,而是中国的一个城市,因此当事人约定"仲裁在上海进行",应当视为当事人针对仲裁地进行的约定(而不是将上海视为开庭地点)。在各方明示选择合同的准据法为中国法时,应推定仲裁条款的准据法也为中国法。也就是说,鉴于当事人已经明确选择了上海作为仲裁地,就算根据中国法律该仲裁条款很可能被认定为无效条款(根据中国法律和司法实践,

① BNA v. BNB, BNC, https://www.elitigation.sg/gd/s/2019_SGCA_84,最后访问日期:2023年6月13日。

续　表

裁判理由	中国公司之间在国内履行的合同，其合同争议很可能不得通过外国仲裁机构解决），其法律后果也应当由当事人自行承担，新加坡法院并没有"不计代价""挽救仲裁条款效力"的责任，否则，在中国法院申请仲裁裁决的执行时，会给当事人带来重大不确定性。因此，虽然中国法被认定为仲裁条款的准据法，并极有可能导致该仲裁条款无效，但新加坡法院并没有像Sulamérica案那样，将仲裁地法（新加坡法）认定为仲裁条款的准据法
案例十一	International Standard Electric Corporation v. Bridas Sociedad Anonima Petrolera①
案件事实	美国公司国际标准电气公司（ISEC）与阿根廷公司 Bridas Sociedad Anonima Petrolera（Bridas）签订了股东协议。股东协议约定："所有与该协议有关的争议应由 ICC 根据规则制定的一个或多个仲裁员解决或最终决定""该协议由纽约法律管辖并依据此法解释" 之后，双方发生争议，根据协议中的仲裁条款，在墨西哥城启动了仲裁。仲裁庭作出有利于阿根廷公司 Bridas 的裁决。ISEC 向美国纽约南区法院提出撤销和不予执行仲裁裁决的申请 纽约南区法院认为，《纽约公约》第 5 条第（1）款（e）项所指的是仲裁程序所依据的得以进行的法律体系，并非实体法。本案的仲裁地点在墨西哥，故程序法应当适用墨西哥法律，只有墨西哥法院才有权撤销仲裁裁决。最终，纽约南区法院驳回了 ISEC 的申请
争议焦点	仲裁地确定后，应当适用何种法律认定撤销仲裁裁决的管辖机构
裁判要旨	仲裁地的确定意味着仲裁裁决所适用的法律体系的选择，故应当按照适用的该法律体系确定撤销仲裁裁决的管辖机构
裁判理由	有争议的措辞"作出裁决所依据的国家"是指仲裁程序法，而不是合同的实体法。因此，根据《纽约公约》，只有仲裁地的墨西哥法院才有权撤销裁决
案例十二	British Petroleum （Libya） Ltd. v. The Government of the Libyan Arab Republic②
案件事实	B.P.是一家英国公司，在利比亚获得石油开发特许合同。1971 年，利比亚政府为报复英国政府在波斯湾的某些行为，对 B.P.公司在利比亚的开发活动采取了国有化措施。为此，英国 B.P.公司诉诸仲裁程序，利比亚政府未出庭。仲裁庭认为：① 仲裁庭适用之程序法为丹麦法律和支配主要事实的法律，包括一般法律原则和国际法、国际法庭适用法律原则；② 利比亚国有化法是对

① International Standard Electric Corporation v. Bridas Sociedad Anonima Petrolera，https：//newyorkconvention1958.org/index.php?lvl＝notice_display&id＝1157&opac_view＝6，最后访问日期2023 年 6 月 13 日。

② BP Exploration Company （Libya） Limited v. Government of the Libyan Arab Republic，https：//jusmundi.com/fr/document/decision/en-bp-exploration-company-libya-limited-v-government-of-the-libyan-arab-republic-award-wednesday-10th-october-1973，最后访问日期：2023 年 6 月 13 日。

续 表

案件事实	特许合同的根本性违反;③ 利比亚夺走 B.P.公司的财产、权益的行为,违反了国际法,应予充公;④ 特许合同有效终止,但仍可作为仲裁庭管辖的基础,B.P.仍有权依此请求损害赔偿;⑤ B.P.不必特别履行特许合同,但仅可寻求损害赔偿;⑥ B.P.公司在国有化之日后无权依特许合同再采油
争议焦点	在当事人一方是主权国家的情况下,仲裁程序是否应受非国内法(例如国际法)约束
裁判要旨	仲裁员决定适用仲裁地法
裁判理由	既然将仲裁作为解决合同争议的专门方式,则必然可以推定,仲裁协议的当事人是想取得一种有效的救济,无国籍的仲裁裁决与根据某一特定法律体系的程序法作出并具有该国籍的裁决相比,前者的效力一般不如后者。另外,当仲裁员同法官所处情况一样,具有全权决定仲裁程序法时,选定一个完善的法律体系既便利又有益
案例十三	International Standard Electric Corp. v. Bridas Sociedad Anonima Petrolera①
案件事实	原告申请撤销国际商会国际仲裁院的仲裁庭依据该院仲裁规则在墨西哥作出的仲裁裁决
争议焦点	美国纽约南区地方法院是否有撤销裁决的管辖权力
裁判要旨	美国纽约南区地方法院认为,当事双方适用墨西哥的程序法,仲裁程序在墨西哥进行,支配仲裁程序的法律只能是墨西哥的法律,因此,只有墨西哥的法院享有撤销公约裁决的权力
裁判理由	地域原则要求不承认对于与任何国家的法律制度没有联系的所谓的"非内国仲裁程序"存在的可能,仲裁裁决受仲裁地法的约束
案例十四	American Diagnosica Inc. v. Gradipore Ltd.
案件事实	原告美国公司与被告澳大利亚公司在其订立的分销协议中约定通过仲裁解决双方当事人之间的争议:"由于本协议或违反被协议所产生的争议,双方当事人应当尽量自行解决,若不能就争议的解决达成一致,根据争议发生时有效的澳美仲裁协定的规则仲裁,如无此协定,则根据澳大利亚新南威尔士的仲裁法在悉尼仲裁解决。"该协议约定新南威尔士法为支配该协议的法律。双方当事人在履行协议的过程中发生争议后,又约定了依据联合国贸法会仲裁规则进行仲裁,仲裁庭首先就争议事项作出一项临时裁决,原告就该裁决中所涉及的新南威尔士州仲裁法项下的法律问题请求法院准许上诉,被告则认为法院没有管辖权,因为该案仲裁所依据的是独立使用的联合国贸法会仲裁规则

---

① Standard Elec. Corp. v. Bridas Sociedad Anonima Petrolera,https://newyorkconvention1958.org/index.php?lvl=notice_display&id=1157&opac_view=6,最后访问日期:2023 年 6 月 13 日。

续　表

争议焦点	澳大利亚新南威尔士高等法院是否具有管辖权
裁判要旨	法院认为对该案具有管辖权
裁判理由	无论当事人就仲裁适用的法律或规则作出了怎样的约定，例如选择适用外国程序法或国际仲裁规则支配他们之间的仲裁程序，只要仲裁在新南威尔士州进行，法院对该案就具有管辖权

第四节　非国内化仲裁

非国内化(denationalized)［非本地化(delocalization)］是指当事人在合同中约定，仲裁不依从于任何特定国家的程序法、冲突法规则，或任何特定法律体系的实体法，仲裁员可以适用一般法律规则或习惯商法(lex mercatoria)。

非国内化仲裁不是双方当事人在其所属国之外的第三方国家进行仲裁，而是仲裁协议并不约定适用特定的程序法，但适用一般法律规则或习惯商法。此种方式随着国际商事交易的发展而出现，目前已广泛运用于跨国投资、国际贸易等领域。非国内化仲裁的独特优势在于排除和减少地方保护主义的干扰，同时也增加了双方当事人的信任度。

非国内化仲裁的适用需注意如下问题：① 管辖权。通常而言，仲裁案件的管辖权应当由商事合同或仲裁协议约定，若未约定非国内化仲裁的管辖权，则需要根据国际私法的规定来确定管辖权。② 法律适用。非国内化仲裁的法律适用可以由仲裁协议约定，未作约定时，也可以由仲裁庭按照国际仲裁惯例及仲裁规则自行决定适用的仲裁程序和仲裁规则。③ 证据的收集和保全。非国内化仲裁的证据至少分布在当事人所属国，甚至可能分布在其他国家，因此除了当事人自行提供证据之外，也可以由仲裁庭向第三国发出证据保全请求，对仲裁庭的专业程度要求较高。④ 仲裁裁决的承认和执行。部分国家并不承认非国内化仲裁，故裁决结果的承认和执行可能无法实施。

非国内化仲裁案例见表 3-4。

表 3 - 4　非国内化仲裁案例

案例十五	General National Maritime Transport Company v. Société Gotaverken Arendal A.B.①
案件事实	双方当事人在 1973 年订立了 3 份合同,约定瑞典公司 Gotaverken 为利比亚公司 General National Maritime Transport Company 制造 3 艘油轮。这些合同中的仲裁条款约定发生争议后在 ICC 的主持下进行仲裁。后因利比亚公司拒绝接收油轮,双方发生争议,在巴黎提交 ICC 进行仲裁,裁决结果对瑞典公司有利。利比亚公司认为仲裁裁决理由自相矛盾,向巴黎上诉法院申请撤
案件事实	销和不予执行仲裁裁决。后巴黎上诉法院驳回了利比亚公司的申请,理由是仲裁具有国际性质,因为涉及国际商务的利益,该仲裁由 ICC 进行,不遵守法国的程序法,巴黎上诉法院对此无管辖权
争议焦点	国内化仲裁裁决的效力源于仲裁条款本身,还是仲裁地的法律
裁判要旨	虽然仲裁在巴黎进行,但所适用的是 ICC 仲裁规则,而不是法国的仲裁法。因此,法国法院拒绝对此案行使撤销权
裁判理由	虽然仲裁在巴黎进行,但是双方并未约定适用法国法律,而是约定由 ICC 主持仲裁,适用的是 ICC 仲裁规则,巴黎只是仲裁地点,该裁决无需遵守法国程序法
案例十六	宁波工艺品案②
案件事实	2003 年 1 月 23 日,宁波市工艺品进出口有限公司(简称宁波公司)与瑞士 DUFERCO S.A.(以下简称德高公司)在宁波订立了买卖 1500 吨冷轧钢的合同。合同中的仲裁条款部分规定:"一切因执行本合同或与本合同有关的争执,应提交给仲裁地位于中国的国际商会仲裁委员会,按照《联合国国际货物销售合同公约》进行仲裁。"合同订立后,由于宁波公司未能按照合同约定提货,并令其银行接受相关单据,德高公司不得不将此项买卖合同终止,并将货物以低价转售给第三方 2005 年 9 月 12 日,德高公司向位于法国巴黎的 ICC 申请仲裁。ICC 经审查后认为有管辖权,并确认北京为仲裁地点。仲裁庭在案件审理过程中,将《审理事项书》和《临时时间表》送达宁波公司,宁波公司签收了以上两项文件,但并未做出任何答辩和异议。仲裁庭经过书面审理后,于 2007 年 9 月 21 日,在北京作出 14006/MS/JB/JEM 号裁决,但宁波公司未执行此项裁决。2008 年 2 月 27 日,宁波市中级人民法院受理了德高公司关于承认与执行该 ICC 裁决的申请

①　General National Maritime Transport Company v. Société Gotaverken Arendal A. B. https://newyorkconvention1958.org/index.php?lvl=notice_display&id=111,最后访问日期:2023 年 6 月 13 日。
②　(2008)甬仲监字第 4 号,https://www.pkulaw.com/specialtopic/61ffaac8076694efc8cef2ae6914b056bdfb.html,最后访问日期:2023 年 6 月 13 日。

续　表

争议焦点	本案是否存在拒绝承认和执行所涉仲裁裁决的理由
裁判要旨	本案应当适用 1985 年《纽约公约》，因此于 2009 年 4 月 22 日裁定承认和执行 ICC 的裁决
裁判理由	法院认为我国已加入 1958 年《纽约公约》，在符合公约和我国相关法律规定的情况下，应当承认和执行外国仲裁裁决。关于本案所涉仲裁协议效力问题：仲裁庭按照仲裁规则的规定向宁波工艺品公司送达了《审理事项书》和《临时时间表》，也有证据表明宁波工艺品公司收到上述文书。宁波工艺品公司未在有限期限内对仲裁协议的效力提出异议，且 ICC 已在仲裁裁决中作出仲裁条款有效的认定。根据《最高人民法院关于适用〈中华人民共和国仲裁法〉若干问题的解释》第 13 条的规定，宁波工艺品公司关于仲裁协议无效的主张不能成立。关于本案是否适用《纽约公约》的问题，《纽约公约》第 1 条第 1 款规定的适用范围有两种情形：一是"仲裁裁决，因自然人或法人之间争议而产生且在申请承认及执行地所在国以外之国家领土内作成者，其承认及执行适用本公约"。二是"本公约对于仲裁裁决经申请承认及执行地所在国认为非内国裁决者，亦适用之"。这里所指"非内国裁决"是相对"申请及执行所在国"而言的。本案所涉裁决并非我国国内裁决，应当适用《纽约公约》。综上，法院认为本案不存在拒绝承认与执行所涉仲裁裁决的理由。2009 年 4 月 22 日，宁波市中级人民法院依照《中华人民共和国民事诉讼法》的相关规定，裁定承认和执行 14006/MS/JB/JEM 号仲裁裁决
案例十七	Saudi Arabia v. Aramco[①]
案件事实	沙特阿拉伯国王于 1933 年与加利福尼亚标准石油公司签订了一项特许权协定，授予该公司勘探、勘察、钻探、开采、处理、制造、运输、买卖、带走及出口石油的专属权利。根据此协定，标准石油公司将权利和义务转让给一家新成立的公司，该公司于 1944 年取名为阿拉伯美国石油公司。1954 年，沙特阿拉伯与奥纳西斯签订另一项协定，允许奥纳西斯的沙特阿拉伯油船海运有限公司享有运输石油的优先权。阿拉伯美国石油公司认为沙特阿拉伯侵犯了其从 1933 年协定中取得的权利。双方于 1955 年签订仲裁协定，将争端提交仲裁法庭解决
争议焦点	如何确定仲裁程序法
裁判要旨	仲裁庭决定适用国际法
裁判理由	仲裁双方当事人未约定双方当事人之间石油特许权开采协议的准据法与仲裁所应当适用的程序法律，仲裁发生在国家与私人公司之间，鉴于沙特阿拉伯的主权豁免权，仲裁庭在仲裁时不能对一个国家强行适用不同于其本国的

① Saudi Arabia v. Arabian American Oil Company，https：//www.trans-lex.org/260800/_/aramco-award-ilr-1963-at-117-et-seq/，最后访问日期：2023 年 6 月 13 日。

续 表

裁判理由	程序法,因此不能够适用仲裁庭本地的法律,支配仲裁本身的法律只能是国际法
案例十八	Gotaverken v. Libyan Genral National Maritime Transport
案件事实	利比亚国家海运总公司与瑞典造船厂订立合同,要求后者建造 3 艘油轮,发生争议后在巴黎依照 ICC 规则仲裁。船舶完成后,利比亚公司仅支付费用的3/4,并拒绝接收已经造好的油轮,理由是合同中关于不得使用以色列零部件的规定没有得到遵守和该油轮没有达到规定的技术标准,双方发生争议并提交仲裁,瑞典造船厂请求利比亚公司支付未付款项。在整个仲裁过程和随后的司法诉讼中,与争议有关的船只位于瑞典,而且当事人在法国均不拥有与争议有关的任何财产,作为仲裁地的法国与争议无任何利益关系,该仲裁在巴黎依照 ICC 仲裁规则进行,当事人和仲裁员均未指明所要适用的仲裁程序法,仲裁庭作出有利于瑞典申诉人的裁决,要求利比亚公司接受已经造好的油轮,并向瑞典造船厂支付未付的款项。利比亚公司向巴黎上诉法院提起诉讼,申请撤销裁决
争议焦点	巴黎上诉法院是否具有管辖权
裁判要旨	法院认为对该案不具有管辖权
裁判理由	发生争议的唯一联系是法国是仲裁地,而巴黎被选择为仲裁地只是出于该地中立性方面的考虑,因此,将法国选为仲裁地不应该被看作"当事人默示"依从法国仲裁程序法,甚至不应看作想要补充性地适用法国法。虽然仲裁在巴黎进行,但所适用的是 ICC 仲裁规则,而该规则排除了国内仲裁法的可适用性。当时双方和仲裁员均未指定法国仲裁法作为适用于在法国进行仲裁的法律。因此,作出裁决的程序不是依循法国法,与法国法无附属关系,不能认为该裁决是法国裁决,故驳回申请

第五节　中国的仲裁程序法适用

一、立法实践

首先,根据我国《仲裁法》第 65 条,涉外经济贸易、运输和海事中发生的纠纷的仲裁,适用本章规定。本章没有规定的,适用本法其他有关规定。这意味着我国的涉外仲裁程序必须依照《仲裁法》的规定。

其次,依照《仲裁法》第 58 条,当事人提出证据证明裁决有下列情形之一的,可以向仲裁委员会所在地的中级人民法院申请撤销裁决："（三）仲裁庭的组成或者仲裁的程序违反法定程序的。"这里提及的"法定程序"，根据《〈仲裁法〉司法解释》第 20 条是指，违反仲裁法规定的仲裁程序和当事人选择的仲裁规则可能影响案件正确裁决的情形。显然，仲裁程序必须受到中国仲裁法的约束，这里针对的是国内仲裁。

对于涉外裁决，根据《仲裁法》第 70 条，当事人提出证据证明涉外仲裁裁决有《民事诉讼法》第 258 条第 1 款规定的情形之一的（现第 281 条），经人民法院组成合议庭审查核实，裁定撤销。同时，根据《民事诉讼法》第 281 条，对中华人民共和国涉外仲裁机构作出的裁决，被申请人提出证据证明仲裁裁决有下列情形之一的，经人民法院组成合议庭审查核实，裁定不予执行："（三）仲裁庭的组成或者仲裁的程序与仲裁规则不符的。"这里提到"仲裁规则"，因为以往的仲裁规则都会在开头明确规定根据《仲裁法》和有关法律的规定，制定本仲裁规则（中国国际经济贸易仲裁委员会现在的仲裁规则不再保留这一条文，但是其明确规则是由中国国际贸易促进委员会或中国国际商会修订并通过，这明显受到《仲裁法》第 73 条的约束——涉外仲裁规则可以由中国国际商会依照本法和民事诉讼法的有关规定制定），因此，实际上涉外仲裁受仲裁规则的约束，间接也受中国仲裁法的约束。

二、司法实践

我国仲裁程序法的司法实践与立法规则高度一致，仲裁程序必然受到仲裁地法即我国法律的约束，当事人能够自由选择的只有仲裁规则。从各个仲裁委员会公布的仲裁规则来看，当事人的选择不得违反仲裁地法的规定。例如，《上海国际经济贸易仲裁委员会（上海国际仲裁中心）仲裁规则》（2015 年）第 3 条"规则的适用"第（二）项规定："当事人约定将争议提交仲裁委员会仲裁但适用其他仲裁规则，或约定对本规则有关内容进行变更的，从其约定，但其约定无法实施或与仲裁地强制性法律规定相抵触者除外。"

我国仲裁程序法之所以固守地域性，主要原因在于地域性体现了国家司法主权的独立性以及法律制度的体系性，避免出现他国司法机关撤销我国仲裁裁决的现象。从司法实践的案例来看，维护司法主权独立性的理念贯穿仲裁程序的始终。

中国仲裁程序法案例见表 3 - 5。

表 3-5　中国仲裁程序法案例

案例十九	联合轧花埃及棉出口公司与无锡市天然绿色纤维科技有限公司申请承认和执行外国仲裁裁决案①
案件事实	2011 年 9 月 28 日,联合轧花埃及棉出口公司(Unite Company for Ginning and Cotton Export)(简称埃及棉公司)作为卖方与无锡市天然绿色纤维科技有限公司(简称天然绿纤公司)作为买方签订了棉花销售合同,合同文本均为亚历山大棉花出口商协会(简称出口商协会)的标准合同格式,且在出口商协会进行了登记。合同载明:"本协议受亚历山大棉花出口商协会 1994 年第 211 号部令以及 1994 年的第 507 号部令管辖。如就本协议出现任何争议,将在亚历山大市进行仲裁解决"。同时该合同备注中载明:"2011/2012 季埃及棉出口销售条款是本合约不可分割的组成部分",而上述《2011/2012 季埃及棉出口销售条款》中亦载明:"如买卖双方间就合约产生争议,可提请出口商协会进行仲裁"。出口商协会内部规定(1994 年第 507 号部令)包含仲裁提起、仲裁庭组成、二级仲裁等仲裁规则性条款,其中与仲裁争议相关的为第 95—104 条。第 96 条规定:"仲裁员可自行决定在一级仲裁或申诉中适用的仲裁规则";第 100 条规定:"一级仲裁委员会由三名仲裁员组成。三名仲裁员由协会随机从管理委员会的成员中选定,但选定应排除利益相关方" 争议发生后,应埃及棉公司的申请,出口商协会组成仲裁庭就上述合同争议作出裁决,并以电子邮件方式发送给天然绿纤公司。后埃及棉公司向无锡市中级人民法院申请承认及执行上述仲裁裁决 天然绿纤公司抗辩称:埃及棉公司与天然绿纤公司之间对仲裁庭的组成和仲裁程序没有约定,因此,涉案仲裁依法应适用仲裁地所在国法律,即埃及《民事与商事仲裁法》的规定,而涉案仲裁中有多项程序都违反了埃及《民事与商事仲裁法》的强制性规定,应根据《纽约公约》第 5 条第 1 款(丁)项不予承认和执行 埃及棉公司则认为双方合同中的仲裁条款已明确约定适用出口商协会的内部规则,无需适用埃及《民事与商事仲裁法》,出口商协会的内部规则已经明确仲裁员可自行决定适用的仲裁规则,因此,涉案仲裁程序并无不当
争议焦点	仲裁程序是否受仲裁地仲裁法的约束? 若受约束,本案仲裁程序是否违反仲裁地仲裁法的规定
裁判要旨	无锡市中级人民法院及江苏省高级人民法院认为,天然绿纤公司所提出的没有送达申请书和证据材料、未将开庭记录送达当事人、仲裁裁决没有仲裁员签字、仲裁裁决中的名称错误未进行书面补正等事项均违反埃及《民事与商事仲裁法》中的强制性规定。上述情形构成《纽约公约》第 5 条第 1 款(丁)项"仲裁机关之组成或仲裁程序与各当事人之间协议不符,或无协议而与仲裁

---

① 深圳市前海合作区人民法院:《埃及仲裁裁决承认与执行实践对仲裁程序法律适用规则与"一带一路"法律风险防范的启示》,https://www.ydylflggfwpt.gov.cn/web/content/465-?lmdm＝1051,最后访问日期:2023 年 6 月 13 日。

续　表

裁判要旨	地所在国法律不符"的情形,应不予承认和执行 最高法院认为,涉案仲裁条款约定了出口商协会的内部规则为仲裁规则,但该仲裁规则只规定了仲裁员的选定、仲裁费用的支付及申诉程序等,并未规定其他具体的仲裁程序。出口商协会的内部规则虽然规定了仲裁员可自行决定在一级仲裁或申诉中适用的仲裁规则,但仲裁庭并未实际适用或者援引其他可资利用的仲裁规则。在这样的情形下,有关仲裁程序的其他问题,只要属于没有在当事人选定的仲裁规则涵盖范围内的事项,均不应违反仲裁地法律。关于仲裁庭未向天然绿纤公司送达申请书和证据材料,以及未就仲裁裁决中天然绿纤公司的名称错误进行书面补正问题,均涉及埃及《民事与商事仲裁法》的适用。根据埃及《民事与商事仲裁法》的相关规定,在天然绿纤公司没有提交相反证据的情况下,可以初步推定仲裁庭以邮件附件的形式向天然绿纤公司送达了仲裁申请书。鉴于本案合同签订及履行的实际情况,当事人全称及简称的使用不当不足以造成权利义务指向的混淆,仲裁庭亦作出了补正,故本案不存在《纽约公约》第 5 条第 1 款(丁)项规定的情形,涉案仲裁裁决应予以承认与执行
裁判理由	最高法院在司法实践中全面清晰地表达了仲裁地仲裁程序法对仲裁程序的强制适用与补充适用规则。虽然当事人可以选择仲裁程序适用的规则,但仲裁地仲裁程序法的强制性规定具有直接适用的效力。同时,在缺乏有关仲裁程序的合意时,仲裁地仲裁程序法对仲裁程序具有补充适用的效力。三级法院认识的主要分歧在于申请书及证据材料是否适当送达,但并不影响三级法院在仲裁地法适用方式方面达成共识,即在当事人约定了仲裁地点与仲裁规则的情形下,仲裁地的程序法仍然对仲裁程序具有强制适用与补充适用的效力

第四章

仲裁程序违法*

第一节　仲裁程序违法的定义

我国《仲裁法》对于可申请撤销裁决的情形作出了详细规定,其中一项就是仲裁庭的组成或者仲裁的程序违反法定程序。[①] "仲裁庭的组成或者仲裁的程序违反法定程序"这一表述在我国《民事诉讼法》中也有体现,是法院裁定仲裁裁决不予执行的情形之一。[②]

一、"违反法定程序"的具体内涵

究竟什么是"违反法定程序"? 首先要弄清楚"违反法定程序"中"法"的范畴。对此,学界众说纷纭,有人提出此处的"法"应当包括《仲裁法》《民事诉讼法》以及相关司法解释,也有人认为此处的"法"仅指《仲裁法》。[③]

2018 年《最高人民法院关于人民法院办理仲裁裁决执行案件若干问题的规定》(简称《2018 年司法解释》)第 14 条第 1 款[④]对《2006 年司法解释》第 20 条[⑤]

---

* 本章作者张林越、王文君。

① 根据《仲裁法》第 58 条第 1 款第 3 项,当事人提出证据证明裁决存在仲裁庭的组成或者仲裁的程序违反法定程序的,可以向仲裁委员会所在地的中级人民法院申请撤销裁决。

② 根据《民事诉讼法》第 244 条第 2 款第 3 项,被申请人提出证据证明仲裁裁决存在仲裁庭的组成或者仲裁的程序违反法定程序的,经人民法院组成的合议庭审查核实,裁定不予执行。

③ 沈德咏、万鄂湘:《最高人民法院仲裁法司法解释的理解与适用》,人民法院出版社 2007 年版,第 180 页。

④ 《2018 年司法解释》第 14 条第 1 款规定:"违反仲裁法规定的仲裁程序、当事人选择的仲裁规则或者当事人对仲裁程序的特别约定,可能影响案件公正裁决,经人民法院审查属实的,应当认定为民事诉讼法第二百三十七条第二款第三项规定的'仲裁庭的组成或者仲裁的程序违反法定程序的'情形";根据第 2 款可知,具体情形包括"当事人主张未按照仲裁法或仲裁规则规定的方式送达法律文书导致其未能参与仲裁"。

⑤ 《2006 年司法解释》第 20 条规定:"仲裁法第五十八条规定的'违反法定程序',是指违反仲裁法规定的仲裁程序和当事人选择的仲裁规则可能影响案件正确裁决的情形。"

中"违反法定程序"的定义进行了补充和修改，一方面，将"当事人对仲裁程序的特别约定"纳入"法定程序"中"法"的范畴；另一方面，有了更为具体（例如增加了"经人民法院审查属实"）、合理（例如"正确"改为"公正"）的要求。前一变化源于实践中越来越多的当事人会在仲裁协议中对仲裁程序事项进行详细的特别约定，只要这些约定不违反法律强制性规定且具有可实施性，就可成为仲裁规则的一部分，凸显了仲裁的意思自治；[①]后一变化则基于前一变化作出的必要限定。

随着司法解释的修改，一般认为"违反法定程序"的"法"包括《仲裁法》以及当事人选择的仲裁规则或约定的仲裁程序。将《民事诉讼法》排除在外的原因在于，仲裁是独立于诉讼程序之外的一种解决民商事纠纷的制度，具有其自身的制度特点和解决纠纷的独特程序规则。仲裁以当事人的仲裁协议为管辖权基础，仲裁程序充分体现了当事人的意志。相比公正要求，仲裁更注重效率和专业性。仲裁受司法监督与支持但独立于司法，在法律适用方面应遵从《仲裁法》而不宜直接适用《民事诉讼法》的规定，除非《仲裁法》明确援引适用《民事诉讼法》中关于仲裁裁决的执行与撤销的条文，其他民事诉讼领域的规定都不应适用于仲裁程序。因此，"违反法定程序"的"法"限于《仲裁法》，不应包括《民事诉讼法》中不明确适用于仲裁程序的规定。[②]

将当事人选择的仲裁规则或约定的仲裁程序纳入"法"的范畴主要基于以下三点理由。

第一，由当事人协议确定能否仲裁的同时赋予当事人确定仲裁具体程序的权利，在逻辑基础层面符合仲裁的最大特点，即当事人的自愿性，反过来，自愿性又是判断仲裁协议效力的关键所在。[③]

第二，从实定法角度看，我国《民事诉讼法》第 281 条第 1 款第 3 项明确指出，涉外仲裁裁决存在仲裁庭的组成或者仲裁的程序与仲裁规则不符的，经人民法院组成合议庭审查核实，裁定不予执行。国内仲裁程序同样受当事人选择的仲裁规则制约，具体体现于《仲裁法》第四章仲裁程序的相关条文[④]。此外，《仲裁法》第 15 条第 3 款规定："中国仲裁协会依照本法和民事诉讼法的有关规定制

---

① 刘贵祥等：《〈关于人民法院办理仲裁裁决执行案件若干问题的规定〉的理解与适用》，《人民司法》2018 年第 13 期，第 43 页。

② 沈德咏、万鄂湘：《最高人民法院仲裁法司法解释的理解与适用》，人民法院出版社 2007 年版，第 180 页。

③ 季境：《仲裁协议效力认定及解释原则》，《人民司法》2019 年第 26 期，第 15 页。

④ 《仲裁法》第 25、32、41 条。

定仲裁规则";第 73 条规定:"涉外仲裁规则可以由中国国际商会依照本法和民事诉讼法的有关规定制定"。这些表明了我国仲裁规则与仲裁的不可分性,说国内仲裁规则是仲裁法的组成部分也不为过。

第三,从比较法视角看,将当事人选择的仲裁规则纳入此处"法"的范畴获得了国际上的共识。归纳总结国际范围内的仲裁法规定和仲裁实践,仲裁程序的依据主要有仲裁法的规定、当事人的约定以及当事人指定的仲裁规则。以 1985 年联合国《国际商事仲裁示范法》为例,其第 19 条规定:"以服从本法的规定为准,当事人各方可以自由地就仲裁庭进行仲裁所应遵循的程序达成协议。如未达成协议,仲裁庭可以在本法规定的限制下,按照它认为适当的方式进行仲裁。"再如,英国《1996 年仲裁法》第 4 条第 3 项规定:"当事人可约定适用仲裁机构的规则或提供可对该事项作出决定的方式。"由此可见,仲裁的具体程序也可以由当事人自由确定(即当事人协议决定仲裁程序)或者选择(即当事人指定仲裁规则)。当事人协议决定仲裁程序或者指定的仲裁规则只要不违反仲裁法的强制性规定即为有效,而一旦有效,在仲裁审理中就与仲裁法规定的仲裁程序同等重要。

二、最低正当程序标准

我国《仲裁法》和现有仲裁规则涉及仲裁程序的规定很多,并非所有仲裁程序的违反都会导致仲裁裁决被撤销或不予执行的结果。

仲裁对于效率价值的重视不代表公正价值应当被忽略,前者主要在仲裁过程中得到体现,而后者往往具象于仲裁结果上,事实上,多数强制性规定着眼于维护仲裁的公正价值。假设仲裁违反法定程序但对当事人权利没有实质影响,为了使仲裁程序归于无效而撤销仲裁裁决,当事人还得另行解决纠纷,反而会与当事人选择仲裁程序追求高效解决纠纷的本意背道而驰。只有仲裁程序的违反已经或可能影响仲裁裁决的正确性,即公正价值无法得到满足时,才有对仲裁裁决提出异议、寻求司法救济的必要。

我国法律未对"可能影响案件公正裁决"进行进一步解释。那么,如何在效率与公正两种重要价值间找到平衡点,在保证纠纷通过仲裁得到及时解决的前提下限制法院的过度干预?

最低正当程序是指只要仲裁庭所作裁决并未违反规定,即使仲裁程序上有微小或重大瑕疵,法院也不能以违反正当程序为由撤销或者拒绝承认与执行仲裁裁决;[①]反之,若是违背最低正当程序标准并切实影响了裁决的公正性,程序必然违法。

仲裁最低正当程序要求在各国仲裁法中多有明确规定,例如英国《1996年仲裁法》第33条"仲裁庭的一般义务"规定:"(1)仲裁庭应:(a)公平及公正地对待当事人,给予各方当事人合理的机会陈述案件并抗辩对方当事人的陈述;(b)根据特定案件的具体情况采取合适的程序,避免不必要的延误和开支,以对待决事项提供公平的解决方式。(2)仲裁庭应在进行仲裁程序过程中、在其对程序和证据事项的决定中,以及在行使授予它的所有其他权力时,都应遵守该一般义务。"该条被学者们认为是关于仲裁最低正当程序的经典规范。再结合第34条"当事人有权商定任何事项"的表述,以及第37、38、41条"除非当事人另有约定,仲裁庭可以……"的规范结构,英国《1996年仲裁法》规定的最低正当程序标准是:① 尊重当事人的意思自治;② 公平及公正地对待当事人;③ 给予各方当事人合理机会陈述案件并抗辩对方当事人的陈述。

根据《美国统一仲裁法》以及《德国民事诉讼法典》可知,美国与德国的最低正当程序标准与英国基本相同。不过,德国的规定与英美还是存在差别,《德国民事诉讼法典》第十编"仲裁程序"第1042条"一般程序规则"第1款规定"应平等对待各方当事人,并给予每一方充分陈述案件的机会"。简言之,在德国法的语境下给当事人陈述案件的机会必须是"充分"的,而非仅停留在"合理"的要求,但细微差别不影响前文提及的最低正当程序标准要求在世界主要国家得到了一定程度的认同。

聚焦于我国司法实践,可以将《仲裁法》中关于仲裁程序的强制性条款视为最低正当程序标准,以辅助价值衡量。

第二节　仲裁程序违法的情形与案例

仲裁程序违法的具体情形如图4-1所示。其中,仲裁员信息披露与回避为一体两面的关系,前者由仲裁员主动进行,后者由当事人提出申请,共同指向避免因仲裁员的原因减损仲裁的独立性与公正性。以《北京仲裁委员会仲裁规则》(2022年)相关条文为例,第22条第2项"仲裁员知悉与案件当事人或者代理人

---

① 李庆明:《仲裁的最低正当程序简析》,《商事仲裁》2006年第1期,第17页。

存在可能导致当事人对其独立性、公正性产生合理怀疑的情形的,应当书面披露"与第23条第1项"当事人对仲裁员的独立性、公正性产生合理怀疑时,有权提出回避申请"相互呼应和映射。也有学者认为,仲裁实践中由于当事人难以查明仲裁员是否存在回避事由,因此很难行使回避申请权,仲裁员信息披露制度的建立有助于当事人回避申请权的行使。[①]

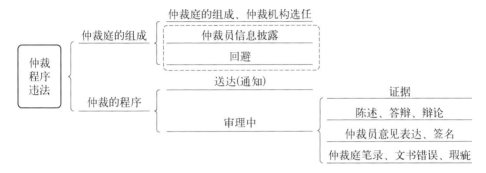

图4-1　仲裁程序违法的具体情形

另外,对于仲裁庭笔录、文书错误、瑕疵等问题的处理相比其他情形较为特殊。我国《仲裁法》第56条规定:"对裁决书中的文字、计算错误或者仲裁庭已经裁决但在裁决书中遗漏的事项,仲裁庭应当补正;当事人自收到裁决书之日起三十日内,可以请求仲裁庭补正。"各仲裁委员会的仲裁规则对补正规则进行了细化,例如《中国国际经济贸易仲裁委员会仲裁规则》(简称《贸仲规则》)第53条规定"裁决书的更正"和第54条规定"补充裁决",通过这两条仲裁规则基本明确了仲裁裁决进行更正与补正的规则,解决了裁决书书写、打印、计算上的错误或其他类似性质的错误,以及解决仲裁漏裁事项。上述两种仲裁错误并非直接引起仲裁裁决被撤销,而是在补正后构成裁决书的一部分。

一、仲裁庭的组成违反法定程序

(一) 仲裁庭组成、仲裁员选任违反法定程序

我国《仲裁法》就仲裁庭组成、仲裁员选任作出的规定可见表4-1。

---

① 江伟、肖建国:《仲裁法》(第3版),中国人民大学出版社2016年版,第93页。

表 4-1   我国《仲裁法》关于仲裁庭组成、仲裁员选任的规定

第 25 条   仲裁委员会受理仲裁申请后，应当在仲裁规则规定的期限内将仲裁规则和仲裁员名册送达申请人，并将仲裁申请书副本和仲裁规则、仲裁员名册送达被申请人   被申请人收到仲裁申请书副本后，应当在仲裁规则规定的期限内向仲裁委员会提交答辩书。仲裁委员会收到答辩书后，应当在仲裁规则规定的期限内将答辩书副本送达申请人。被申请人未提交答辩书的，不影响仲裁程序的进行
第 30 条   仲裁庭可以由三名仲裁员或者一名仲裁员组成。由三名仲裁员组成的，设首席仲裁员
第 31 条   当事人约定由三名仲裁员组成仲裁庭的，应当各自选定或者各自委托仲裁委员会主任指定一名仲裁员，第三名仲裁员由当事人共同选定或者共同委托仲裁委员会主任指定。第三名仲裁员是首席仲裁员   当事人约定由一名仲裁员成立仲裁庭的，应当由当事人共同选定或者共同委托仲裁委员会主任指定仲裁员
第 32 条   当事人没有在仲裁规则规定的期限内约定仲裁庭的组成方式或者选定仲裁员的，由仲裁委员会主任指定
第 33 条   仲裁庭组成后，仲裁委员会应当将仲裁庭的组成情况书面通知当事人

1. 杭州金宣公寓管理有限公司(简称金宣公司)与施某某、钟某某申请撤销仲裁裁决案[①]

双方当事人签订的《房屋出租委托代理合同》第 12 条第 3 款构成仲裁条款，条款文义可以理解为"双方当事人认可按照杭州仲裁委员的仲裁规则进行仲裁"且"双方当事人对仲裁庭组成方式进行了约定"。显然，当事人的约定属于《2018年司法解释》第 14 条第 1 款提及的"当事人对仲裁程序的特别约定"，[②]而《杭州仲裁委员会仲裁规则》没有明确排除约定的规定。尊重当事人程序选择权是维护仲裁裁决公信力的基础，《2018 年司法解释》第 14 条强化了对当事人选择的仲裁规则或者当事人对仲裁程序特别约定的尊重，根据司法解释的精神，合同中双方当事人对仲裁庭组成方式的约定排除了当时有效的《杭州仲裁委员会仲裁规则》所包含的简易仲裁程序的适用。

杭州仲裁委员会主任在双方均未选定或委托指定仲裁员的前提下指定了独任仲裁员，虽然开庭前后仲裁员进行了讲解仲裁规则、告知回避权利等工作且双

---

① （2020）浙 01 民特 5 号民事裁定书。

② 根据《民事诉讼法》第 244 条第 2 款第 3 项，被申请人提出证据证明仲裁裁决存在仲裁庭的组成或者仲裁的程序违反法定程序的，经人民法院组成合议庭审查核实，裁定不予执行。

方当事人无异议,但这些工作并不属于《2018 年司法解释》第 14 条第 3 款中的"特别提示",①不能改变案涉仲裁违反法定程序的判断。

2. 新加坡高等法庭 BXS v. BXT 案②

该案例争议点与案例 1 类似,即应当按照仲裁规则(独任仲裁员)还是应遵循当事人约定(组成三人仲裁庭)的问题,与案例 1 的区别在于:案涉仲裁规则就是否排除当事人相关约定具有不同的规定,因此最后法院裁定结果相反。

案件中原告同意适用快速程序,但是反对由独任仲裁员仲裁。根据 2016 年新加坡国际仲裁中心(Singapore International Arbitration Centre,SIAC)仲裁规则第 5 条"快速程序"部分第 5.2.b 款规定,快速程序案件由独任仲裁员审理,但院长另行决定的除外;第 5.3 条规定,当事人如果同意依照本规则进行仲裁,当案件根据"快速程序"部分进行仲裁时,第 5.2 条的规定应被视为当事人已经同意予以适用,即使其仲裁协议中有相反的约定,即关于快速程序,2016 年SIAC 仲裁规则条文明确规定排除约定。

虽然案涉协议生效时有效的 2010 年仲裁规则"快速程序"部分还不具备排除约定条款,但是协议仅约定"根据 SIAC 仲裁规则进行仲裁",并未明确哪一版本仲裁规则,因此应当适用提起仲裁时有效的 2016 年 SIAC 仲裁规则,排除当事人反对独任仲裁员的约定,SIAC 主席决定由独任仲裁员仲裁并不违法。

3. 印度最高法院 Rajasthan Small Industries Corporation Limited(简称上诉人)v. M/S Ganesh Containers Movers Syndicate(简称被上诉人)案③

该案例争议点为当事人对于具体仲裁员的指定与法律规定之间的优先级问题,相比于前三个案例角度更为细致(不再只是针对仲裁庭组成人数的分歧,而是针对具体仲裁员人选),但本质极为类似。

2005 年 2 月 21 日,双方当事人通过仲裁协议指定独任仲裁员,但其处理争议问题的进度并不尽如人意,该名仲裁员于 2009 年 3 月 26 日被撤换,在双方均同意的情况下由上诉人公司主席兼总经理(简称争议仲裁员)担任仲裁员。自2010 年,该名仲裁员进行了多次审理。2010 年 3 月 16 日,被上诉人针对仲裁员

---

① 《2018 年司法解释》第 14 条第 3 款:"适用的仲裁程序或仲裁规则经特别提示,当事人知道或者应当知道法定仲裁程序或选择的仲裁规则未被遵守,但仍然参加或者继续参加仲裁程序且未提出异议,在仲裁裁决作出之后以违反法定程序为由申请不予执行仲裁裁决的,人民法院不予支持。"

② BXS v. BXT[2019]SGHC(I)10.

③ Rajasthan Small Industries Corporation Limited v. M/S Ganesh Containers Movers Syndicate,(2019)Civil Appeal No.1039.

的公正性和独立性提出异议,但被仲裁庭驳回。

后来由于工作调动和仲裁程序缺席审理等原因,争议仲裁员直至 2015 年仍未作出最终裁决。2015 年 5 月 13 日,被上诉人根据 1996 年《印度仲裁和调解法》第 11 条"指定仲裁员"第 6 项①和第 15 条"授权终止与仲裁员替换"第 2 项②向 Rajasthan 高等法院撤换争议仲裁员。争议仲裁员不顾高等法院的异议程序,于 2016 年 1 月 21 日单方面作出仲裁裁决。

Rajasthan 高等法院认为,争议仲裁员一直在拖延仲裁程序,直至被上诉人的撤换申请通知到上诉人公司才加快进程,其在未听取被上诉人意见的情况下单方面作出仲裁裁决,有理由推测争议仲裁员是为了阻挠当事人的撤换申请,才匆忙结束仲裁程序,因此,法院同意被上诉人撤换争议仲裁员的请求。而印度最高法院根据仲裁协议内容作出相反的裁定,理由如下。

首先,合同附表 4(一般条件)中第 4.20.1 条约定:"由本合同引起或以任何形式与本合同有关的所有争议和分歧,均应提交给总经理本人或其被提名人进行独任仲裁。若被指定的是上诉人的雇员,此人在其履职期间处理过合同相关事务,当事双方对该委任也不得有任何异议。该仲裁对合同当事双方具有最终约束力。"在该案中,虽然被上诉人曾提出过异议,但后来又对争议仲裁员审理案件表达了同意,故没有理由再对任命上诉人公司总经理为仲裁员进行质疑。

其次,案涉合同签订于 2000 年,争议仲裁员自 2009 年开始审理争议,2015 年印度《仲裁和调解法》第 12 条第 5 项规定的"当事一方的工作人员不得作为仲裁员"对已经开始的仲裁程序不具有溯及力,除非当事人另有约定。本案中并无证据显示当事双方对此另有约定。

最后,争议仲裁员拖延程序的部分原因在于被上诉人未充分配合提交完整的材料,且程序拖延期间,被上诉人并未提出任何申请要求加速审理或作出裁决,争议仲裁员仅为疏忽大意,不构成 1996 年印度《仲裁和调解法》第 11 条第 6 项的任一情形,且 1996 年印度《仲裁和调解法》第 15 条第 2 项要求指定新的仲裁员时仍应遵循当事双方之间的仲裁协议,故 Rajasthan 高等法院另行指定地区法院前法官作为新仲裁员并不符合相关法律规定。

---

① 1996 年《印度仲裁和调解法》第 11 条第 6 项规定:"在双方同意的指定程序下,如果当事一方未能按照该程序的要求行事,或者当事各方或两名指定的仲裁员未能根据程序达成预期的协议,又或者被指定的人(机构)无法履行该程序委托给他的任一职责,则当事方可要求首席仲裁员或其指定的任何人(机构)采取必要措施,除非指定程序的协议有其他方法确能指定仲裁员。"

② 1996 年《印度仲裁和调解法》第 15 条第 2 项规定:"仲裁员任期终止时,应按照适用于指定被替换仲裁员的规则指定一名替代仲裁员。"

（二）仲裁员信息披露与回避违反法定程序

仲裁员信息披露是保证仲裁员独立性与公正性的法定义务，仲裁员应就当事人可能对其公正性和独立性引起正当怀疑的任何事由进行披露和说明。仲裁员未予合理披露的，经申请人以未披露而违反法定程序申请撤销仲裁的，法院可核实相关情况，并要求仲裁委员会、仲裁员进行说明，以判断未披露信息是否会影响仲裁员的公正性和独立性，是否构成违反法定程序，是否可能影响案件的正确裁决。

有学者对司法审查实践中涉及仲裁员披露信息的事项进行了列举：① 仲裁员是仲裁案件的当事人，或者当事人的近亲属；② 仲裁员与当事人现在或者曾经是师生、同学、同事、朋友关系以及存在较为密切的社会交往关系；③ 仲裁员现在或者曾经是当事人的法定代表人、负责人、高级管理人员；④ 仲裁员现在或者曾经与涉案单位存在用人关系，包括人事关系、劳动关系、聘用关系、劳务关系等；⑤ 仲裁员为非上市公司当事人的股东、实际控制人、利益关系人或者系上市公司当事人的具有重大利益的股东；⑥ 仲裁员与当事人存在纠纷，现在或者曾经进行诉讼、仲裁；⑦ 仲裁员现在或者曾经是当事人的代理人；⑧ 仲裁员现在或者曾经与当事人存在经济往来的交易行为；⑨ 仲裁员现就职单位与当事人有重大利益关系，例如律师事务所的重要客户、大学的重要资助者、公司的重要经营对象或竞争对手；⑩ 仲裁员与前述人员是近亲属；⑪ 仲裁员参加以资助法律案件为主营业务的专业投资机构、组织或具有利益关系；⑫ 仲裁员参加法学会、律师事务所等相关机构组织，可能对个案仲裁产生重大影响的学会、协会、会议、研讨、活动；⑬ 仲裁案件的裁决结果对仲裁员具有重大的经济利益影响或直接的名誉影响；⑭ 仲裁员违反《仲裁法》和仲裁规则，私自会见当事人、代理人及为当事人谋求利益的人或组织；⑮ 仲裁员在仲裁过程中存在与涉及案件当事人、代理人、利益相关人的不当接触、交往，表现为接受当事人、代理人、利益相关人的请客送礼或者获得其他利益。[①]

回避作为仲裁中一项极为重要的制度，能及时预防、有效避免仲裁案件审理过程中可能出现的徇私舞弊、枉法裁判等现象。不过，目前我国《仲裁法》仅建立了回避制度，未以明文要求仲裁员信息披露。实际上，仲裁员信息披露是有效回避制度的基础和前提，虽然披露不必然导致仲裁员退出仲裁活动，但是能保证仲裁庭行使仲裁权的独立性与公正性，可以说，回避制度作用的发挥必须借助信息

[①]　马军等：《商事仲裁司法审查案件审理规范指南》，法律出版社 2020 年版。

披露的全面和有效。基于回避与披露的密切关联性，国外法律通常在建立回避制度的同时规定了披露制度。①

我国《仲裁法》中的仲裁回避制度，见表4－2所列第34—37条的规定。

表4－2　我国《仲裁法》关于仲裁回避制度的规定

第34条　仲裁员有下列情形之一的，必须回避，当事人也有权提出回避申请： （一）是本案当事人或者当事人、代理人的近亲属； （二）与本案有利害关系； （三）与本案当事人、代理人有其他关系，可能影响公正仲裁的； （四）私自会见当事人、代理人，或者接受当事人、代理人的请客送礼的
第35条　当事人提出回避申请，应当说明理由，在首次开庭前提出。回避事由在首次开庭后知道的，可以在最后一次开庭终结前提出
第36条　仲裁员是否回避，由仲裁委员会主任决定；仲裁委员会主任担任仲裁员时，由仲裁委员会集体决定
第37条　仲裁员因回避或者其他原因不能履行职责的，应当依照本法规定重新选定或者指定仲裁员 　　因回避而重新选定或者指定仲裁员后，当事人可以请求已进行的仲裁程序重新进行，是否准许，由仲裁庭决定；仲裁庭也可以自行决定已进行的仲裁程序是否重新进行

另外，根据《2018年司法解释》第14条第2款："仲裁员根据仲裁法或仲裁规则的规定应当回避而未回避，可能影响公正裁决，经审查属实的，人民法院应当支持(不予执行)"。

判定身份等事由是否影响仲裁的独立性与公正性的具体标准，可以参考其他国家或地区的做法。1999年《瑞典仲裁法》第8条规定："如存在任何情况可能减损对仲裁员公正性的信任的事由，经一方当事人请求，应解除仲裁员的任命。"同时，该法列举了一份减损对仲裁员公正性信任的非详尽清单，包括："(1)仲裁员或与其密切联系者是一方当事人，或争议的结果可能对其产生一定的利益或损失；(2)仲裁员或与其密切联系者是作为一方当事人的公司或其他组织的负责人，或代表一方当事人，或争议的结果可能对其产生一定的利益或损失；(3)仲裁员曾经在争议中担任专家或者其他身份，或曾经协助一方当事人在争议中准备或处理案件；(4)仲裁员违反第39条第2款的规定'已接受或要求报酬'以及其他情况"。在2019年3月1日生效的新法案中，"独立性"被加入第8条，清单保持

---

①　李广辉、林泰松：《仲裁法学》，中国法制出版社2019年版，第145页。

不变。同时根据瑞典的判例法可知,瑞典最高法院认为,应客观评估仲裁员的公正性,考虑所有相关情况对是否支持回避申请进行全面评估,如果存在的情况或关系通常会导致仲裁员不公正的结论,即使没有理由假定其在待办的具体争议中缺乏公正性,依然应被撤换。

国际律师协会(IBA)制定了更为细致的判断标准。《IBA 国际仲裁利益冲突指引》规定:"如果了解有关事实和情况的理性第三人将得出结论认为,仲裁员在作出裁决时有可能受到当事人所提出的案件是非曲直之外因素的影响,则怀疑是正当的",同时列出了多种具体情形,并将其划分为红色、橙色和绿色清单,[①]分别确定是否有必要披露或取消资格。这种界定方式能在保有一定裁量空间的同时提高判断的精准度。

1. 厦门三力兴工贸有限公司、许某某申请撤销仲裁裁决案[②]

受理仲裁案件后双方当事人未在指定期限内共同选定仲裁员,厦门市仲裁委员会主任根据仲裁规则为双方当事人共同指定了郝某作为本案的首席仲裁员,双方当事人对仲裁庭的组成情况均未提出异议。但本案仲裁裁决作出后,双方当事人才知道郝某原为厦门市中级人民法院副院长、审判委员会委员、审判员,2018 年 2 月从厦门市中级人民法院退休,至其被指定为本案首席仲裁员时未满 3 年。当事人认为,厦门市中级人民法院为本案仲裁裁决的唯一监督部门,而厦门市仲裁委员会选定厦门市中级人民法院原副院长作为本案首席仲裁员,有可能导致本案仲裁裁决结果难以得到监督及救济,损害其合法权益。

根据我国《公务员法》第 107 条,原系领导成员、县处级以上领导职务的公务员在离职 3 年内,不得到与原工作业务直接相关的企业或者其他营利性组织任职,不得从事与原工作业务直接相关的营利性活动。中共中央办公厅、国务院办公厅《关于完善仲裁制度提高仲裁公信力的若干意见》(中办发〔2018〕76 号)也明确,仲裁委员会是由政府依据仲裁法组织有关部门和商会组建,为解决合同纠纷和其他财产权益纠纷提供公益性服务的非营利法人。

从国际实践来看,退休法官担任仲裁员是极为普遍的现象。例如,英国最高法院大法官在达到最高任职年龄限制退休后担任仲裁员的不在少数。

综上,厦门市中级人民法院驳回了当事人撤销仲裁裁决的申请。

---

① 红色清单为从了解有关事实的理性第三人的角度存在客观利益冲突的情况;橙色清单为在当事人看来可能导致对仲裁员的独立性或公正性的正当怀疑的情况;绿色清单为从客观角度没有出现(实际)利益冲突的情况。

② (2019)闽 02 民特 351 号民事裁定书。

2. 廖某某、鹰潭鑫琥房地产开发有限公司等申请撤销仲裁裁决案①

根据《仲裁法》第 13 条第 2 款第 3 项，"曾任审判员满八年的"是成为仲裁员的条件之一（该条款未经修改）。关于该条款的解释一度引起争议，是否定现职审判员的仲裁员任职资格，还是强调有 8 年审判员工作经验即可，无从得知。《最高人民法院关于现职法官不得担任仲裁员的通知》（法〔2004〕129 号）在该背景下应运而生，彻底解决了文义解释导致的争议。

本案当事人主张依照该通知的规定（实质上是依据《仲裁法》的规定），郭某某作为鹰潭市月湖区法院在职法官，不得担任仲裁员。江西省鹰潭市中级人民法院对此予以支持，判定程序违法。

3. 英国上诉法院受理的 Equitas Insurance Limited v. Municipal Mutual Insurance Limited 案②

在该案中，英国商事法院现职法官 Lord Justice Flaux 被委任为独任仲裁员并作出仲裁裁决。然而，根据英国《1996 年仲裁法》第 93 条"任命法官为仲裁员"前 4 项③可知，英国商事法院现职法官只能通过委任的方式参与仲裁程序，且前提是得到首席大法官的同意，并且相应的仲裁报酬应通过英国高等法院来领取。据此可以推断，在英国，若满足法定条件，现职法官担任仲裁员是合法的，其作出的仲裁裁决也具有相应的法律效力，反之则违法。该案担任仲裁员的现职法官属于后者，所以，英国上诉法院判定案涉仲裁员作出的仲裁裁决在法律适用上存在错误。

总体来说，现职法官担任仲裁员是否会影响仲裁独立性和公正性、是否违反法定程序，是世界各国立法、司法层面都会遇到的问题。离职法官担任仲裁员是目前较为常见的做法，但现职法官能否担任仲裁员、所作仲裁裁决是否合法，在各国司法实践中仍存在较大争议。

由前述案例可知，中国明确禁止现职法官担任仲裁员，而英国《1996 年仲裁法》则明确规定了委任现职法官担任仲裁员需要满足的条件。

此外，《美国律师协会司法行为示范守则》（*ABA Model Code of Judicial*

---

① （2016）赣 06 民特 1 号民事裁定书。

② Equitas Insurance Limited v. Municipal Mutual Insurance Limited，〔2019〕EWCA Civ 718.

③ 英国《1996 年仲裁法》第 93 条第 1—4 项规定："商事法院的法官或官方裁判官可在其认为合适的情况下，接受仲裁协议约定或通过仲裁协议产生的由其担任独任仲裁员或公断人的委任。""除非首席大法官考虑高等法院和王座庭的公务后通知其可以担任，否则，商事法院的法官不得接受这种委任。""除非首席大法官考虑官方裁判官公务后通知其可以担任，否则，该裁判官不得接受这种委任。""商事法院法官或官方裁判官担任独任仲裁员或公断人的报酬应在高等法院领取。"

Conduct）第 3.9 条规定："除非法律明确授权，否则法官不得担任仲裁员或调解员，也不得履行除法官公务以外的其他司法职能。"因此，一般情况下，美国现职法官被禁止提供争议解决服务。特例是特拉华州曾允许"衡平法院仲裁"，即衡平法院法官在仲裁程序中担任仲裁员，不过严格限制了现任法官担任仲裁员的条件：① 各方当事人必须同意或约定了仲裁；② 至少一方当事人为"商业实体"；③ 至少一方当事人为根据特拉华州法设立或其主要营业地位于特拉华州；④ 任何一方当事人不得是消费者；⑤ 对于仅涉及金钱损害的争议，争议金额不得低于 100 万美元。但必须指出，该做法在随后的判例 Del. Coal. v. Strine 案[1]中又被法院认定为违宪。

二、仲裁的程序违反法定程序

（一）送达（通知）违反法定程序

根据《纽约公约》，仲裁裁决的被申请执行人没有获得仲裁程序的通知或者未能陈诉案情，都将构成不予承认与执行仲裁裁决的事由。我国《最高人民法院关于仲裁机构"先予仲裁"裁决或者调解书立案、执行等法律适用问题的批复》（法释〔2018〕10 号）所阐明的态度与《纽约公约》如出一辙。仲裁机构在仲裁过程中未保障当事人申请仲裁员回避、提供证据、答辩等仲裁法规定的基本程序权利的属于"仲裁庭的组成或者仲裁的程序违反法定程序"。而送达（通知）义务的全面履行与保障申请回避、提供证据、进行答辩的权利息息相关。

仲裁委员会对当事人的通知分为影响当事人仲裁权利的重要通知和程序性一般通知。仲裁委员会、仲裁庭没有依法履行对影响当事人仲裁权利的重要通知义务，造成"违反法定程序"可能影响对案件的公正裁决，依当事人申请应撤销仲裁，在审查中需结合仲裁审理的实际情况，并向仲裁委员会核实认定。

对仲裁送达是否违反法定程序的判断，除了依据《仲裁法》、仲裁规则规定的方式，还应审查仲裁庭是否采取有效送达方式以保障当事人参与仲裁的权利，人民法院可对包括送达地址、送达途径、送达方式、送达期限、送达材料、送达后的确认工作等内容进行核实。

送达（通知）程序违法通常表现为没有在法律规定或者仲裁规则规定的期限内向被申请人送达仲裁申请书副本、仲裁规则和仲裁员名册，未以适当方式通知当事人参加庭审等。

---

[1]　Del. Coal. v. Strine，2012 U.S. Dist. LEXIS 123980，* 1(D. Del. Aug. 30，2012).

1. 黑龙江天雨爱广告有限公司与哈尔滨冰灯艺术博览中心撤销仲裁裁决案①

《哈尔滨仲裁委仲裁规则》第 96 条规定："仲裁文书、通知和其他材料可以直接送达当事人或其代理人，也可以以挂号信、特快专递、传真、电报、公告等方式送达当事人或其代理人"；第 98 条规定："本规则与相关法律法规、国际惯例冲突时，以相关法律法规、国际惯例为准"。《民事诉讼法》第 92 条规定："受送达人下落不明，或用本节规定的其他方式无法送达的，公告送达"。

在该案中，哈尔滨仲裁委员会（简称哈尔滨仲裁委）虽以特快专递方式向天雨爱广告公司送达相关仲裁文书，但既未依照《仲裁申请书》在《特快专递邮件详情单》上填写天雨爱广告公司法定代表人姓名，也未标注电话号码，且在邮件被邮局以填写不明确等理由退回后，也未进一步核实《仲裁申请书》所载电话号码，或到工商登记部门核实天雨爱广告公司登记注册地址是否存在变更情况。简言之，哈尔滨仲裁委在未穷尽送达手段的情况下，即向雨爱广告公司公告送达仲裁文书，该举违反法定程序。

2. 湖北省孝感市中级人民法院受理的熊某某、樊某某追偿权纠纷案②

异议人熊某某、樊某某均有固定的住所和联系方式，但既未收到出庭通知，也未收到仲裁裁决。后查明，大庆仲裁委员会（简称大庆仲裁委）在未联系到异议人时，通过在报纸上公告送达开庭通知及大庆仲裁委（2020）庆仲裁字第 181 号裁决书。

仲裁送达应充分考虑送达的公正与效率，兼顾当事人仲裁权利的保护和仲裁程序的顺利进行。《仲裁法》第 42 条明确要求"书面通知"，《大庆市仲裁委员会仲裁规则》第 58 条规定："除当事人另有约定或者仲裁庭另有要求外，仲裁文书、通知、材料可以直接送达当事人、代理人，或者以邮寄、传真、电报等方式送达当事人、代理人"。由此可见，不论是《仲裁法》还是《大庆市仲裁委员会仲裁规则》，均没有公告送达开庭通知的规定。

结合上述的案例，一般认为，即使仲裁规则规定了公告送达的方式，也应当是在其他送达方式均无法有效送达的情形下才适用。该观点的逻辑基础在于不公开进行也是仲裁相对于诉讼的一项特点，或者某种意义上的优势，公告送达与仲裁不公开进行的要求之间存在一定的矛盾。

事实上，规定公告送达这一送达方式的仲裁规则相对较少，多数采用"投递

---

① （2016）黑 01 民特 221 号民事裁定书。
② （2020）鄂 09 执异 95 号执行裁定书。

到收件人最后一个为人所知地(址)"的做法。例如,《国际商事仲裁示范法》第3条第1项规定:"除非当事各方另有协议:任何书面通讯,如经当面递交收件人,或投递到收件的营业地点、惯常住所或通信地址,或经合理查询仍不能找到上述任一地点而以挂号信或能提供作过投递企图的记录的其他任何方式投递到收件人最后一个为人所知的营业地点、惯常住所或通信地址,即应视为已经收到。"《中国国际经济贸易仲裁委员会仲裁规则》(简称《贸仲规则》)第8条第3项规定:"向一方当事人或其仲裁代理人发送的仲裁文件,如经当面递交收件人或发送至收件人的营业地、注册地、住所地、惯常居住地或通信地址,或经对方当事人合理查询不能找到上述任一地点,仲裁委员会仲裁院以挂号信或特快专递或能提供投递记录的包括公证送达、委托送达和留置送达在内的其他任何手段投递给收件人最后一个为人所知的营业地、注册地、住所地、惯常居住地或通信地址,即视为有效送达。"

3. 北京市第四中级人民法院受理的伟创力制造(珠海)有限公司(简称伟创力公司)与深圳市斯迈尔电子有限公司(简称斯迈尔公司)申请撤销仲裁裁决案①

该案涉及《贸仲规则》第8条"送达及期限"中提到的"公证送达"。中国国际经济贸易仲裁委员会(简称贸仲委)根据斯迈尔公司提供的伟创力公司各个地址逐一通过EMS特快专递的方式寄送仲裁通知、仲裁规则、仲裁员名册及仲裁申请(包括其附件)均被退回,最后以伟创力公司的关联公司地址作为"最后一个为人所知的联系地址"进行公证送达。贸仲委的做法符合《贸仲规则》的规定,不存在仲裁程序违法情形。

4. 美国联邦第二巡回法院受理的 Tianjin Port Free Trade Zone International Trade Service Co. Ltd. v. Tiancheng Chempharm, Inc. USA(简称 Tiancheng)案②

贸仲委首先向 Tiancheng 在合同上载明的地址寄送了仲裁通知与相关材料,被退回后又向 Tiancheng 的另两个地址寄送了材料。鉴于寄往上述两个地址的材料未被退回,贸仲委认为材料已被适当送达。联邦第二巡回法院作出的判决支持贸仲委"直接邮寄通知给一个实体"的行为已满足正当程序的要求,Tianming 无法依据《纽约公约》以"缺少通知"进行抗辩。

---

① (2022)京04特357号民事裁定书。
② United States Court of Appeals, Second Circuit: Tianjin Port Free Trade Zone International Trade Service Co. Ltd. v. Tiancheng Chempharm Inc. USA (2019), https://caselaw.findlaw.com/court/us-2nd-circuit/2002619.html.

5. 英国高等法院受理的 Glencore Agriculture B.V. v. Conqueror Holdings Limited 案①

当事人签订的航次租船合同第 40 条规定,因合同产生的争议将根据 1997 年《伦敦海事仲裁员协会条款》在伦敦通过仲裁解决,适用英国法。合同履行过程中,被申请人通过其雇员 Oosterman 发送关于靠泊的指示。因船舶在锚地停留了 9.2 天,当事人就装货港的延迟损失产生争议。此后,申请人向 Oosterman 发送了与应付账款有关的邮件,并在 2015 年 9 月 9 日向 Oosterman 发送邮件称,如果被申请人不支付因迟延产生的差额,申请人要求共同指定一名独立仲裁员。因被申请人未做出回应,申请人指定了一名仲裁员,并向 Oosterman 的邮箱发送通知,要求被申请人在 14 天内指定仲裁员。在未得到回应的情况下,申请人又向该邮箱发送通知称其之前指定的仲裁员为独任仲裁员。

在仲裁过程中,独任仲裁员通过 Oosterman 的邮箱向被申请人发送了一系列意见和指示。2016 年 9 月,Oosterman 从被申请人公司离职,其任职至少覆盖了申请人与仲裁员向其发送通信的大部分期间。

6. 英国上诉法院受理的 Sino Channel Asia Limited(简称 Sino 公司) v. Dana Shipping and Trading Pte Ltd.(简称 Dana 公司)案②

2013 年 4 月 9 日,船舶所有人 Dana 公司与承租人 Sino 公司签订了《包运合同》,但是除签署该合同外,Sino 公司未参与合同的谈判和履行。实际上,Sino 公司代表是"借名"给 BX 公司签署的《包运合同》。

合同订立后,Dana 公司与 Sino 公司之间几乎所有(存在例外)往来通信都在 Dana 公司与 BX 公司的蔡先生之间进行,Dana 公司对于蔡先生为 BX 公司代表而非 Sino 公司的代表或雇员这一情况一无所知。相反,Sino 公司的经纪公司曾告知 Dana 公司的经纪公司,蔡先生为 Sino 公司的代表或雇员,因此,蔡先生是 Dana 公司的经纪公司所确认的唯一一名 Sino 公司代表,由其负责处理所有租约确认后的事务。

后当事人就《包运合同》产生争议,2014 年 2 月 4 日及 5 日,Dana 公司根据《包运合同》中的仲裁条款向唯一有联系的蔡先生发送仲裁通知,称其已指定了一名仲裁员,并要求 Sino 公司在 14 天内指定仲裁员。Sino 公司既未做出回应,也未参与仲裁程序,BX 公司未采取有效措施进行抗辩。独任仲裁员作出裁决

---

① Glencore Agriculture B.V. v Conqueror Holdings Limited〔2017〕EWHC 2893 Comm.
② Sino Channel Asia Limited v. Dana Shipping and Trading Pte Ltd.〔2017〕EWCA Civ. 1703.

后,Sino 公司收到了该裁决并得知该仲裁程序。

7. 英国高等法院受理的 The Lake Michigan 案[①]

隶属于同一集团公司的船舶所有人 Baffin 与承租人 FIL 签订了《定期租船合同》,FIL 作为二船东与 Copersucar 签订了《包运合同》,负责将卖方 Copersucar 的货物运给买方 Lantic。为此,Baffin 签发了日期为 2007 年 11 月 19 日的提单,载明 Copersucar 为托运人、Lantic 为收货人,并规定当事人之间的争议将根据《海牙—维斯比规则》在伦敦仲裁。2007 年 12 月 22 日,涉案货物完成卸货。

Copersucar 和 Lantic(以下统称为申请人)称,由于货物在装货期间被雨淋湿和(或)船舱口盖有缺陷,大量货物受损。争议发生后,互保协会指派 Morland 代表 Baffin 进行通信联络工作,包括由互保协会代表其会员出具保证函,以及由互保协会代表"船舶所有人(承运人)"授予的和解谈判和延长开始仲裁的期限。

2009 年 3 月 6 日,申请人向二船东 FIL 和互保协会(Morland)发送了仲裁通知。法院对案件事实进行审查后认为,该通知不仅限于 Copersucar 与 FIL 在《包运合同》下的争议,还应理解为适用或延伸涉及提单的潜在争议仲裁。2009 年 3 月 12 日,互保协会在邮件中表示其未获得代表涉案船舶所有人 Baffin 接受送达的授权。

英国的 3 个案例争议点都集中在电子邮箱送达问题上,均存在邮件接收人与被申请人不一致的情形。在案例 5 中,接收人只承担有限的航次操作职能,不具有高级管理职务和处理争议的职能,而且在其雇佣合同中或在其人事档案的任何其他文件中都未获得接受仲裁程序送达的明示授权。在案例 6 中,接收人蔡先生作为 BX 公司的代表,并非实际当事人 Sino 公司的代表或雇员,但是 Sino 公司曾告知 Dana 公司蔡先生是其雇员,同时蔡先生负责处理合同确认后的所有事务,至少具有表见代理。在案例 7 中,接收人互保协会虽被授权处理提供保证函、进行和解谈判和延长开始仲裁的期限等一系列事项,但是法律程序送达是一个严肃而独特的事项,互保协会所获得广泛的一般授权不会进一步转化为接受原发程序送达的授权,因此不存在实际或表见代理。

总结以上案件判决思路,解决电子邮箱送达中邮件接收人与被申请人不一致的问题时可以遵循如下步骤。

一是考虑通知是否有效送达被申请人本人。其中,发送给被申请人的企业通用邮箱即视为发送给被申请人。二是如果接收人非被申请人本人(包括第三

---

① The Lake Michigan [2009] EWHC 3325.

人以及以个人邮箱地址接收邮件的被申请人雇员等)，则考虑该接收人是否具有接受送达的实际授权，包括明示实际授权和默示实际授权。三是如果不存在实际授权，则考虑接收人是否具有接受送达的表见代理(须由被代理人向第三人做出陈述，可以明示也可以默示)。例如，接收人做出其具有代理权的陈述而被申请人未表示反对，即认为该陈述由被申请人向第三人作出，为默示的表见代理。

若符合以上三种情形的任意一种，则完成电子邮箱送达；否则，当仲裁通知未有效送达时，法院可能会应申请人请求批准延长开始仲裁的期限。

（二）证据违反法定程序

对证据的调查取证、鉴定、保全以及举证、质证、认证等都属于仲裁程序性权利的行使，应严格依照《仲裁法》、仲裁规则、当事人的约定进行认定"违反法定程序"。值得注意的是，当事人以申请调查证据或鉴定未得到准许、未得到结果为由主张"违反法定程序"不应被认可，因为是否调查取证或鉴定、以何种方式查明事实等都属于仲裁庭裁量权范围。[①]

虽然我国《仲裁法》第 45 条要求证据应当在开庭时出示，但是根据仲裁规则、仲裁庭释明，在庭前或庭后进行证据出示、交换而能保障当事人举证、质证并给予充分发表意见的，相当于就证据交换出示和质证达成新的规则，不属于"违反法定程序"，这本质上是由于仲裁证据规则比较灵活，仲裁庭可以接受的证据材料范围比法定证据类型更宽。[②]

1. 新疆兴锐致远文化传媒有限公司(简称兴锐公司)与丁某申请撤销仲裁裁决案[③]

兴锐公司与丁某之间发生建筑工程合同纠纷，吐鲁番仲裁委员会作出仲裁裁决的唯一证据《沙区改坡西外环(克西路立交桥西山立交桥)工程结算单》中出现伪造证据的问题。司法鉴定明确，该工程结算单上先有兴锐公司印章，后有"任何一方均可向吐鲁番仲裁委员会仲裁解决"的约定，系丁某添加、变造。

2. 魏某、张家口市铁建房地产开发有限公司申请撤销仲裁裁决案[④]

被申请人在向张家口市不动产登记中心提供申请人与其签订的《商品房买卖合同》时，将合同中的房间号 702 均涂改为 02 阁楼。

事实上，被申请人在 2006 年初始规划建设时，已经将该争议标的物登记为

---

① 马军等：《商事仲裁司法审查案件审理规范指南》，法律出版社 2020 年版。
② 江伟、肖建国：《仲裁法》，中国人民大学出版社 2016 年版，第 181 页。
③ (2021)新 21 民特 1 号民事裁定书。
④ (2020)冀 07 民特 40 号民事裁定书。

02 阁楼,虽然尚未办理不动产权证,但可以确定不动产登记的产权房屋必然是 02 阁楼。显然,被申请人隐瞒了本案争议房屋属于阁楼的性质,而不是普通商品房。被申请人主观故意导致该案例的发生,而被申请人作为证据持有者未向仲裁庭提供证据。

案例 1 和 2 分别对应《仲裁法》第 58 条第 1 款第 4、5 项,即伪造证据与隐瞒(足以影响公正裁决的)证据的情形,因此法院支持撤销仲裁裁决。

关于伪造证据的认定,《2018 年司法解释》第 15 条规定了认定为《民事诉讼法》第 237 条(2021 年修正后为第 244 条)第 2 款第 4 项"裁决所根据的证据是伪造的"情形需同时满足:该证据已被仲裁裁决采信;该证据属于认定案件基本事实的主要证据;该证据经查明确属通过捏造、变造、提供虚假证明等非法方式形成或者获取,违反证据的客观性、关联性、合法性要求。

3. 瑞士联邦最高法院受理的 A Ltd v. B 案[①]

A 公司认为案涉合同为虚假合同,要求仲裁庭驳回所有仲裁请求,拒绝支付 200 万美元的款项并提出反请求。而仲裁庭认为虽然合同存在内容奇怪、报酬与给付之间不成比例、有虚假嫌疑和部分未明确的因素等问题,但只要符合特定条件,A 公司应当支付 200 万美元。

A 公司指出在此期间仲裁庭拒绝其调取证据的申请。瑞士联邦最高法院认为仲裁庭拒绝调取证据是因为已对证据进行了预先评估,这些证据仅证明 A 公司所主张的全球交易,与合同虚假没有直接关系,不足以影响案件结果。这一观点与前文提到的如何查明事实属于仲裁庭裁量权的观点有异曲同工之妙。

(三) 陈述、答辩、辩论违反法定程序

1. 北京市第四中级法院受理的郭某某与汪某某申请撤销仲裁裁决案[②]

案涉仲裁程序审理时遗漏了 4 名当事人。本案审理依据的协议约束的是 6 名合伙人,北京仲裁委员会却在只有两名合伙人参加仲裁的情况下即作出仲裁裁决。郭某某因此主张仲裁程序遗漏当事人,仲裁程序违反法定程序。

依据《北京仲裁委员会仲裁规则》(2022 年)第 14 条"追加当事人"第 1 和 3 项,仲裁庭组成前经仲裁委员会同意,当事人可以申请追加当事人;仲裁庭组成后,除非各方当事人均同意,否则,不再接受追加当事人的申请。案涉仲裁程序

---

① A. Ltd v. B. Federal Supreme Court of Switzerland,1st Civil Law Chamber,Case No. 4A_550/2017, 1 October, 2018.
② (2021)京 04 民特 340 号民事裁定书。

中未见双方向仲裁庭提交追加当事人的书面申请。郭某某在合理期间内收到仲裁庭的有关材料后，委托代理人参加了仲裁审理全过程，充分发表答辩意见、辩论意见、最后陈述意见等，权利并未受到实质性损害，因此，仲裁程序没有违反法定程序。

2. 英国高等法院受理的 Terna Bahrain Holding Co. WLL v. Bin Kamel Al Shamzi & others 案、[1]英国高等法院受理的 Reliance Industries Ltd. v. The Union of India 案[2]

根据英国《1996 年仲裁法》，如果存在第 68 条第（2）项（a）情形"影响仲裁庭、仲裁程序或裁决，法院认为对申请人已造成或将造成实质性不公正的严重不规范行为"，申请人可对裁决提出异议，上述"严重不规范行为"包括"仲裁庭违反本法第 33 条（仲裁庭的一般义务）"，而公平公正对待当事人，给予各方当事人陈述案件、抗辩对方当事人陈述的权利确实是仲裁庭的义务之一。[3]

Popplewell 法官在审理相隔 6 年的两个案件时都对英国《1996 年仲裁法》第 68 条第（2）项（a）情形的适用进行了总结。

首先，英国《1996 年仲裁法》主要目的在于大幅度减少法院对仲裁程序的干预，由此导致实质性不公正的严重不规范行为的检验门槛很高，因此，必须在裁决的终局性和保护当事人免受仲裁的不公平行为之间取得平衡。

其次，如果仲裁庭根据一方当事人没有公平机会处理的论点来裁定案件，则通常违反了《1996 年仲裁法》第 33 条。如果仲裁庭认为当事人没有抓住真正的论点，同时该论点并未作为争议事项提出，则仲裁庭必须警告并给予当事人机会来处理该论点。

Popplewell 法官在最后点明当事人没有机会处理某一论点与当事人没有认识到或利用存在的机会处理论点之间存在显著区别，后者并不会构成导致实质性不公正的严重不规范行为。在 Terna 案中，Popplewell 法官还提出了更加清晰的实质性不公正的判断方法："申请人不需要证明结果必然或甚至可能会有所不同。申请人需要证明的是，如果其有机会处理这个论点，仲裁庭可能得出不同的观点，并产生截然不同的结果。"

---

[1] Terna Bahrain Holding Co. WLL v. Bin Kamel Al Shamzi & others［2012］EWHC 3283（Comm），［2013］1 All ER（Comm）580，［2013］2 CLC 1.

[2] Reliance Industries Ltd. v. The Union of India［2018］EWHC 822（Comm），［2018］2 All ER（Comm）1090.

[3] 完整条文内容可见一（二）部分。

3. 英国高等法院受理的 Cakebread & Anor v. Fitzwilliam 案[①]

申请人以英国《1996 年仲裁法》第 68 条为依据,对案涉仲裁第 4 项裁决提出异议,理由是仲裁员未给予其处理某些论点的机会,构成严重不规范行为。

英国高等法院基于先前的判例(包括案例 2 中的两个判例)认为,如果各方当事人有公平的机会就仲裁庭裁决的所有基本组成部分提出论点,则仲裁庭未违反公平义务;如果某个点并非基本组成部分,则仲裁庭无需将其打算从所处理事项的主要事实中得出的每一项法律推论都反馈给当事人。

综合前述案例,中英两国都认为仲裁过程中应当保障当事人享有公平公正的陈述、答辩、辩论的权利,其中英国通过在先判例指明的"实质性不公正"的判断标准在后续案例的判决中也被采用,具有借鉴意义。当然,陈述、答辩、辩论违反法定程序不仅限于未(公平公正)给予当事人陈述和辩论机会,还包括未按照被申请人仲裁规则中规定、未给予当事人约定的答辩期间等情形。

(四) 仲裁员意见表达、签名违反法定程序

仲裁员不能正当表达意见或者未按多数意见作出裁决,属于"违反法定程序",在可能影响案件的公正裁决时,可撤销仲裁裁决,例如仲裁庭未形成多数意见时,未按照首席仲裁员的意见裁决。

对于当事人以仲裁员未签名或代签名等为由主张撤销仲裁裁决的,经核实系仲裁员真实意见时,可由仲裁员做出合理解释或说明。理由正当的,上述情况不构成"违反法定程序"撤销仲裁的事由。

1. *湖南省永州市中级人民法院受理的永州众越房地产开发有限公司申请撤销仲裁案*[②]

湖南省永州市中级人民法院在审理过程中依法调取了永州仲裁委员会永仲决字(2020)第 164 号全部案卷,未发现仲裁庭评议笔录。经询问,永州仲裁委员会仲裁秘书毛宁丽称该案没有评议记录;仲裁员唐春松称该案是在开庭后进行的口头评议,并未进行正式评议,其在裁决书上也并未签字;仲裁员郑安陵称该案是开完庭后进行了评议,其与首席仲裁员发表的是多数意见,仲裁员唐春松发表的是少数意见,且郑安陵和首席仲裁员黄绍祯也未在裁决书上签字。

双方当事人指定适用的《永州仲裁委员会仲裁规则》第 59 条规定:"仲裁庭由三名仲裁员组成的,裁决前应对仲裁案件进行评议,办案书记员做评议记录"

---

① Cakebread & Anor v. Fitzwilliam〔2021〕EWHC 472 (Comm).
② (2021)湘 11 民特 5 号民事裁定书。

"仲裁裁决应当按照多数仲裁员的意见做出，少数仲裁员的不同意见可以做笔录""仲裁庭不能形成多数意见时，仲裁应当按照首席仲裁员的意见做出"；第62条规定："裁决书由仲裁员签名""对裁决持不同意见的仲裁员，可以签名，也可以不签名，但应当以书面形式向仲裁庭表明自己的意见及理由"。

案涉仲裁裁决书是在未形成任何仲裁评议记录、仲裁庭成员意见存在重大分歧、裁决书上并无三名仲裁员签名确认的情况下做出的，难以确保仲裁过程的公正性，违反法定要求。

2. 巴黎上诉法院受理的 SASU Boralex Energie France(简称 Boralex) v. SAS Innovent(简称 Innovent)案

与案例 1 部分案情类似，该案例也涉及仲裁员签名的问题。

2012 年，Boralex 与 Innovent 签订《开发框架合同》和《股权回购协议》，后者包含根据 ICC 仲裁规则进行仲裁的条款。后因出现争议，双方于 2018 年就《股权回购协议》向 ICC 提起仲裁。仲裁庭作出裁决，裁定被申请人 Boralex 向申请人 Innovent 支付相关股权回购价款余额。2020 年，Boralex 向巴黎上诉法院请求撤销仲裁裁决。

根据《法国民事诉讼法典》第 1492 条，对于国内仲裁，只有下列情况才可提出撤销之诉：① 仲裁庭对其是否拥有管辖权的认定有误；② 仲裁庭的组成违反法律规定；③ 仲裁庭未按照被授予的职权范围作出裁决；④ 未遵守质证原则；⑤ 仲裁裁决违反公共秩序；⑥ 仲裁裁决未说明理由、未注明作出裁决的日期或仲裁员姓名、未包含要求的签字、未按照多数表决做出。

Boralex 主张仲裁裁决应当由全体仲裁员署名，而本案裁决并无三位仲裁员的共同签名，其只是在编外文件的最后页且于不同日期签了名，因此该裁决是无效的。

对此，巴黎上诉法院指出，该裁决书由 ICC 秘书处制作，共 53 页，最后 3 页是署名页(即第 51—53 页)。首席仲裁员在第 51 页签署了名字和日期，两位边裁则分别在第 51—52、51—53 签署了名字和日期，裁决书包含《法国民事诉讼法典》第 1492 条 6 款的签名要求，而该款并未要求所有仲裁员需同时在同一页上署名，因此并未违反法定程序。

3. 印度 Himachal Pradesh 高等法院受理的 Prem Laxmi and Co. v. Himachal Pradesh State Electricity Board Ltd. 案①

仲裁当事人以仲裁员在仲裁裁决中欠缺说理为由，主张撤销仲裁裁决。

---

① 张振安：《当事人以仲裁员欠缺说理请求撤销仲裁裁决被法院驳回》，微信公众号"临时仲裁 ADA"，最后访问日期：2019 年 4 月 29 日。

印度《仲裁和调解法》第 31 条"仲裁裁决书的格式和内容"与法国《民事诉讼法典》第 1492 条第 6 项类似，同样对仲裁员意见表达完整性以及仲裁员签名权威性进行了要求，只不过规定得更为细致（见表 4 - 3）。

表 4 - 3　印度《仲裁和调解法》第 31 条"仲裁裁决书的格式和内容"

（1）仲裁裁决应以书面作出，并应由仲裁庭成员签名
（2）就第（1）款而言，在仲裁员多于一名的仲裁程序中，只要述明遗漏签名的理由，由仲裁庭过半数的成员签名即可
（3）仲裁裁决须述明理由，除非： （a）当事各方同意不述明理由 （b）该裁决根据第 30 条按议定条款作出
（4）仲裁裁决须述明其日期及按照第 20 条决定的仲裁地点，而该裁决理论上应在该地点作出
（5）仲裁裁决作出后，应向每一方当事人送交一份已签名的副本
（6）仲裁庭可在仲裁程序进行期间的任何时候，就其可作出最后仲裁裁决的任何事项作出临时仲裁裁决
（7）（a）除非当事各方另有约定，在仲裁裁决是为支付款项而作出的情况下，仲裁庭可以其认为合理的费率将从产生诉因之日至裁决之日全部或部分期间的利息计入款项 （b）除非仲裁裁决另有指示，否则，由仲裁裁决支付的款项应按 18％ 的年利率从裁决之日起至支付之日止付息
（8）除非各方另有协议，否则： （a）仲裁费用应由仲裁庭确定 （b）仲裁庭应具体说明以下事项： 　（i）有权获得讼费的一方 　（ii）须支付讼费的一方 　（iii）费用款额或厘定该款额的方法 　（iv）支付讼费的方式 解释——就（a）条而言，"费用"指与以下各项有关的合理费用： 　（i）仲裁员和证人的费用和开支 　（ii）法律费用及开支 　（iii）监督仲裁的机构的任何行政费用 　（iv）与仲裁程序和仲裁裁决有关的任何其他费用

印度 Himachal Pradesh 高等法院认为，仲裁员基于双方当事人的对立进行仔细研究得出相应结论。仲裁员既非法官，也非法学专家，不能期待其作出类似法官的裁决。本案虽然表达简单，但也应当认为仲裁员已对当事人主张给出相应的理由，不属于欠缺说理的情形。

总体来说，印度《调解和仲裁法》第 31 条第 3 项的目的在于使法院能够从仲裁员的推理中看出促使其作出相应裁决的理由。我国《仲裁法》第 54 条也规定了"当事人协议不愿写明争议事实和裁决理由的，可以不写"，反映出仲裁裁决原则上要述明理由，但以当事人意思自治为例外，与印度《调解和仲裁法》第 31 条第 3 项的规定如出一辙。

第三节　结　　语

在我国语境下，撤销或不予执行仲裁裁决法定情形之一"违反法定程序"中的"法"不仅包括《仲裁法》，而且包括当事人选择的仲裁规则或约定的仲裁程序，其实这一界定已获得国际上的共识。

总体来说，理想的司法监督从未与仲裁目的相背离。相反，撤销或不予执行仲裁裁决等司法监督方式才会真正发挥作用，剥夺仲裁裁决的效力，而仲裁庭笔录、文书错误等轻微瑕疵通常以补正为先，这恰恰体现了司法监督实际上将保障仲裁可持续发展作为根本方向。综观世界范围内的立法、司法实践，各国普遍将撤销程序纳入仲裁法之中，但司法谦抑的理念始终存在；同时，仲裁法的简约立法模式为法官保留了较大的自由裁量权，[1]最低正当程序标准作为可靠的价值衡量工具被大多数国家所采用，各国法院对于仲裁过程中具体程序问题的回应常有相似之处。

---

① 宋连斌、颜杰雄：《申请撤销仲裁裁决：现状·问题·建言》，《法学评论》2013 年第 6 期，第 110 页。

第五章
仲裁员和仲裁庭[*]

第一节 仲裁员的资格与选定方式

一、仲裁员的资格

通常各国对于仲裁员资格的规定包括一般要求和特殊要求。一般要求表现为对仲裁员资格的法律底线要求,即需要具有完全民事行为能力,未受刑事处分或者未被开除公职等。与之有关的有两个问题。

一是关于外国人是否可以担任仲裁员。针对这个问题,不同国家有不同的选择:荷兰和法国是允许的;日本则限制性允许;捷克根据对等原则来决定是否允许。不同国家的主要考量是仲裁的公正性和国际性与本土规制之间的平衡,尤其体现在仲裁司法让渡理论中。

二是关于法官是否可以担任仲裁员。首先,由退休法官担任仲裁员是目前较为常见的做法,我国在司法实践中也出现过与之有关案例。例如"厦门三力兴工贸有限公司、许某某申请撤销仲裁裁决特别程序案",[①]本案争议焦点为是否可以以首席仲裁员为厦门市中级人民法院原副院长为由申请撤销仲裁裁决。厦门市中级人民法院认为,《仲裁法》第34条明文规定了仲裁员必须回避的情形:"(三)与本案当事人、代理人有其他关系,可能影响公正仲裁的。""其他关系"具体包括哪些情形,并没有统一规定。中共中央办公厅印发的中办发〔2018〕76号文件已明确,仲裁委员会是政府依据仲裁法组织有关部门和商会组建,为解决合同纠纷和其他财产权益纠纷提供公益性服务的非营利法人,案涉裁决书不存在

---

*   本章作者丁旭、张美欣。

①   (2019)闽02民特351号。

违反法定程序应予撤裁的情形。从国际实践来看，退休法官担任仲裁员是比较普遍的现象。例如英国最高院法院大法官有最高任职年龄限制，退休后担任仲裁员的并不少见。再以中国香港地区终审法院为例，前首席大法官马道立退休后也从事仲裁员工作。因此，法官退休后担任仲裁员这一行为并不必然构成可能影响公正仲裁的情形。

但是，关于现职法官能否担任仲裁员以及其作为仲裁员做出的仲裁裁决是否合法的问题，在各国司法实践中仍存在较大的争议。

例如，以英国为代表，英国仲裁法中有明确规定委任现职法官担任仲裁员的法律规定，[1]即英国商事法院的现职法官在得到首席大法官同意的前提下，可以通过委任的方式参与仲裁程序，相应的仲裁报酬应通过英国高等法院来领取。由此可见，在英国，由现职法官担任仲裁员是合法的，其作出的仲裁裁决也具有相应的法律效力。

在美国，《美国律师协会司法行为示范守则》(*ABA Model Code of Judicial Conduct*)第 3.9 条规则规定："除非法律明确授权，否则法官不得担任仲裁员或调解员，也不得履行除法官公务以外的其他司法职能。"据此，一般情况下，除非另有法律明确授权，美国现职法官被禁止提供争议解决服务，即不得担任仲裁员或调解员。但在 2009 年，美国特拉华州尝试允许衡平法院(Court of Chancery)法官在商事争议当事双方同意的前提下担任仲裁员，即"衡平法院仲裁"，并严格限制了现任法官担任仲裁员的条件：① 当事各方必须同意或约定了仲裁；② 至少一方当事人必须是"商业实体"；③ 至少一方当事人必须是根据特拉华州法设立或其主要营业地位于特拉华州；④ 任何一方不得是消费者；⑤ 对于仅涉及金钱损害的争议，争议金额不得低于 100 万美元。即使严格限制了现职法官担任仲裁员的范围，在随后的案件[2]中，上述允许现职法官担任仲裁员的法律规定仍被指控违宪。在该案中，原告主张特拉华州的上述法律和规则规定的保密程序并不是仲裁程序，而是伪装下的法院审理程序。对此，美国特拉华地区联邦地区法院法官 Mary McLaughlin 最终认定，特拉华州法律规定的保密仲裁程序违反

---

[1]　《1996 年英国仲裁法》第 93 条关于"委任法官为仲裁员"规定如下："(1)商事法院的法官或官方裁判官可在其认为合适的情况下，接受仲裁协议约定或通过仲裁协议产生的由其担任独任仲裁员或公断人的委任。(2)除非首席大法官考虑到高等法院和王座庭的公务后通知其可以担任，否则，商事法院的法官不得接受这种委任。(3)除非首席大法官考虑到官方裁判官公务后通知其可以担任，否则，该裁判官不得接受这种委任。(4)商事法院法官或官方裁判官担任独任仲裁员或公断人的报酬应在高等法院领取。"

[2]　Del. Coal. v. Strine，2012 U.S. Dist. LEXIS 123980，＊1(D. Del. Aug. 30，2012).

了第一修正案关于公民进入民事审判程序的权利,构成违宪。由上述案件可知,虽然特拉华州在由现职衡平法官担任仲裁员的问题上试图做出不同的尝试,但是由于相关的仲裁程序被认定"本质上是民事审判程序",而根据美国第一修正的相关规定,法院应当向公众公开以及法官不应进行秘密审判,该尝试最终因违宪而被宣布失败。

针对现职法官能否担任仲裁员这一问题,我国《仲裁法》第 13 条第 2 款规定:"仲裁员应当符合下列条件之一:(一)从事仲裁工作满八年的;(二)从事律师工作满八年的;(三)曾任审判员满八年的;(四)从事法律研究、教学工作并具有高级职称的;(五)具有法律知识、从事经济贸易等专业工作并具有高级职称或者具有同等专业水平的。"虽然从文本来看,第(三)项中"曾任审判员满八年的"一般被解释为担任仲裁员之时,其已不再担任审判员职务;但也有解释认为该条规定旨在强调 8 年审判员工作经验,而非否定现职审判员的仲裁员任职资格。为避免上述争议,最高人民法院于 2004 年 7 月 13 日发布《关于现职法官不得担任仲裁员的通知》:"根据《中华人民共和国法官法》《中华人民共和国仲裁法》的有关规定,法官担任仲裁员,从事案件的仲裁工作,不符合有关法律规定,超出了人民法院和法官的职权范围,不利于依法公正保护诉讼当事人的合法权益。因此,法官不得担任仲裁员。"

由此可见,关于现职法官担任仲裁员的问题,我国的立场是禁止现职法官担任仲裁员,这一立场在司法审判中也得到基本贯彻。在申请人廖某某与被申请人鹰潭鑫琥房地产开发有限公司申请撤销仲裁裁决一案[(2016)赣 06 民特 1 号]中,当事人主张"仲裁员郭建军的身份还是鹰潭市月湖区人民法院在职法官,依照最高人民法院《关于现职法官不得担任仲裁员的通知》规定,其依法不能担任仲裁员"。对此,江西省鹰潭市中级人民法院认定:"因仲裁员郭建军属现任法官,不得担任仲裁员,无组庭裁决的合法资格,属程序违法。申请人廖某某的申请,本院予以支持。"

实际上,从关于仲裁员资格的要求上可看出,对仲裁员的一般要求体现为法律规制,对仲裁员的特殊要求更多地体现出当事人的意思自治。

二、仲裁员的选定方式

仲裁员的选定方式包括当事人直接选定、仲裁机构指定、法院指定、仲裁员选定首席仲裁员、指定机构指定。我国《仲裁法》第 31① 和 32 条②规定了相关制度,但只局限于当事人直接选定和仲裁机构指定这两种方式。当事人选定仲裁员体现了当事人的意思自治,而发生仲裁纠纷后,由于争议双方很难达成协议,通常会出现选定仲裁员的僵局时,由仲裁机构进行指定以推进仲裁程序。法院指定仲裁员、仲裁员选定首席仲裁员、机构指定仲裁员的情形,我国均未进行法律规定,但是仲裁员选定首席仲裁员的情形实际上在我国仲裁机构的规则中一般都是存在的,仲裁员选定的首席仲裁员也能体现由当事人直接选定仲裁员并尊重当事人意思自治的情况,因为两位仲裁员分别是双方当事人自己选定的,第三位仲裁员的选任依然是双方妥协的结果。法院指定仲裁员和第三方机构指定仲裁员在我国不仅法律未规定,而且在实践中也是不存在的。我国规定当发生仲裁僵局时,由仲裁机构去处理,而法院指定和仲裁机构以外的第三方机构指定只是在推进更公平地解决组庭困境的不同方式。

关于仲裁员的选任及组庭的相关制度,有下列 5 个案件。

第一个案例的主要争议是仲裁庭的组成是否违反法定程序。③ 该案的争议焦点是当事人签订的仲裁协议约定了 3 名仲裁员,但是仲裁机构因为当事人的争议标的额未达到该机构规定的适用 3 名仲裁员的要求,而采取了简易程序,法院的裁判结果是撤销该仲裁裁决。这一裁决有法理基础就是《最高人民法院关于人民法院办理仲裁裁决执行案件若干问题的规定》(简称《仲裁执行规定》)第 14 条④规定,违反当事人关于仲裁程序中的特别约定可能影响案件的公正判决的,应当认定为程序违法。换言之,在仲裁员选任和仲裁庭的组成上,当当事人的约定和仲裁机构进行规制这两者发生冲突时,要尊重当事人的意思自治。

第二个案例的主要争议焦点是更换仲裁员的程序问题,⑤即天水仲裁委员会因某首席仲裁员退出仲裁而临时指派新的首席仲裁员的做法是否违反法定程序。根据法律规定,仲裁员的选任发生困难时,一般应由仲裁委员会主任进行指

① 《仲裁法》第 31 条:"当事人约定由三名仲裁员组成仲裁庭的,应当各自选定或者各自委托仲裁委员会主任指定一名仲裁员,第三名仲裁员由当事人共同选定或者共同委托仲裁委员会主任指定。第三名仲裁员是首席仲裁员。当事人约定由一名仲裁员成立仲裁庭的,应当由当事人共同选定或者共同委托仲裁委员会主任指定仲裁员。"
② 《仲裁法》第 32 条:"当事人没有在仲裁规则规定的期限内约定仲裁庭的组成方式或者选定仲裁员的,由仲裁委员会主任指定。"
③ (2020)浙 01 民特 5 号。
④ 《仲裁执行规定》14 条:"违反仲裁法规定的仲裁程序、当事人选择的仲裁规则或者当事人对仲裁程序的特别约定,可能影响案件公正裁决,经人民法院审查属实,应当认定为民事诉讼法第二百三十七条第二款第三项规定的'仲裁庭的组成或者仲裁的程序违反法定程序的'情形。"
⑤ (2018)甘 05 民特 3 号。

定。同样,当仲裁程序中发生需要更换仲裁员的情形时,也应当按照最开始组庭的规则进行,[1]但无论是当事人协商选定还是因协商不能达成一致而通过仲裁委员会主任指定,这里的主体均不包括仲裁委员会。在该案中,恰恰是这种看似是文字游戏的原因最终导致该仲裁裁决被法院撤销,最主要的原因就是法律的明文规定。本案中,仲裁委员会主任并未选任首席仲裁员,而且最终更换仲裁员也未通知利益相关的当事人。这个案例体现了对权力的规制,对当事人自治权的尊重。

第三个案例的争议焦点是仲裁一方当事人的公司成员委任的仲裁员是否有效。[2] 本案上诉人与被上诉人约定了仲裁条款:任何与本协议引起的或与其有关的问题、争议和分歧(除本协议特别约定的事项外),应提交至由上诉人公司的董事长兼总经理担任独任仲裁员的仲裁解决。而根据印度新修订的《仲裁和调解法》第12(5)条规定,即使事先有相反的协议,凡与当事人、律师或争议标的的关系属于"附表7"所指明的任何类别的个人,均无资格获委任为仲裁员,但在争议发生后,各方可借书面约定明确放弃适用本条规定,故印度最高法院同意该上诉请求,撤销一审判决;高等法院经当事双方同意,可指定一名替代仲裁员。在本案关于相关法律适用的论述中,印度最高法院提出,仲裁法第12(5)条所对应的"附表7"款项源于《国际律师协会国际仲裁利益冲突指引》(简称《IBA 冲突指引》)中的相关规定,具体而言,属于"橙色清单"中可对仲裁员独立性和公正性提出合理怀疑的情形。由于本案中由当事一方成员担任仲裁员的约定明显不符合"附表7"规定情形,且印度最高法院已在判例中明确认定该种情形不合法,故结合本案案情和相应的法律规定,最终得出结论,该种约定下委任的仲裁员不具有相应的资质,应被法院撤换。

第四个案例的争议焦点是仲裁员未在约定期限内作出裁决,其委任是否应当终止。当事人在本案中的分歧是,如果仲裁员未能在当事人约定的期限内作出裁决,该仲裁员的委任是否应当终止。印度最高法院通过分析《仲裁法》第 14 条[3]

---

[1] 《仲裁法》第 37 条规定:"仲裁员因回避或者其他原因不能履行职责的,应当依照本法规定重新选定或者指定仲裁员。"

[2] Bharat Broadband Network Limited v. United Telecoms Limited on 16 April, 2019.

[3] 印度《仲裁法》第 14 条规定:"未履行或未能履行职责:(1) 有下列情形之一的,仲裁员的授权终止,由其他仲裁员代替:(a) 仲裁员无履行职责的法律行为能力或者事实行为能力或者由于其他原因未能毫无不过分迟延地行事;(b) 仲裁员辞职或者当事人约定其委任终止。(2) 如果对第(1)款(a)项所述的任何原因产生争议,除非当事人另有约定,任何一方当事人可以请求法院就是否终止委任作出决定。(3) 依照本条或第13(2)条,一名仲裁员辞职或者一方当事人同意终止对一名仲裁员的委任的,并不意味着本条或第12(2)条所指任何理由的有效性得到承认。"

(结合第 15 条[①])的条文以及《仲裁法》的立法目的和相关判例认为，当事人和仲裁员都应遵守关于完成仲裁程序的期限。如果当事人在约定期限内不能结束仲裁程序并作出裁决，则在期限届满后，仲裁员在法律上不能履行其职责，其在当事人之间的仲裁程序中担任仲裁员的委任应当终止。

孟买高等法院认为，当事人在参与仲裁时就已经放弃对延长仲裁期限提出异议的权利。对此，最高法院反驳道，弃权的基本要素是必须自愿和有意地放弃一项权利。当事人应该有机会在放弃和行使有关权利之间做出选择。如果情况显示当事人的行为并非出于自愿，则不能认为该当事人已经放弃了宝贵的权利。除此之外，"弃权"原则、"视为弃权"原则或"禁反言"原则通常基于个案的事实和情况，当事人在个案中的行为以及当事人之间达成的协议。据此，最高法院认为，本案当事人并未放弃对延长仲裁期限提出异议的权利。

第五个案例的争议焦点是曾被一方当事人多次指定的仲裁员审理案件的公正性问题。在本案中，印度高等法院明确提出，如果仲裁员在同一当事人的一定数额仲裁案件中担任仲裁员，例如本案中涉及被告的超过 200 起案件中担任仲裁员，有理由相信该名仲裁员从该当事人的指定中获得了相当数量的经济收入，故该名仲裁员的公正性应受到合理怀疑。由此可见，如果存在明确证据表明仲裁员在审理案件中存在明显的偏见，那么，该名仲裁员所作的裁决应当被法院撤销。这也从侧面反映了仲裁员有关利益冲突披露的重要性，即在仲裁程序正式启动前，仲裁员就应当要求将可能的利益冲突关系进行必要的披露，从而保障仲裁程序的公正有效。

第二节　仲裁员的行为准则[②]

一、仲裁员行为准则内容的比较分析

关于仲裁准则，本节将通过对比国际律师协会、美国仲裁协会和律师协会以

---

① 印度《仲裁法》第 15 条规定："终止授权和更换仲裁员：(1) 除依照第 13 或 14 条的规定的情形外，有下列情形之一的，仲裁员的授权终止：(a) 仲裁员由于其他任何原因辞职；(b) 当事人约定解除仲裁员的委任。(2) 终止仲裁员的委任的，应当依照指定所被替换的仲裁员时适用的规则指定替代仲裁员。(3) 除非当事人另有约定，如根据第(2)款更换仲裁员，以前举行的任何庭审均可由仲裁庭自行决定重复举行。(4) 除非当事各方另有约定，仲裁庭在根据本条更换仲裁员之前作出的命令或裁定，不应仅仅因为仲裁庭的组成发生变化而无效。"

② 徐三桥：《仲裁员的披露与回避问题探讨》，《商事仲裁与调解》2020 年第 3 期，第 16—32 页。

及中国的贸仲规则，从制度规定层面比较中外仲裁员的道德行为准则。

由表5-1可以发现域外仲裁员的行为准则一般由行业协会进行规定。国际律师协会的规定最为全面，主要表现在其囊括的仲裁员行为准则种类最多，但从整体上看，三个规则的内容具有很大的相似性。中国的贸仲规则很大程度上借鉴了域外经验。首先，在基本原则上，3个规则都明确了主要目标是追求仲裁员和仲裁庭的独立和公正等基本价值；其次，忠诚尽职义务、披露与回避制度、偏袒的构成等每个规则都有涉及。

在整体相同的前提下，每个规则在具体规定层面又有其各自的特点。例如从与当事人联络来看，国际律师协会规定，原则上不允许仲裁员私下与当事人联络，但是如果联络是为了讨论仲裁员是否接受指定等问题的话，仲裁员只要履行披露义务即可，其他问题严禁私下联络。而美国仲议协会和律师协会的规定是原则上仲裁员不得私自会见当事人，但是仲裁员因是否接受指定的问题与当事人私下接触是可以的，关于开庭时间以及其他程序上的协调问题而私下接触则需要履行披露义务。中国贸仲的规则则是严禁私下接触，调解除外。除了严禁与当事人私下联络外，美国仲议协会和律师协会的规则还专门规范了"非中立仲裁员"的道德约束问题。所谓的非中立仲裁员是指在三名仲裁员组成仲裁庭的情形中，由于需要双方当事人首先各自选定一名仲裁员，其在选定各自的仲裁员时肯定是本着对己方有利的原则。在这种情况下，该仲裁员如果超出了一般的独立性要求，则需要履行特别的披露义务说明其与当事人的特殊关系，以及履行除此之外的其他六项行为准则。从这一点来看，一些国家在仲裁制度要求仲裁员的独立性和公正性的过程中，会存在牺牲一定的独立性但依然承认其公正性的情况。

表5-1　仲裁员行为准则比较

国际律师协会	美国仲裁协会和律师协会	中国贸仲
基本原则：勤勉高效无偏袒	基本原则：维护程序廉正和公平	基本原则：事实法律独立公正
与当事人联络：因指定问题，要披露，其他问题，不允许	不得私下接触当事人：因指定问题允许；开庭时间地点或协调问题要披露；其他接触不允许	与当事人接触的行为准则：严禁单独接触，调解除外

国际律师协会	美国仲裁协会和律师协会	中 国 贸 仲
披露义务：商业和社会关系	披露义务：利害关系和亲属关系	披露义务：我国只规定了回避制度，原则上采取民诉中利益冲突标准
勤勉尽职义务	公平而勤勉	勤勉、审慎履行职责
偏袒的构成	公正、独立、审慎裁决	公平、独立地实施仲裁程序
保密	忠于职责的信托关系和保密义务	保密义务
酬金	非中立仲裁员的道德约束	报酬

从表 5-1 中可以看出 3 个仲裁员道德行为准则有各自的特点。整体上看差异并不大，只是细节问题上根据各国国情有所不同。规范仲裁员的道德行为准则的主要目的是追求仲裁员本身的独立性和公正性，而独立性和公正性构成了披露和回避制度的基石。在承认仲裁规则关于仲裁员行为准则的规定整体相似的基础上，需要剖析回避和披露制度的不同以及我国仲裁制度的改进方向。

披露和回避制度是影响仲裁员独立性和公正性的关键因素。本节通过表格展示有关仲裁员的回避和披露制度的不同规定，并结合一些具体案例来分析如何更好地构建我国仲裁员的回避和披露制度，从而实现仲裁员法律职业行为准则追求的价值目标。

二、仲裁员的回避制度

（一）仲裁员回避制度的比较法分析

表 5-2 是对中外回避制度相关法律规定的比较分析。通过比较发现，无论是《联合国国际贸易法委员会仲裁规则》，还是《日本仲裁法》《荷兰民事诉讼法》，关于回避的理由均提到"独立性"和"公正性"。关于回避理由比较典型的表达是"存在足够的理由怀疑仲裁员的公正性和独立性"。这种表述方式可以总结为"第三人正当怀疑标准"，即以任何一个与本案无关的客观第三人的角度来分析本案存在的情况，足以认为影响仲裁员的公正性和独立性的情形即可以引起回

避制度。实际上,这种类似的表述也存在于联合国《国际商事仲裁示范法》(简称《仲裁示范法》)①之中。我国因为长期以来奉行仲裁附属于民事诉讼以及司法让渡理论,所以,在回避制度理由上采取的是与民事诉讼中法官的回避制度相同的表述,总结起来就是当事人和仲裁员之间存在实在的利益冲突,可以总结为利益冲突标准。

表5-2　仲裁员回避制度比较

比　较　法	仲裁员回避理由	判　断　标　准
日本《仲裁法》第 18 (2)条	有足够的理由怀疑仲裁员的公正性以及独立性时	第三人正当怀疑标准
荷兰《民事诉讼法典》第 1033 条第 1 款	如果存在对仲裁员的公正和独立产生合理疑问的情况	第三人正当怀疑标准
《联合国国际贸易法委员会仲裁规则》	如遇足以使人们对任何仲裁员的公正或独立引起正当怀疑的情况存在	第三人正当怀疑标准
中国《仲裁法》第 34 条	仲裁员有下列情形之一的,必须回避,当事人也有权提出回避申请: (一) 是本案当事人或者当事人、代理人的近亲属; (二) 与本案有利害关系; (三) 与本案当事人、代理人有其他关系,可能影响公正仲裁的; (四) 私自会见当事人、代理人,或者接受当事人、代理人的请客送礼的	利益冲突标准

(二) 回避制度中的第三人正当怀疑标准和利益冲突标准的比较

在回避的理由上采取利益冲突标准和第三人正当怀疑标准对仲裁员的法律职业伦理和道德行为准则有什么影响? 主要影响在于启动仲裁中回避程序的难易程度从而影响仲裁员的行为规范。② 在正当怀疑标准下,即使当事人

---

① 《仲裁示范法》第 12 条规定:"(2) 只有存在引起对仲裁员的公正性或独立性产生正当怀疑的情况或仲裁员不具备当事人约定的资格时,才可以申请仲裁员回避。当事人只有根据其作出指定之后知悉的理由,才可以对其所指定的或其所参与指定的仲裁员提出回避。"

② 陈敏:《仲裁员的行为规范》,《仲裁与法律通讯》1994 年第 3 期,第 28 页。

和仲裁员之间不存在利益冲突的情况，只要以一个客观第三人的视角来分析案件中确实存在影响仲裁员独立性和公正性的情形，就可以启动回避程序。而采取利益冲突标准则需要证明实际上的利益冲突必须符合法律的明文规定。在这种情况下，单纯从程序的角度来看，第三人正当怀疑标准更能加强仲裁员的行为规范。而在仲裁实践中，由于域外普遍采用第三人正当怀疑标准作为申请回避的理由，我国内地一些仲裁机构在处理涉外案件时会采取第三人正当怀疑标准，而处理国内案件则继续采取利益冲突标准，导致司法实践中仲裁员回避的双轨制度，这无疑影响了我国仲裁制度的统一性。

在申请人华电国际电力股份有限公司与被申请人唐某某等申请撤销仲裁裁决案①中，主要争议点是本案仲裁员与当事人的代理人是否存在仲裁规则规定的可能影响公正仲裁的"法律规定的其他关系"。华电公司主张仲裁申请人唐某某等人的委托代理人李仰德系重庆仲裁委员会专职律师仲裁员，属于《仲裁法》第 58 条第 3 款规定的仲裁庭的组成或仲裁程序违反法定程序的情形。对此，重庆市第一中级人民法院认为，根据《律师执业管理办法》的规定，仅禁止律师在担任仲裁员期间承办与其本人担任仲裁员办理过的案件有利益冲突的法律事务，即仍在担任仲裁员的律师，如果不违反《律师执业管理办法》第 28 条第 3 款的规定、②仲裁机构的仲裁规则等关于利益冲突的规定，可以代理现任职的仲裁机构的案件，据此驳回了原告的申请。仲裁中的回避事关仲裁质量，很大程度上由仲裁员决定。在仲裁司法审查中，对利害关系认定的关键在于仲裁员是否知悉可能导致当事人对其独立性、公正性产生合理怀疑，以及仲裁员是否有意不主动披露上述相关情况。

湖南六建机电安装有限责任公司（简称六建公司）与香河乐光光伏能源有限公司合同纠纷执行审查类执行一案中，③主要争议是仲裁委员会对当事人提出的回避申请未予处理，是否属于"可能影响案件公正裁决的情形"。主要事实争议是西安仲裁委员会在本案中对六建公司提出的对仲裁员支端阳的回避申请未予处理，是否违反法定程序。法院裁判结果虽然依据的是《仲裁法》第 35 和 36 条，④但

---

① （2019）渝 01 民特 61 号。
② 律师不得担任所在律师事务所其他律师担任仲裁员的案件的代理人。曾经或者仍在担任仲裁员的律师，不得承办与本人担任仲裁员办理过的案件有利益冲突的法律事务。
③ （2020）湘 01 执异 142 号。
④ 《仲裁法》第 35 条规定："当事人提出回避申请，应当说明理由，在首次开庭前提出。回避事由在首次开庭后知道的，可以在最后一次开庭终结前提出"；第 36 条规定："仲裁员是否回避，由仲裁委员会主任决定；仲裁委员会主任担任仲裁员时，由仲裁委员会集体决定。"

是这两条并未明文规定对回避申请不进行处理的行为是否构成足以影响裁决公正的程序瑕疵而应当被撤销。该案的最终判决是法院支持撤销仲裁裁决,主要考量就是仲裁员的行为道德规范以及程序正义。在该案中,仲裁员并未履行忠诚尽职义务,按照法定的程序处理当事人的回避申请,虽然从实体上来看回避申请可能会被驳回,但是遇到申请后去处理依然是对仲裁员的法律职业要求。在此过程中,本案法官做出的选择是尊重仲裁制度的程序价值,在实体结果和正当程序的博弈中,认为程序的价值大于结果的价值。

三、仲裁员的披露制度

国外仲裁法律普遍规定仲裁员的披露制度或披露义务,例如《仲裁示范法》第 12 条。[①] 在我国,无论是《仲裁法》还是《民事诉讼法》均无关于仲裁员披露制度的规定。我国披露制度一般存在于回避制度,但是实际上披露制度和回避制度是两个方面的问题。披露制度一般是指仲裁员应当把可能影响自身公正性和独立性的事项告知当事人,以保障当事人的知情权。这个制度更倾向于一种程序正义的设置。披露制度并不意味着一定能触发回避制度,回避程序的启动还需要满足其他要件。同时,披露制度启动的标准也分为"第三人正当怀疑标准"和"当事人怀疑标准"。与第三人正当怀疑标准相比,当事人怀疑标准更容易启动,因为其只需要根据当事人的主观判断就可以启动。当然即使启动了披露制度,也不意味着会产生与回避制度一样的法律后果(见表 5-3)。

表 5-3 仲裁员披露制度

披 露 制 度	具 体 内 容
披露的原因	保障知情权—回避—独立公正
法律渊源	《仲裁示范法》第 12 条(1);中国法未明文规定
标准	第三人正当怀疑标准;当事人怀疑标准
后果	披露并不意味着利益冲突
当事人弃权	防止当事人采取机会主义策略

---

① 《仲裁示范法》第 12 条(1):"在被询及有关可能被指定为仲裁员之事时,被询问人应该披露可能引起对其公正性或独立性产生正当怀疑的任何情况。仲裁员自被指定之时起并在整个仲裁程序进行期间,应毫不迟延地向各方当事人披露任何此类情况,除非其已将此情况告知各方当事人。"

在内蒙古伊东煤炭有限责任公司敖劳不拉煤矿与准格尔旗川发煤炭有限责任公司等申请撤销仲裁裁决一案[1]中，主要争议问题是申请人是否有权主张己方选定仲裁员违反信息披露义务。案件焦点事实是申请撤销仲裁裁决的一方当事人的证人主动接触其选定的仲裁员，且隐瞒该事项，在仲裁程序过程中未提出任何回避和披露的申请。而在仲裁程序结束并做出仲裁裁决后，申请人发现仲裁裁决对己方不利，提出因该案违反程序而申请撤销仲裁裁决。虽然该案的法官按照上文提到的关于当事人弃权的法律制度的条文，认定该案当事人提出回避或披露的时间已经超过了法定期间，视为自动弃权，但是实际上却涉及另外一个问题，就是仲裁员道德行为标准中的中立性问题。因为在一般情况下，出现申请回避制度的主要原因在于一方当事人认为对方当事人和仲裁员存在影响独立性和公正性的不正当关系，但是本案却发生在存在不正当关系的己方当事人一方。在这种情况下，不正当关系影响的是另一方当事人的权利，因为仲裁员客观上不存在独立性。但是本案最终的仲裁裁决却是对主动接触仲裁员的一方当事人不利的。在这种情况下，虽然该案中仲裁庭不具有完全的独立性，但是另一方当事人接受仲裁裁决，认为不影响最终裁决的公正性，所以本案法院在询问了另一方当事人后，驳回了申请人的撤销申请。虽然本案牺牲了一定的独立性，但不影响公正性。

无论是披露制度还是回避制度，一般都会对当事人行使相关权利规定一定的时间限制，当事人超过正当时间再申请启动回避或披露程序，一般不会得到支持。例如，《2018 年司法解释》第 16 条规定，当事人一方在仲裁过程中隐瞒己方掌握的证据，仲裁裁决作出后以己方所隐瞒的证据足以影响公正裁决为由申请不予执行仲裁裁决的，人民法院不予支持。我国《仲裁法》第 35 条规定，当事人提出回避申请应当说明理由，在首次开庭前提出。回避事由在首次开庭后知道的，可以在最后一次开庭终结前提出。这种时间上的限制一般被称为"当事人弃权"制度，主要目的是督促当事人积极行使权利，以及推动仲裁程序的进行。从另一个角度来看，当事人弃权制度也包括当事人主动放弃自己权利的情形，我国目前没有法律明文规定，但是作为一种法律理论在司法实践中是存在的。

---

[1]　(2020)京 04 民特 715 号。

四、中国回避与披露制度的完善

基于上述比较研究，中国法上的仲裁员的行为准则存在诸多问题，亟待改进。

首先，就原则性问题，我国仲裁立法应以明文规定的形式将上文提到的"独立性"和"公正性"要求加入仲裁法，以便更明晰地追求目标以及进一步规范仲裁员的行为准则。这不仅是域外法律以及《仲裁示范法》的普遍做法，而且是我国仲裁制度中关于仲裁员法律职业道德的终极追求。

其次，在涉及仲裁员职业伦理道德的具体制度层面，应当在《仲裁法》中明确仲裁员的披露义务，确立仲裁员披露制度，区分披露制度和回避制度。通过披露制度和回避制度的配合，提升仲裁员的独立性和公正性，以保证仲裁解决民商事争端的公正价值。针对回避制度，可以一改之前以利益冲突标准为申请回避的理由，采纳第三人正当怀疑标准，一方面，与国际接轨；另一方面，改变涉外仲裁机构双轨制的做法，同时也应当进一步明确当事人弃权的法律效果。这些具体制度层面是配合原则性的问题，与追求独立性和公正性一起，真正实现仲裁员法律职业道德相关规定的不断完善，适应国际潮流和国家推进仲裁发展的改革趋势，从而更好建设中国的国际仲裁中心。

第三节　仲裁员的责任

一、仲裁员的责任概述

仲裁员的责任问题是指仲裁员是否应该对其在仲裁过程中的故意或过失行为承担法律责任。针对这个问题，有三种理论：无限责任理论、豁免责任理论和有限责任理论。要进一步了解和研究这三种责任的具体内容，就必须首先了解仲裁员责任的法理基础，即仲裁员与当事人的关系问题。对于仲裁员和当事人的关系有不同的理论认知，关于仲裁员应承担怎样的责任有不同的法律规定。

二、仲裁员责任的前提问题：仲裁员与当事人的关系

针对仲裁员与当事人的关系，理论上将这种关系分为三类：准契约关系说、

特殊身份说以及完全契约说(委任契约说或服务契约说)。

准契约关系说认为仲裁员和当事人之间并非完全的契约关系，一方面，基于仲裁的准司法属性区别于普通的契约关系；另一方面，要保护仲裁员主张费用的权利。虽然这种准契约关系说使当事人和仲裁员的关系区别于普通的契约关系，但无法很好地说明支付费用以外的问题。

特殊身份说认为仲裁员一旦接受指定，便获得了类似于法官的地位，是一种特殊身份，所以，仲裁员具有不可替代性、相对固定性、持续性和阶段性。但是这种理论无法说明仲裁员权力来源的问题，以及仲裁员和当事人法律关系发生的原因。

契约说分为委任契约说或服务契约说，两者均认为仲裁员和当事人之间是完全的契约关系。这种理论可以很好地说明双方的权利义务关系，基于契约自由的原则也说明仲裁员不存在必须接受当事人指定的义务，而且仲裁员要为自己的行为向当事人承担类似的违约责任。但是这种理论依然不能解决全部问题，例如，首席仲裁员由仲裁机构或者法院指定，与当事人不直接发生关系的情形是不是一种契约关系？

三、仲裁员责任的种类

基于以上三种仲裁员和当事人的关系，可以引申出对应的三种仲裁员责任：对应准契约关系说的有限责任理论、对应完全契约说的无限责任理论、对应特殊身份说的责任豁免理论。

责任豁免理论认为仲裁员具有特殊的身份，强调仲裁员的司法性。这种理论的渊源是仲裁的司法让渡理论和司法豁免理论。支持这种学说的观点认为，由于仲裁员具有类似法官的身份，当法官可以通过司法豁免而不对外承担个人责任时，仲裁员应当受此豁免保护。即使仲裁员恶意仲裁，当事人也有很多其他的方式可以申请司法救济。这种责任豁免理论可以很好地保护仲裁的确定性，增强仲裁裁决的权威。责任豁免也是对仲裁员信心的保护，让其不至于因为过分担心自己需要承担责任而拒绝仲裁。但是反对这种观点的人认为，即使是法官，虽然其不对外承担个人责任，但是由于对其道德素质、职业伦理的要求很高，公共系统内部对法官有全方位和更为严格的管控和追责程序。司法救济仅是补救措施，不能成为仲裁发生不公正情况的预防措施。支持责任豁免理论的一般是英美法系国家。

无限责任理论基于完全契约的严格责任理论，认为仲裁员和当事人之间的关系也是普通的契约关系，当仲裁员发生违约情况时，应当以个人身份向外承担无限责任。支持该观点的人认为这种无限责任可以很好地约束仲裁员的行为，使其更好地履行职责并严守职业道德伦理，同时更好地保护当事人的权利和仲裁裁决的公正性。但是反对者认为，这种无限责任的做法会大大影响仲裁员的积极性和参与性，忽略了仲裁的司法性质。信奉这种理论的国家有法国、西班牙、瑞典等。

有限责任理论基于准契约关系说，融合和折中了上面两种理论，兼具以上两种理论的优点，强调对仲裁员进行程序上和契约上的双重限制。[①] 一方面，尊重当事人的意思自治；另一方面，也不忽视仲裁员的司法性，赋予仲裁程序和冲裁裁决一定的司法威慑力。支持这种理论的国家包括中国、奥地利、德国、挪威。

四、中国仲裁制度中的仲裁员责任问题

（一）法律依据

我国并没有系统地对仲裁员责任进行规定的法律。《仲裁法》第 38 条规定："仲裁员有本法第三十四条第四项规定的情形，情节严重的，或者有本法第五十八条第六项规定的情形的，应当依法承担法律责任，仲裁委员会应当将其除名。"[②]我国《刑法》第 399 条规定："依法承担仲裁职责的人员，在仲裁活动中故意违背事实和法律作枉法裁决，情节严重的，处三年以下有期徒刑或者拘役；情节特别严重的，处三年以上七年以下有期徒刑。"这两条规定构成了我国关于仲裁员责任的基本体系。除此之外，由于仲裁协议具有一定程度的契约性质，我国学者关于仲裁责任的分类一般也指民事责任。《刑法》第 399 条明确的是刑事责任，《仲裁法》第 38 条中所谓的法律责任指代的就是《刑法》第 399 条。

但是《仲裁法》第 38 条最后一句需要具体讨论，即"仲裁委员会应当将其除名"这种责任形态，理论界对这种责任的具体性质有一定的争议。有人认为这种除名责任是一种行政责任，也有人则认为这应该属于行业责任。[③]

（二）是行政责任还是行业责任

之所以有人认为不存在行政责任，是因为我国法律明文规定，仲裁机构已经

① 邓瑞平等：《商事仲裁责任制度简论》，《重庆大学学报（社会科学版）》2005 年第 1 期，第 115—122 页。
② 《仲裁法》第 34 条规定："（四）私自会见当事人、代理人，或者接受当事人、代理人的请客送礼的。"《仲裁法》第 58 条规定："（六）仲裁员在仲裁该案时有索贿受贿，徇私舞弊，枉法裁决行为的。"
③ 刘晓红：《确定仲裁员责任制度的法理思考：兼评述中国仲裁员责任制度》，《华东政法大学学报》2007 年第 5 期，第 82—90 页。

完全脱离了行政机关，成为独立的法人。[①] 但是这种观点遭到了质疑，因为仲裁机构实际上并未脱离行政机关。其设立、运行离不开政府的干预，且大部分仲裁机构的资金并不是自收自支的。[②]

《仲裁法》第 38 条中的除名制度并未规定该权力的实际享受者。但是根据富士施乐一案，该案中由于一位仲裁员不能满足职业伦理要求而被除名，该除名经上报国务院后，国务院要求仲裁名单存在这位仲裁员的仲裁机构将其除名。虽然该案确定，国务院只是以通知的形式让仲裁机构行使除名权，但是国务院对行使除名权的过程进行了直接干预，所以很难说仲裁机构本身掌握了这种除名权。在这个问题争执不下时，矛头指向了中国仲裁协会。根据《仲裁法》第 15 条，中国仲裁协会是仲裁的行业协会，法律规定授予其监督管理仲裁人员的违纪行为的权限。但是由于种种原因，仲裁协会一直未成立，所以这种行业规范管理权限之一的除名权的归属问题依然不明晰。

第四节　结　　语

仲裁员和仲裁庭的相关理论和案例整体上都是围绕着意思自治和国家规制展开的。从仲裁员的资格来看，仲裁员资格的特殊要求体现了意思自治，一般要求体现了权力规制；从仲裁员选定方式来看，约定的方式体现了意思自治，无法约定时的指定则体现了权力规制；从行政准则来看，当事人同意或者弃权体现了意思自治，而回避制度、披露制度及其他职业伦理规定本身又体现了权力规制；从责任来看，以契约说为理论基础的无限责任体现了意思自治，而豁免责任则体现了权力规制。

无论是意思自治还是权力规制，这两种原则在仲裁员相关制度的方方面面都有所体现。两者有机协调和折中的主要目的是进一步实现仲裁员的独立和公正。独立性实际上更多指向仲裁员和当事人之间外在的客观关系，而公正性则更多指向仲裁员内在的主观心理。可以说，独立性是公正性的前提，公正性是最终的追求。但是，仲裁员的独立性并非实现公正性的必要条件。在不独立不公

---

① 《仲裁法》第 14 条规定：仲裁委员会独立于行政机关，与行政机关没有隶属关系。仲裁委员会之间也没有隶属关系。
② 文芳：《论仲裁员民事责任：试构建我国仲裁员责任体系》，《黑龙江省政法管理干部学院学报》2010年第 6 期，第 79—82 页。

正、独立不公正、不独立公正、独立且公正四种情形下,当事人实际上更多希望追求的是程序和裁判结果的公正性,即使存在不公正的情况,例如针对回避和披露问题的当事人弃权的情形,也不会影响当事人对相关案件公正性的认可。

第六章

仲 裁 裁 决[*]

第一节　仲裁裁决的定义和分类

广义的仲裁裁决是指"仲裁庭按照仲裁规则在仲裁过程中或者仲裁审理终结后，就任何程序性事项或者当事人提出的实体请求所作出的书面决定"。[①] 通常认为，除非法院经当事人申请予以撤销，裁决是终局性的、有约束力的，可以得到法院承认和执行。根据裁决作出的时间，仲裁裁决可以分为中间裁决（部分裁决）、最终裁决和补充裁决。根据1958年《纽约公约》第1条规定，该裁决是否由国内作出（地域标准）以及裁决执行国是否承认该裁决为本国仲裁裁决（执行地法律标准），仲裁裁决可以被分为内国仲裁裁决和外国仲裁裁决。[②]

一、中间裁决（部分裁决）

在仲裁过程中，仲裁庭可就事实清楚的部分先行裁决，称为中间裁决或部分裁决。[③]由于我国《仲裁法》并未明确区分，仲裁实践中常将中间裁决和部分裁决混用。有学者在学理上进行了区分，认为部分裁决是指"针对当事人仲裁申请中提出的已经审理清楚的某项或某几项仲裁请求而作出的终局性裁决"，与最终裁决具有相同的效力，可以强制执行；中间裁决是针对程序事项（例如仲裁协议有效性及仲裁庭管辖权）或者"有关实体方面的先决事项"作出的裁决，不是对仲裁请求的终局处理。[④]

---

[*] 本章作者顾心怡、钟凯伦。
[①] 沈伟、陈治东：《商事仲裁法：国际视野和中国实践》（上卷），上海交通大学出版社2020年版，第392页。
[②] 黄亚英：《外国仲裁裁决论析：基于〈纽约公约〉及中国实践的视角》，《现代法学》2007年第1期，第124页。
[③] 《仲裁法》第55条规定："仲裁庭仲裁纠纷时，其中一部分事实已经清楚，可以就该部分先行裁决。"
[④] 王瑞华：《我国商事仲裁中间裁决制度的运行实践考察及思考：以北京仲裁委员会/北京国际仲裁中心为样本》，《北京仲裁》2017年第1期，第41页。

以裁决是否针对仲裁请求作为区分中间裁决和部分裁决的标准有一定的道理,但仍存在两个问题:一是在我国《仲裁法》和仲裁实践中,仲裁机构或仲裁庭往往会对程序性事项作出"决定"而非"裁决",例如确认仲裁协议有效性及仲裁庭管辖权这些程序性事项,由仲裁机构决定并出具仲裁管辖权决定书。仲裁裁决和决定在主体、形式、适用范围和司法监督等方面均存在一些差别,具体如表6-1所示。二是仲裁实践中存在介于部分裁决和中间裁决之间的具有"先予执行"性质的裁决,难以为两分法所界定。具体的相关法条将在后文结合案例详述。

表 6-1　裁决和决定的区别

主 要 方 面	裁　　决	决　　定
作出主体	仲裁庭	仲裁机构或仲裁庭
形式	书面	书面或口头
适用范围	裁定请求事项是否属于重复性事项(中间裁决) 先就申请人的请求作出裁决,继续就被申请人的反请求作出裁决(部分裁决)	仲裁协议有效性(《仲裁法》第20条) 仲裁员回避(《仲裁法》第36、37条) 延期开庭(《仲裁法》第41条)
司法监督	当事人可以请求法院撤销仲裁裁决	当事人不能请求法院裁撤仲裁决定

实践中,部分裁决常见于被申请人提出反请求的情形,例如沧州仲裁委员会受理的建筑施工合同纠纷一案,仲裁庭对双方的请求及与反请求进行了合并审理,在申请人的请求事项审理完毕后作出了(2018)沧仲裁秘字0436号中间裁决,同时继续审理反请求事项。[①] 部分裁决有利于仲裁庭将相对独立的事实区分开来,明确审理推进到下一阶段。[②]

中间裁决的适用情形相对复杂,在实践中主要用于以下三种情形:① 请求事项是否属于重复性事项(见表6-2案例1);② 当事人主体资格异议(见表6-2案例2);③ 出于保护建设工程施工者权利、化解社会纠纷的考虑而作出具有"先予执行"性质的裁决(见表6-2案例3、4)。

---

① (2019)冀09民特56号。
② 王瑞华:《我国商事仲裁中间裁决制度的运行实践考察及思考:以北京仲裁委员会/北京国际仲裁中心为样本》,《北京仲裁》2017年第1期,第43页。

表 6‑2　中间裁决案例

序号	案　　例	裁决书字号	内　　容
1	北京城建中南土木工程集团有限公司与中扶建设有限责任公司工程分包合同纠纷案	(2013)京仲中裁字第0012号	申请人提出的部分请求与(2007)京仲案字第1401号仲裁案中的事项属于同一事项，一事不再理①
2	东方朝歌影视文化传媒(北京)有限公司与陕西超英美容化妆品集团有限责任公司等《项目合作合约》纠纷案	(2013)京仲中裁字第0004号	超英公司符合提起本次仲裁的主体资格，东方公司关于仲裁条款为无效条款的主张不成立，并决定北京仲裁委员会对该案具有管辖权②
3	中太建设集团股份有限公司与湖北省新华书店(集团)有限公司建设工程施工合同纠纷案	(2013)武仲裁字第0001638‑1号(2013)武仲裁字第0001638‑2号	根据庭审、现场勘查等初步查明的基本事实，认为湖北省新华书店欠中太公司工程款的事实清楚，考虑到拖欠金额大、时间长等因素，本着有利于纠纷化解、有利于社会稳定的原则，结合案件进展，在2015年中间裁决湖北省新华书店支付工程款500万元，2016年中间裁决湖北省新华书店支付工程款2 000万元(此时有关于该工程造价65 580 370.10元的鉴定报告)③
4	深圳市平湖股份合作公司、深圳市永丰隆实业发展有限公司与福建省惠东建筑工程有限公司建设工程施工合同纠纷案	(2014)深仲中裁字第25号	鉴于惠东公司是施工方，且存在急需资金解决拖欠施工工人工资与供应商材料款的可能，根据本案工程除消防工程外，其余约定工程项目已于2010年10月18日验收合格，以及本案中间裁决已查明的其他事实，酌定平湖公司、永丰隆公司向惠东公司先行支付本案工程款人民币700万元④

① (2014)三中民特字第02009号。
② (2014)三中民特字第02337号。
③ (2017)鄂01民特61号。
④ (2014)深中法涉外仲字第38号。

　　对于前两种情形,中间裁决有利于仲裁庭对仲裁范围、主体资格等先决争议作出认定,为仲裁的进一步展开做好铺垫。法院承认中间裁决的效力,例如案例2中法院裁定"中间裁决作出后,东方公司未在法定期限内向法院提起撤销上述中间裁决的申请,且其参加了该案后期的仲裁庭审,故中间裁决已发生法律效力"。①当事人可以申请法院撤销中间裁决,法院适用《仲裁法》第58条对中间裁决进行司法审查。案例1,城建中南公司申请撤销中间裁决的理由为其申请事项与(2007)京仲案字第1401号仲裁案中涉及的事项并非同一事项,法院同意该观点,认为"两案的法律关系和裁请标的范围不同,不属于一事不再理的问题",但因其属于实体问题,不符合《仲裁法》第58条规定的任何一项情形,因此不予撤销。② 从这份裁定可以看出,对一事不再理、仲裁当事人主体资格等问题的实体判断完全属于仲裁庭自行裁决的范围,法院不能通过司法监督进行干预。

　　对于第三种情形,裁定一方当事人先行支付部分价款的中间裁决实际上是仲裁庭在相关事实未完全查清的情况下作出的对部分实体请求的支持,会直接影响当事人权利义务,这样具有"先予执行"性质的裁决是否违反《仲裁法》第55条的规定存在争议:一方面,工程纠纷的细节尚未查清,不应先行裁决;另一方面,如果一方当事人存在拖欠工程款的事实,且工程款数额有一个大致的估值,同时"先予执行"的数额远低于该估值,似乎也可以认为这部分数额的相关事实已经查清,先行裁决部分给付是合理的。案例3,武汉市中级人民法院采取了后一种观点,认为"从本案最终裁决结果看,仲裁庭对中间裁决所依据的事实的判断是正确的,没有违反上述法定程序(《仲裁法》第55条)"。③ 案例4,深圳市中级人民法院同样认为该中间裁决符合《仲裁法》规定,且"当事人在该中间裁决中未解决的纠纷仍可在后续的仲裁程序中得到处理,仲裁庭作出该中间裁决并不会影响案件最终正确裁决"。④ 从上述案例可以看出,法院对于此类具有"先予执行"性质的裁决的矛盾观点:一方面,法院承认裁决的效力并予以执行,这就使得该裁决具有了部分裁决的性质;另一方面,法院似乎也认为该中间裁决不具有终局性,可以被最终裁决推翻。对于该类裁决的性质和审查有待进一步廓清。

　　从上述4个案例可知,中间裁决具有两方面的法律效力:一是中间裁决具有认定程序性事项的效力,例如对仲裁协议有效性、仲裁庭管辖权、双方当事人

---

① (2014)三中民特字第02337号。
② (2014)三中民特字第02009号。
③ (2017)鄂01民特61号。
④ (2014)深中法涉外仲字第38号。

实体性权利义务以及主体资格方面作出认定，以便仲裁程序的进一步推进。二是当中间裁决所依据的事实和证据已经被查清时，所作出的直接影响当事人权利义务的中间裁决可被视为具有部分裁决的效力。但该中间裁决的法律效力是否能够被于其后发生的部分裁决所推翻？此类中间裁决的性质究竟被拟制为部分裁决，还是依然为中间裁决？这些问题有待讨论。

二、最终裁决

最终裁决是"仲裁庭在对整个案件审理终结之后，就全部提交仲裁的争议事项所作出的终局性的裁决"。[①] 合意裁决，即仲裁庭根据和解协议作出裁决书，是最终裁决的一种。[②] 有效的最终裁决具有终局性，当事人可以向法院申请强制执行。最终裁决作出后，仲裁庭与当事人之间因仲裁而产生的关系也随之结束。我国《仲裁法》第 57、62 条也对最终裁决的法律效果进行了说明。[③]

关于最终裁决，著名的案例有中国水利电力对外公司与巴基斯坦国家公路管理局仲裁裁决撤销案。[④] 2009 年 12 月 3 日，中国水利电力对外公司（简称 CWE）与巴基斯坦国家公路管理局（简称 NHA）签订 FIDIC 合同，双方约定在履行合同过程中若发生争议，将争议提交争议解决委员会处理。2015 年 4 月 13 日，CWE 将争议解决委员会尚未解决的两项争议提交 ICC 申请仲裁裁决。2019 年 6 月 30 日，独任仲裁员作出最终判决：裁决 NHA 向 CWE 支付 3 435 255 571.32 卢比加上 10 703.88 美元。NHA 不服该裁决，于 2021 年 5 月 10 日以仲裁庭组成不当为由，请求巴黎上诉法院撤销由 ICC 独任仲裁员所作出的裁决。随后，巴黎上诉法院意见称，NHA 请求上诉法院对终局裁决的是非曲直进行复审，这是被禁止的，也是没有根据的。可见，最终裁决作出后，自裁决作出之日起发生法律效力，当事人之间的权利义务分配格局即行生效，只待法院予以执行。

[①] 沈伟、陈治东：《商事仲裁法：国际视野和中国实践》（上卷），上海交通大学出版社 2020 年版，第 398 页。

[②] 《仲裁法》第 49 条规定："达成和解协议的，可以请求仲裁庭根据和解协议作出裁决书。"《仲裁法》第 51 条第 2 款："调解达成协议的，仲裁庭应当制作调解书或者根据协议的结果制作裁决书。调解书与裁决书具有同等法律效力。"

[③] 参见《仲裁法》第 57 条规定："裁决书自作出之日起发生法律效力。"第 62 条："当事人应当履行裁决。一方当事人不履行的，另一方当事人可以依照民事诉讼法的有关规定向人民法院申请执行。受申请的人民法院应当执行。"

[④] 《仲裁案例分析》，http://www.consult-lawfirm.com/Commercial/257.html，最后访问日期：2023 年 6 月 21 日。

有原则就有例外,终局裁决在通常情况下具有形式上和实质上的确定力,但在当事人有证据证明该裁决具有重大程序瑕疵、仲裁程序不合法等情形(《仲裁法》第 58 条)时,有权向仲裁委所在地的中级人民法院申请撤销该裁决。通常而言,最终裁决具有终局性,但该终局性并不是绝对的,而是受到一定程度的限制。

三、补充裁决

补充裁决是指针对仲裁庭在最终裁决中遗漏的事项以及裁决书中的文字、计算错误或者仲裁庭已经裁决但在裁决书中遗漏的事项所作的裁决,应当视为最终裁决的一部分。[①] 在 2022 年 7 月国际商事争端预防与解决组织发布的《国际商事争端预防与解决组织商事仲裁规则》第 43 条第 1 款和第 2 款中也规定了补充裁决:"(一)当事人认为裁决书遗漏仲裁请求的,可以在收到裁决书之日起 30 日内,经通知其他当事人后,书面请求仲裁庭作出补充裁决。(二)仲裁庭认为却有遗漏的,应当在收到上述书面申请之日起 30 日内作出补充裁决。"可见,《国际商事争端预防与解决组织商事仲裁规则》赋予当事人请求仲裁庭作出补充仲裁的请求权,通过仲裁庭自发性采取补正措施,并结合当事人请求仲裁庭进行补正,达到维护当事人合法权利的目的。

四、内国仲裁裁决

内国仲裁裁决是指不具有涉外因素的仲裁裁决,仲裁裁决的内容针对一国国内的商事纠纷或者非商事的争议。仲裁裁决所涵盖的当事人、争议法律关系、仲裁裁决作出地和执行地均发生在一国境内。[②] 简言之,凡是作出裁决的国家与被申请承认和执行该裁决的国家为同一国家,均可以认为是内国仲裁裁决。例如(2021)中国贸仲京裁字第 1038 号裁决,双方当事人均为中国国籍,仲裁机构为中国国际经济贸易仲裁委员会,裁决作出地和执行地也均在中国境内,争议法律关系不具有涉外因素,故属于内国仲裁裁决。

五、外国仲裁裁决

《纽约公约》第 1 条规定了外国仲裁裁决的两种情况:一是在一国领土内作

[①] 《仲裁法》第 56 条规定:"对裁决书中的文字、计算错误或者仲裁庭已经裁决但在裁决书中遗漏的事项,仲裁庭应当补正;当事人自收到裁决书之日起三十日内,可以请求仲裁庭补正。"
[②] 沈伟、陈治东:《商事仲裁法:国际视野和中国实践》(上卷),上海交通大学出版社 2020 年版,第 9 页。

成,在另一个国家内承认和执行的仲裁裁决;二是一国承认和执行该国家不认为是本国作出的仲裁裁决。第一种情形,典型如由中国当事人诉请日本冈山法院根据《纽约公约》承认和执行一项由中国国际经济贸易仲裁委员会于中国作出的仲裁裁决,该项裁决对于日本而言属于外国仲裁裁决;第二种情形,典型如美国佛罗里达南区地方法院受理的安多福德公司股份有限公司诉圣塔丽塔水电公司一案,①仲裁虽然位于美国迈阿密,但双方当事人均为危地马拉公司法人,仲裁机构为国际商会仲裁院,具有涉外性质。美国《联邦仲裁法》第 202 条规定,具有涉外性质的协议或者裁决,属于公约管辖范围。因此,本案属于公约的管辖范围,故根据《纽约公约》和美国《联邦仲裁法》,该裁决属于外国仲裁裁决。

第二节　仲裁裁决的效力

一般而言,仲裁裁决自作出之日起即发生法律效力。② 除法院依法撤销或不予执行仲裁裁决之外,仲裁裁决也可能自始无效。我国仲裁机构由直辖市、市人民政府组织有关部门和商会统一组建,须在相应的司法行政部门登记。③ 仲裁机构的合法性会影响仲裁裁决的有效性,未经设立登记的仲裁机构的仲裁裁决不具有法律效力。④

在陈某某与佛山市南海誉福投资有限公司纠纷案中,双方当事人将纠纷提交至湛江仲裁委员会,仲裁庭于湛江仲裁委员会珠三角办事处(位于广东省广州市越秀区)进行开庭审理,并作出(2018)湛仲字第 2354 号裁决。陈某某申请法院执行,佛山市中级人民法院和广东省高级人民法院均以湛江仲裁委员会在广东省广州市没有经依法批准设立的业务站点为由,认定该仲裁裁决不具有法律效力。⑤ 该案中,法院并未对仲裁庭的组成、仲裁程序是否合法等内容进行审

---

① 《Corporacion AIC，SA v. Hidroelectrica Santa Rita S. A.，No. 20－13039(11th Cir. 2023)》,Corporacion AIC，SA v. Hidroelectrica Santa Rita S. A.，https://law. justia. com/cases/federal/appellate-courts/ca11/20-13039/20-13039-2023-04-13.html,最后访问日期：2023 年 6 月 29 日。

② 《仲裁法》第 57 条规定:"裁决书自作出之日起发生法律效力。"

③ 《仲裁法》第 10 条规定:"仲裁委员会可以在直辖市和省、自治区人民政府所在地的市设立,也可以根据需要在其他设区的市设立,不按行政区划层层设立。仲裁委员会由前款规定的市的人民政府组织有关部门和商会统一组建。设立仲裁委员会,应当经省、自治区、直辖市的司法行政部门登记。"

④ 《仲裁委员会登记暂行办法》第 3 条第 2 款规定:"设立仲裁委员会,应当向登记机关办理设立登记;未经设立登记的,仲裁裁决不具有法律效力。"

⑤ (2020)粤执复 440 号。

查,而单凭仲裁机构在行政管理上的非法性否定了仲裁裁决的法律效力。这种将仲裁机构行为和仲裁裁决效力相关联的做法体现了仲裁机构在我国的特殊地位。但在建立国际仲裁中心、仲裁机构去行政化的改革大背景之下,这种关联性是值得商榷的,或许开放国内仲裁机构在非登记地开展仲裁业务会更有利于提升国内仲裁机构的市场竞争力。

在涉外情形中,当裁决被判定属于非内国裁决时,原则上适用《纽约公约》。例外情形是当美国法院认为美国对该案件具有首要管辖权(primary jurisdiction)——仲裁地位于美国或者适用美国法律进行仲裁时,对基于《纽约公约》作出的仲裁裁决,地区法院可以基于美国《联邦仲裁法》第1章第10条予以撤销。在美国佛罗里达南区地方法院审理的安多福德公司股份有限公司诉圣塔丽塔水电公司案中,①根据《联邦仲裁法》第2章第202条的立法原意,公约管辖范围内的仲裁协议和条款虽然适用于美国公民之间,但是该关系涉及外国财产,与外国具有合理联系者适用公约。② 同时,根据《纽约公约》对于外国仲裁裁决的规定情形:① 裁决是在被请求执行裁决外的国家作出的;② 裁决在被请求执行的国家不被视为国内裁决。本案属于第二种情形。据此,本案仲裁应当属于《纽约公约》规定的非内国裁决,适用《纽约公约》。

《纽约公约》第5条规定了拒绝承认和执行《纽约公约》的7项理由,第5条第1款e项定义了首要管辖权。③ 当美国是仲裁地或者美国法适用于仲裁时,美国具有首要管辖权。在这种情况下,相关的机关例如地区法院有权撤销仲裁裁决而非仅拒绝执行仲裁裁决,这意味着地区法院可以基于《联邦仲裁法》第1章第10条的国内法来撤销该仲裁裁决。而在次级管辖权(secondary jurisdiction)下,一国的法院仅能拒绝执行而不能撤销一项仲裁裁决。④ 综上,在享有首要管辖权的情形下,法院认定《联邦仲裁法》第10条可以直接适用于仲裁地在美国或

---

① Corporacion AIC, SA v. Hidroelectrica Santa Rita S.A., No. 20 - 13039(11th Cir. 2023),Corporacion AIC, SA v. Hidroelectrica Santa Rita S. A., https://law. justia. com/cases/federal/appellate-courts/ca11/20-13039/20-13039-2023-04-13.html,最后访问日期: 2023 年 6 月 29 日。

② 《美国联邦仲裁法》第 202 条规定:"无论契约或非契约,凡是产生于法律关系的仲裁协议或仲裁裁决,并被视为包括本法案所述的交易,契约或协议在内的商事性质者,均属于公约管辖范围。产生于这种关系的仲裁协议或裁决,但完全系美国公民之间者,则不应视为公约管辖范围,除该关系涉及及国外财产,履行或执行将来在国外进行,或与一个或多个外国有某种其他的合理联系者不在此限。根据本条款,如果一个公司设在或有其主要营业地在美国,则该公司法人系美国公民。"

③ 《纽约公约》第 5 条第 1 款 e 项:"裁决对各造尚无拘束力,或业经裁决地所在国或裁决所依据法律之国家之主管机关撤销或停止执行者。"

④ Karaha Bodas Co. v. Perusahaan Pertambangan Minyak Dan Gas Bumi Negara, 364 F.3d 274, 287 - 88 (5th Cir. 2004).

者适用美国法的仲裁裁决的撤销。首要管辖权作为美国域外法律适用体系中的关键一环，存在一些缺陷。美国作为一个强权政治国家，时常动用其国内法干涉其他国家内政，这显然是违背国际法精神的行为。但美国的域外法律体系并非全为糟粕，其对国际社会而言并非完全不合理，其本身存在一些合理性和正当性。国际法中存在"真实联系"规则，即在主权国家和规制对象之间应当具有实际联系。美国学界认为，美国有权管辖在美国领土之外作出的但对美国领土具有实质性影响的行为，除非该管辖不具有合理性。美国法院在 2004 年霍夫曼·拉罗什公司诉恩帕格兰案中引入了"合理性原则"标准，该案管辖法院总是在寻求避免对其他国家主权的不合理干涉。但《美国对外关系法重述（第四次）》对合理性原则施加了限制，使得合理性原则的外延限缩，合理性原则有可能被滥用，从而成为破坏其他国家主权的工具。①

《纽约公约》第 1 条规定："仲裁裁决，因自然人或法人间之争议而产生且在声请承认及执行地所在国以外之国家领土内作成者，其承认及执行适用本公约。本公约对于仲裁裁决经声请承认及执行地所在国认为非内国裁决者，亦适用之。"根据该规定可知，在一国国内作成的仲裁裁决，在他国承认和执行的仲裁裁决属于"外国仲裁裁决"，进而适用《纽约公约》。那么，外国仲裁机构在中国内地作出的仲裁裁决，其国籍究竟是按照仲裁机构标准属于外国仲裁裁决，还是根据仲裁作出地标准，应当认为是我国的内国裁决？在广州市中级人民法院审理的美国布兰特伍德公司申请承认和执行外国仲裁裁决案中，②争议双方就"仲裁地"的内涵产生了不同理解。申请人布兰特伍德公司认为，从中国法院以仲裁机构所在地作为仲裁裁决地的司法实践看，该项由总部位于法国的仲裁机构作出的仲裁裁决为外国仲裁裁决，中国和法国为《纽约公约》的缔约国，因此，应当通过《纽约公约》得到中国的承认和执行。被申请人阀安龙公司认为，该项在中国广州作出的仲裁裁决应当被认为是中国国内仲裁裁决，依据是《ICC 规则》第 31 条，仲裁地所在国决定裁决的国籍。③ 案涉仲裁裁决作出地在中国广州，申请人布兰特伍德公司主张该裁决为外国仲裁裁决的理由不成立，故不能通过《纽约公约》承认和执行案涉仲裁裁决。最终，广州市中级人民法院根据案件事实认为，本案所处理的民商事法律关系的主体至少有一方是外国公民、法人或者其他组

---

① 孙南翔：《美国法律域外适用的历史源流与现代发展：兼论中国法域外适用法律体系建设》，http://iolaw.cssn.cn/zxzp/202107/t20210705_5345308.shtml，最后访问日期：2023 年 6 月 24 日。

② （2015）穗中法民四初字第 62 号。

③ 《国际商会仲裁规则》第 31 条规定："仲裁地所在国决定裁决的国籍。"

织,具有涉外因素,可以视为中国涉外仲裁裁决。可见,广州市中级人民法院在仲裁地标准问题上,还是采取了以仲裁裁决作出地为标准的立场。那么,既然广州市中级人民法院认为仲裁地在中国广州,根据以仲裁裁决作出地为认定仲裁裁决籍属标准,该仲裁裁决国籍为中国,该仲裁裁决为中国涉外仲裁裁决,不存在"可以视为"涉外仲裁裁决的情形。

仲裁裁决籍属直接影响仲裁裁决的司法审查范围大小。若裁决国籍为外国裁决,法院审查的范围仅限于承认和执行;若裁决国籍为本国裁决,那么,法院可以进行撤销和执行两个方面的审查。①

国际商事仲裁制度实行一裁终局制,故仲裁裁决具有终局性和约束力,原则上法院应当予以执行,否则,可能构成对《纽约公约》《欧洲人权公约》等的违反。在 Case of BTS Holding, A.S. v. Slovakia 案中,②欧洲人权法院认为,合同解除并不影响仲裁条款效力,同时双方当事人并未就 ICC 仲裁机构的管辖提出异议,故该仲裁裁决应当予以执行。斯洛伐克国内法院不予执行该仲裁裁决的行为违反国内法以及《纽约公约》,构成对《欧洲人权公约》(第一议定书)第 1 条的违反。③ 2006 年,申请人 BTS 公司与被申请人 NPF 签订了股权收购协议,该协议约定国际商会仲裁院有权对本案争议进行管辖,仲裁地位于法国巴黎。随后,NPF 以斯洛伐克国内反垄断机构在规定期限未完成审核为由解除 SPA 协议,并将该收购款退回 BTS 公司。2008 年,双方当事人与政府有关部门共同认定该协议解除有效,且该股东收购协议解除具有溯及力,溯及 2006 年 9 月 21 日生效。但该协议并未约定争议解决条款。2010 年,BTS 公司提出仲裁申请,裁决于 2012 年作出。NPF 公司提出执行异议,理由是 SPA 协议已经由 2008 年的协议替代,而 2008 年协议当中并未约定仲裁协议条款,故 ICC 仲裁庭不具有管辖权。该地区法院支持了 NPF 公司的异议,于 2015 年 10 月终结了执行程序。之后,BTS 公司向欧洲人权法院提起诉讼,主张不执行 ICC 的仲裁裁决违反了《欧

---

① 《外国仲裁机构在内地作出的仲裁裁决,视为涉外仲裁裁决(广州中院)》,https://iidps.bit.edu.cn/yjal/b188320.htm,最后访问日期:2023 年 6 月 20 日。
② 张振安:《仲裁裁决具有终局性和约束力,不予执行仲裁裁决将构成对〈欧洲人权公约〉第一议定书所保护的财产权的违反(欧盟案例)》,微信公众号"临时仲裁 ADA",https://mp.weixin.qq.com/s/UXrQb4qO0eN4XoKMlwWICQ,最后访问日期:2023 年 6 月 20 日。
③ 《欧洲人权公约》(第一议定书)第 1 条:每一自然人或法人均有权占有其财产,除非为了公共利益或根据法律以及国际法基本原则的规定,任何人均不能剥夺其财产(Every natural or legal person is entitled to the peaceful enjoyment of his possessions. No one shall be deprived of his possessions except in the public interest and subject to the conditions provided for by law and by the general principles of international law)。

洲人权公约》（第一议定书）第 1 条。

欧洲法院认为，如果一项请求被认定为具有充分的可执行性，即构成第一议定书第 1 条中的财产。ICC 所作出的仲裁裁决根据斯洛伐克国内法①和《纽约公约》均被认为是可执行的，因此可以认定该财产为第一议定书第 1 条中的财产，BTS 公司的请求具有可受理性。欧洲人权法院认为，斯洛伐克国内法院不予执行 ICC 仲裁裁决的理由并不符合相关国内法和《纽约公约》的规定，即使拒绝执行该裁决是为了公共利益，也未能证明采取该项不予执行的措施符合实现该目标的比例原则，构成对《欧洲人权公约》（第一议定书）第 1 条的违反。

可见，《欧洲人权公约》对仲裁裁决的程序和执行起到了监督和制约的作用，《欧洲人权公约》可作为提起诉讼请求的上位法依据。但是一直以来，欧洲当地法院在实践中遵循着"用尽当地救济"和"国家裁量余地"原则，对违反《欧洲人权公约》设置了较高的适用门槛。

作为现代机构仲裁制度之母，临时仲裁的合法性和地位不言自明。据史料记载，早在古希腊时期就产生了早期的仲裁制度。在古印度，当地实行一种"五长老制"的临时裁决方式，当争议发生时，全村的人聚集在一起，共同选派出 5 名经验丰富的长老进行公开听证，由争议双方进行公开质证辩论，最后长老据此做出决断。"五长老制"所做出决断的公信力在于人们对德高望重之人的信任，将争议自愿交给其裁断。在 19 世纪中期的机构仲裁制度出现之前，临时仲裁便一直是国际商事争议解决的唯一方式。相比于机构仲裁而言，临时仲裁基于某一特定争议而设，仲裁人员的组成、仲裁地、仲裁程序的规则等均由当事人选定，在争议解决后，临时仲裁庭即告解散。而机构仲裁具有明确的仲裁规则和仲裁制度，在一定程度上限制了当事人的自主选择权。因此，临时仲裁具有高效便捷、当事人自主程度高、受官僚化程序制约程度低的优势。②

出于历史原因，我国仲裁发展路径遵循自上而下的发展路径，同域外仲裁从民间到官方（自下而上）的发展路径略有不同，故我国现行《仲裁法》并未赋予临时仲裁法律效力。根据《仲裁法》第 16 条，仲裁协议是当事人提起仲裁裁决的必然要求，其主要内容如下：① 请求仲裁的意思表示；② 仲裁事项；③ 选定的仲

---

① 根据斯洛伐克国内法院的判决，不予执行裁决的原因主要包括五个方面：一是不存在确立 ICC 仲裁庭管辖权的仲裁条款；二是裁决未明确一个执行的时间框架，以及未附有明确其具有可执行性的日期的证书；三是裁决涉及巨额的款项，这些款项将由纳税者支付；四是在裁决作出之前，当事人已经放弃了提起上诉的权利；五是裁决涉及的交易关系对竞争的保护。

② 李广辉：《入世与中国临时仲裁制度的构建》，《政治与法律》2004 年第 4 期，第 96 页。

裁委员会。也就是说,仲裁协议当中当事人必须明确约定仲裁委员会,若未就仲裁委员会达成合意,则不构成仲裁协议,也不能提起仲裁。但作为《纽约公约》的缔约国,我国有义务承认和执行其他缔约国作出的临时仲裁裁决,这与我国仲裁法制度下临时仲裁制度空白产生了矛盾和冲突。反观西方国家,临时仲裁作为仲裁的本源,在英国、美国、瑞士、葡萄牙、希腊等西方主流国家得到了普遍遵循,并成为主流仲裁模式,[①]使得我国在临时仲裁制度方面的空白更显突兀。

为了同国际接轨和回应广大业内人士增设临时仲裁制度的呼声,经过多年实践摸索,《仲裁法修订征求意见稿》在第七章"涉外仲裁的特别规定"中增设临时仲裁制度。主要特点包括:一是仅承认涉外仲裁中的临时仲裁,纯国内临时仲裁未予以承认;二是限缩临时仲裁庭的组成,仲裁庭组成限定为仲裁机构,不包括个人及其他组织。以上制度探索揭示出立法对临时仲裁仍持保留态度。一方面,虽增设临时仲裁制度,但仅限于涉外仲裁;临时仲裁在国内尚属新生事物,有经验的从业人员数量较少。另一方面,将仲裁庭组成限缩为仲裁机构,无不体现立法者沿袭了机构本位思想的路径依赖。

在仲裁实践中,虽然我国国内仲裁制度尚未承认临时仲裁在国内的适用正当性,但在涉外临时仲裁的承认和执行方面,我国法院彰显出严格履行国际条约义务的风范。在南京市中级人民法院审理的申请人斯万斯克蜂蜜加工公司(简称斯万斯克公司)申请承认和执行由 Peter Thorp、Sture Larsson 和 Nils Eliasson 组成的临时仲裁庭作出的仲裁裁决案[②]中,在体现我国严格秉持国际规则进行公断司法公信力的同时,还引发了是否应当引入纯国内临时仲裁制度的讨论。

本案申请人斯万斯克公司称,2013 年 5 月 17 日,斯万斯克公司与常力蜂业公司签署了编号为 NJRS13001 的合同。该合同约定由斯万斯克公司向常力蜂业公司采购蜂蜜,如发生任何争议,应适用瑞典法,并且在瑞典通过快速仲裁解决。常力蜂业公司在 2018 年 3 月 5 日和 6 日的仲裁庭庭审中当庭确认对临时仲裁庭的管辖权不持异议。2018 年 6 月 9 日,临时仲裁庭于瑞典斯德哥尔摩作出仲裁裁决,该仲裁裁决业已生效。[③] 被申请人常力蜂业公司陈述意见称,实际适用的仲裁程序与当事人约定不符。当事人约定快速仲裁,实际适用的是临时

---

① 《司法审查:临时仲裁制度在中国的新发展(最高院指导案例)》,微信公众号"环中商事仲裁",最后访问日期:2023 年 6 月 22 日。
② (2018)苏 01 协外认 8 号。
③ 《司法审查:临时仲裁制度在中国的新发展(最高院指导案例)》,微信公众号"环中商事仲裁",最后访问日期:2023 年 6 月 22 日。

仲裁,两者不能画等号;又根据条款,双方当事人只是有意向采取快速仲裁的规则,并未约定具体的仲裁机构或者采用的仲裁规则,故不能简单适用《瑞典仲裁法》中仲裁程序的规定。

双方当事人签署的合同约定:"In case of disputes governed by Swedish law and that disputes should be settled by expedited arbitration in Sweden."中文直译为,由瑞典法管辖的争议应在瑞典通过快速仲裁解决。双方当事人在合同约定时采取了快速仲裁的争议解决方式,并未约定临时仲裁。2016 年 3 月 22 日,斯万斯克公司再次以常力公司为被申请人提起仲裁(此前仲裁请求以无管辖权为由被驳回)。2018 年 3 月 5 日和 6 日,临时仲裁庭组织双方当事人进行了听证,听证过程中,常力公司代理律师并未对仲裁庭的管辖持有异议,临时仲裁庭依据瑞典仲裁法作出了该仲裁裁决。

法院认为,根据已查明的事实认定,案涉仲裁裁决既不具有《纽约公约》中的不予承认和执行外国仲裁裁决的情形,也不违反我国加入公约时的互惠保留条款和商事保留条款,更不存在执行该裁决会违反公共政策以及该争议不能通过仲裁方式解决等情形。双方在临时仲裁听证过程中,被申请人常力蜂业公司并未就适用临时仲裁解决争议提出异议。因此,仲裁庭适用临时仲裁符合当事人双方合意。根据《联合国国际贸易法委员会仲裁规则》(简称《UNCITRAL 仲裁规则》)第 32 条:"当事人认为仲裁规则或仲裁协议未被遵守的应及时提出异议,否则视为放弃。"在此模式下,常力蜂业公司在庭审中未对仲裁庭之组成提出异议,其后以仲裁庭不符合仲裁协议为由请求不予承认和执行该仲裁裁决,法院不予以支持。依据《最高人民法院关于适用〈中华人民共和国民事诉讼法〉的解释》(简称《民诉法司法解释》)第 545 条的规定:"对临时仲裁庭在中华人民共和国领域外作出的仲裁裁决,一方当事人向人民法院申请承认和执行的,人民法院应当依照民事诉讼法第 283 条的规定处理。"我国《民事诉讼法》第 283 条规定:"国外仲裁机构的裁决,需要中华人民共和国人民法院承认和执行的,应当由当事人直接向被执行人住所地或者财产所在地的中级人民法院申请,人民法院应当依照中华人民共和国缔结或者参加的国际条约,或者按照互惠原则办理。"鉴于中国和瑞典均为《纽约公约》的成员国,且常力蜂业公司住所地为江苏省南京市,依据《民事诉讼法》第 283 条、《民诉法司法解释》第 545 条以及《纽约公约》第 3 条的规定,应予承认和执行上述仲裁裁决。

综上可知,临时仲裁在英国、美国、瑞典和葡萄牙等国家属于主流的仲裁模式。本案中的瑞典当事人在订立合同过程中并未约定仲裁机构,而是约定通过快速仲裁方式解决争议，即当事人以默示方式表明采用快速仲裁以及临时仲裁的形式解决争议。反观我国，虽然在《仲裁法修订征求意见稿》中规定了涉外临时仲裁裁决的承认和执行，但临时仲裁制度在国内生根发芽不仅取决于仲裁制度层面自上而下的制度变革，而且要依靠社会各界在思想观念上摆脱浓厚的官本位、唯机构主义的思想束缚，转而寻求更专业、更值得信赖的仲裁机构，以便孕育高效、便利、具有公信力的国内临时仲裁制度。

第三节　仲裁裁决的籍属：由仲裁机构标准到仲裁地标准

在当事人因为各种理由不愿意履行裁决的情况下，仲裁裁决有赖于国家司法机构的承认和执行，进而使其拘束力得以保障。有学者借用公法上国籍的概念对仲裁裁决进行分类，国籍标志着仲裁裁决法律效力的来源。[①] 在我国，由于港澳台地区仲裁裁决与内地仲裁裁决的承认和执行安排有所区别，因此，笔者以"籍属"这一概念代替国籍进行区分。基于《纽约公约》和我国《民事诉讼法》《仲裁法》的相关规定，我国分为国内仲裁裁决、涉外仲裁裁决和外国仲裁裁决，并针对不同籍属的裁决采取不同的司法审查标准和监督方式。我国法律并未明确界定何为仲裁裁决的籍属，只是通过《民事诉讼法》第 237 条（隶属于第三编《执行程序》）和第 274 条（隶属于第四编《涉外民事诉讼程序的特别规定》）对"依法设立的仲裁机构的裁决"和"涉外仲裁机构作出的裁决"作出了区别规定，由此构建了以仲裁机构决定仲裁裁决籍属的法律框架。

按照仲裁机构决定仲裁裁决的籍属的标准案件有四川省高级人民法院审理的 TH&T 国际公司与成都华龙汽车配件有限公司申请承认和执行国际商会国际仲裁院裁决纠纷案。[②] 本案当事人美国 TH&T 公司与成都华龙汽车配件有限公司在买卖合同中订立仲裁条款，约定争议由国际商会仲裁院按照 ICC 仲裁规则在美国洛杉矶进行仲裁。随后双方在合同履行过程中发生争议，美国 TH&T 公司提起仲裁，ICC 的独任仲裁庭作出华龙公司败诉的裁决，而其未履行。基于此，美国 TH&T 公司向成都市中级人民法院申请执行。法院认为，该

① 刘晓红：《国际商事仲裁专题研究》，法律出版社 2009 年版，第 400 页。
② （2002）成民初字第 531 号。

裁决应当按照我国加入《纽约公约》缔约时的互惠保留条款予以执行，即我国对在另一缔约国领土内作出的仲裁裁决的承认和执行适用该公约。此处的"另一缔约国"应当理解为法国巴黎即仲裁机构所在地，而不是裁决作出地美国。[①]

然而仲裁机构标准很快被实践推翻，并逐渐被仲裁地标准所取代，这一转变背后有以下因素的推动作用。

一是国内仲裁机构和涉外仲裁机构的区分名存实亡。严格意义上的涉外仲裁机构只有分别成立于 1954 和 1958 年的中国国际经济贸易仲裁委员会（简称贸仲）和中国海事仲裁委员会（简称海仲），但在《仲裁法》生效后的第二年，国务院办公厅就发布通知，明确国内仲裁机构可以受理涉外仲裁案件，[②]国内和涉外仲裁机构之间的分界线开始变得模糊。而《最高人民法院关于内地与香港特别行政区相互执行仲裁裁决的安排》附件显示，截至 2000 年，除贸仲和海仲外，另有 28 家国内仲裁机构已经受理过涉港澳仲裁案件。[③] 近年，北京、上海、深圳等地仲裁委员会在仲裁规则、仲裁员结构的国际化改革和受理涉外案件的数量更是让国内仲裁机构和涉外仲裁机构的区分名存实亡。

二是仲裁机构标准无法与《纽约公约》接轨，出现司法监督真空。《纽约公约》第 1 条明确以仲裁地标准定义外国仲裁裁决，即"在申请承认及执行地所在国以外之国家领土内作成"的仲裁裁决。随着《纽约公约》被广泛签署和适用，以仲裁地标准来认定裁决籍属逐渐赢得了国际社会的普遍认可。而在实践中频频出现当事人在仲裁条款中约定外国仲裁机构在中国仲裁的情况。一方面，当事人更信赖外国仲裁机构；另一方面，当事人为了便利将仲裁地约定在中国。在这种情形下，仲裁机构作出的裁决不属于《纽约公约》定义的外国裁决，若依照仲裁机构标准也不属于国内或涉外裁决，就会出现司法监督的真空。

三是我国仲裁及司法实践逐渐偏向认可仲裁地标准。一方面，我国法院对于外国机构在中国作出的裁决的定性发生了改变。在不予执行国际商会仲裁院 10334/AMW/BWD/TE 最终裁决一案中，最高法院依然采仲裁机构标准，认为国际商会仲裁院在我国香港地区作出的裁决属于涉外裁决，应适用《纽约公约》的规定。[④] 而在 2009 年，《最高人民法院关于香港仲裁裁决在内地执行的有关

---

① 杨弘磊：《中国内地司法实践视角下的〈纽约公约〉问题研究》，法律出版社 2006 年版，第 68—69 页。
② 《国务院办公厅关于贯彻实施〈中华人民共和国仲裁法〉需要明确的几个问题的通知》。
③ 《最高人民法院关于内地与香港特别行政区相互执行仲裁裁决的安排》附件"迄今曾受理过涉港澳仲裁案件的仲裁委员会"部分。
④ 《最高人民法院关于不予执行国际商会仲裁院 10334/AMW/BWD/TE 最终裁决一案的请示的复函》。

问题的通知》规定:"当事人向人民法院申请执行在香港特别行政区做出的临时仲裁裁决、国际商会仲裁院等国外仲裁机构在香港特别行政区作出的仲裁裁决的,人民法院应当按照《安排》(《最高人民法院关于内地与香港特别行政区相互执行仲裁裁决的补充安排》)的规定进行审查。"该通知实际上采取了仲裁地标准,该标准在后续案例中也得以贯彻(例如 2016 年不予承认与执行国际商会仲裁院第 18295/CYK 号仲裁裁决案)。而在布兰特伍德工业有限公司与广东阀安龙机械成套设备工程有限公司申请承认与执行法院判决、仲裁裁决案(2015)中,广州市中级人民法院将外国仲裁机构在中国作出的裁决最终定性为涉外仲裁裁决,[①]也体现了以仲裁地确定裁决籍属的标准。另一方面,近年来中国仲裁机构也开始在我国港澳台地区甚至海外开展仲裁业务。2012年贸仲香港仲裁中心成立,2015 年贸仲仲裁规则加入了《香港仲裁的特别规定》,并明确规定仲裁委员会香港仲裁中心管理的案件的仲裁地为我国香港地区,仲裁裁决为我国香港地区的裁决。2016 年,江苏省南京市中级人民法院受理并裁定执行了首例向内地法院申请强制执行的贸仲香港仲裁中心所作的裁决。[②]

综上所述,我国对仲裁裁决籍属的判断已基本完成了从仲裁机构标准到仲裁地标准的转变,裁决籍属会影响司法监督的审查范围和方式。

表 6 - 3　仲裁裁决籍属对司法监督的影响

裁决的籍属		司 法 监 督		
		审查范围	撤　销	不予承认(执行)
内国仲裁裁决	国内	实体、程序	《仲裁法》第 58 条	《仲裁法》第 63 条 《民事诉讼法》第 237 条
	涉外	程序	《仲裁法》第 70 条 《民事诉讼法》第 274 条第 1 款	《仲裁法》第 71 条 《民事诉讼法》第 274 条 《安排》第 7 条
外国仲裁裁决 (包括临时仲裁裁决)		程序	不可撤销	《民事诉讼法》第 283 条 《纽约公约》或互惠条约

① (2015)穗中法民四初字第 62 号。
② (2016)苏 01 认港 1 号。

从表 6-3 可知,仲裁裁决的籍属不同会导致法院对仲裁进行司法审查的范围、撤销以及不予承认和执行的依据不同。若裁决为中国仲裁裁决,我国人民法院将依据《民事诉讼法》第 237[①] 或 274 条[②]对该裁决进行审查,裁定是否予以执行;如果裁决属香港、澳门特别行政区裁决,则根据两地关于相互认可和执行的仲裁裁决安排的相关规定进行审查,裁定是否予以认可和执行;若为外国仲裁裁决,则根据《纽约公约》或者互惠原则对该裁决进行审查,裁定是否予以承认和执行。至于内地仲裁机构在我国香港地区作出的裁决是否属于内地裁决,其仲裁裁决籍属的判断标准为何,江苏省南京市中级法院审理的美国意艾德建筑师事务所申请执行我国香港地区仲裁裁决案[③]作为内地仲裁机构在我国香港地区的分支机构作出的仲裁裁决获得内地执行的首案,对于认定内地仲裁机构在我国香港地区作出裁决的籍属进行认定具有里程碑的意义。

申请人意艾德建筑师事务所与被申请人富力南京地产开发有限公司(简称富力公司)就地块设计咨询订立合同,其中合同第 10.4 条规定了仲裁条款,约定协商不成时,应提交中国国际经济贸易仲裁委员会进行仲裁,仲裁地点为香港特别行政区。后双方因合同履行发生争议。2015 年,意艾德建筑师事务所向中国国际贸易仲裁委员会香港国际仲裁中心(简称香港贸仲)提出仲裁申请,香港贸仲随后作出仲裁裁决。裁决内容为被申请人富力公司向申请人意艾德事务所支付拖欠的设计费及利息。随后,富力公司支付了本金,但未支付利息。意艾德建筑师事务所于 2016 年 6 月 7 日向南京市中级人民法院请求执行利息部分。

南京市中级人民法院经审查认定,该案仲裁裁决并不存在《安排》第 7 条不

---

① 《民事诉讼法》第 237 条规定:"对依法设立的仲裁机构的裁决,一方当事人不履行的,对方当事人可以向有管辖权的人民法院申请执行。受申请的人民法院应当执行。被申请人提出证据证明仲裁裁决有下列情形之一的,经人民法院组成合议庭审查核实,裁定不予执行:(一)当事人在合同中没有订有仲裁条款或者事后没有达成书面仲裁协议的;(二)裁决的事项不属于仲裁协议的范围或者仲裁机构无权仲裁的;(三)仲裁庭的组成或者仲裁的程序违反法定程序的;(四)裁决所根据的证据是伪造的;(五)对方当事人向仲裁机构隐瞒了足以影响公正裁决的证据的;(六)仲裁员在仲裁该案时有贪污受贿,徇私舞弊,枉法裁决行为的。人民法院认定执行该裁决违背社会公共利益的,裁定不予执行。裁定书应当送达双方当事人和仲裁机构。仲裁裁决被人民法院裁定不予执行的,当事人可以根据双方达成的书面仲裁协议重新申请仲裁,也可以向人民法院起诉。"

② 《民事诉讼法》第 274 条规定:"对中华人民共和国涉外仲裁机构作出的裁决,被申请人提出证据证明仲裁裁决有下列情形之一的,经人民法院组成合议庭审查核实,裁定不予执行:(一)当事人在合同中没有订有仲裁条款或者事后没有达成书面仲裁协议的;(二)被申请人没有得到指定仲裁员或者进行仲裁程序的通知,或者由于其他不属于被申请人负责的原因未能陈述意见的;(三)仲裁庭的组成或者仲裁的程序与仲裁规则不符的;(四)裁决的事项不属于仲裁协议的范围或者仲裁机构无权仲裁的。人民法院认定执行该裁决违背社会公共利益的,裁定不予执行。"

③ (2016)苏 01 认港 1 号。

予执行裁决的事由，①同时当事人对尚未支付利息的事实并无异议，故根据《安排》第1条，在内地或者香港特区作出的仲裁裁决，一方当事人不履行仲裁裁决的，另一方当事人可以向被申请人住所地或者财产所在地的有关法院申请执行，故南京市中级人民法院于2016年12月13日作出(2016)苏01认港1号民事裁定，②执行香港贸仲[2015]中国贸仲港裁字第0003号仲裁裁决第3项。③

可见，本案认定内地仲裁机构在我国香港地区作出的仲裁裁决属于我国香港地区裁决，适用的判断标准为仲裁地标准，故适用《安排》予以执行。在内地，不同类型的仲裁裁决会适用不同的审查标准，并且通常根据仲裁机构的所在地确定裁决籍属。《最高人民法院关于香港仲裁裁决在内地执行的有关问题的通知》规定，对于在我国香港地区作出的临时仲裁裁决和国外仲裁机构在我国香港地区做出的仲裁裁决，人民法院应按照这一项特定安排进行审查，强调了以仲裁地而非仲裁机构所在地作为判断仲裁裁决籍属的标准。但是，司法实务中部分中国法院仍然存在对于双方当事人约定仲裁地的合意进行限制的情形，例如天津市第一中级人民法院审理的天津市垃圾分类处理中心与天津大马南方环保工程有限公司申请确认仲裁协议效力申请确认仲裁协议效力案。④ 双方当事人均为中国法人，标的物及合同的履行均在中国境内。双方当事人约定合同争议提交香港国际仲裁中心仲裁。该仲裁条款系双方当事人的真实意思表示，且不存在违反法律、行政法规的强制性规定的情形，故合法有效。天津市第一中级人民法院认为其有管辖权。理由是，双方当事人均为中国法人，且合同标的物所在地、合同的发生及履行均在中国境内，不具有涉外因素。无论该合同是否就争议解决管辖地作出明确约定，均应当适用中国法律，排除当事人约定，认定仲裁条款无效。显然，境内法院审查仲裁协议效力的重点并不在于双方当事人约定，而在于争议民

---

① 《关于内地于香港特别行政区相互执行仲裁裁决的安排》第7条："在内地或者香港特区申请执行的仲裁裁决，被申请人接到通知后，提出证据证明有下列情形之一的，经审查核实，有关法院可裁定不予执行：（一）仲裁协议当事人依对其适用的法律属于某种无行为能力的情形；或者该项仲裁协议依约定的准据法无效；或者未指明以何种法律为准时，依仲裁裁决地的法律是无效的；（二）被申请人未接到指派仲裁员的适当通知，或者因他故未能陈述意见的；（三）裁决所处理的争议不是交付仲裁的标的或者不在仲裁协议条款之内，或者裁决载有关于交付仲裁范围以外事项的决定；但交付仲裁事项的决定可与未交付仲裁的事项划分时，裁决中关于交付仲裁事项的决定部分应当予以执行；（四）仲裁庭的组成或者仲裁庭程序与当事人之间的协议不符，或者在有关当事人没有这种协议时与仲裁地的法律不符的；（五）裁决对当事人尚无约束力，或者业经仲裁地的法院或者按仲裁地的法律撤销或者停止执行的。"

② (2016)苏01认港1号。

③ 《内地仲裁机构设立于香港的分支机构作出的仲裁裁决籍属的确认标准》，微信公众号"南京市中级人民法院"，最后访问日期：2023年6月22日。

④ (2021)津01民特11号。

事法律关系是否具有涉外因素。天津市第一中级人民法院以不具有涉外因素为由,限制双方当事人对仲裁条款的明确约定适用,不论是从违背仲裁制度本身的契约性角度,还是从尊重当事人的意思自治角度来看,均是对仲裁作为当事人合意解决争议制度的破坏,也不利于培育中国境内建设国际仲裁中心所需要秉持的开放、包容的态度,不利于吸纳境外当事人选择境内仲裁机构解决争议。

第四节　仲裁裁决程序瑕疵的处理

国际商事仲裁实行一裁终局制度,仲裁裁决一经作出即在当事人之间产生确定效力,当事人不得就同一纠纷再次提请仲裁或起诉。但是仲裁裁决是否真正能够产生效力与司法对于仲裁的监督密切相关。撤销仲裁裁决作为司法对仲裁进行监督的最为严厉的手段,犹如悬置于仲裁之上的"达摩克利斯"之剑。[①] 在仲裁员作出仲裁裁决的过程中,若其并未对仲裁争议的核心问题进行审理,从而严重损害仲裁的正当程序,继续执行将有损仲裁公平正义,该仲裁裁决效力如何? 在我国香港地区初审法院审理的 A v. B [2015] 5 HKCFI 1077 一案[②]中,香港法院对该种情形首先认定该裁定不能被执行,并将该仲裁裁决退回给仲裁员进行补充处理。

AB 双方于 2008 年 5 月签署了一份开发与销售协定,同时在协议中约定,B 的任何诉求应当在交货日或者诉求产生之日起两者之中更早的日期起一年内提出。其后,由于 A 产品存在缺陷,B 就 A 的违约行为提起仲裁,请求撤销协定并赔偿其所受到的相应损失。仲裁员支持了 B 的诉请,并驳回了 A 的反请求。A 向法院请求撤销该仲裁裁决,理由是仲裁员并未考察 A 基于该协议中约定的除斥期间所提出的抗辩,同时该仲裁员对其未考察之事由并未给予任何理由加以说明。根据 A 举证所提出的相关证据,即使考虑最后一次交货时间,根据该协定,B 于 2011 年 2 月提起仲裁,已超过除斥期间,故 B 实际上无权提起仲裁。

A 主张仲裁庭未能够审慎考察核心争议点,进而导致严重的裁决不公,因而请求法院撤销该裁决。B 则主张若该裁决违反公共政策,应当暂缓撤销程序。法院认为,仲裁庭是否考察除斥期间将导致判决在实质上的不同,仲裁员拒绝考察且未能给出合理理由造成了对 A 的程序不公,故决定将裁决退回仲裁员进行

---

① 王瑞华:《对国内仲裁裁决程序瑕疵的司法监督标准之实证研究》,《北京仲裁》2016 年第 94 辑,第 21 页。
② [2015] 5 HKCFI 1077 号。

补充处理,并未支持 A 关于撤销仲裁裁决的主张,认为只需在已查明之事实当中加入抗辩的条款的认定即可。其理由是将该裁决退回作补充处理并不会造成任何实质性风险,只需重新审理争议焦点。本案仲裁员未履行勤勉义务考察当事人约定的除斥期间,从而导致裁决严重程序不公,本案以退回仲裁员作补充处理作为处理方式,并未直接撤销该裁决。原因在于,仲裁庭对于本案事实已经明晰,若撤销裁决则产生对法院所认定事实的推翻,构成对司法资源的浪费;同时,将裁定退回处理而不是撤销的处理方法从另一个角度体现了仲裁的经济、便捷、高效的特点,便于当事人执行仲裁裁决,减少不必要的成本支出。因此,法院经过衡量,认为满足退回仲裁裁决做补充处理并不会造成案件实质性风险的情况下,将案件退回给仲裁员作补充处理并不会损害公平正义且符合效率价值。

类似因仲裁程序上具有瑕疵而退回仲裁庭的案件还有 Bagadiya Brothers (Singapore) Pte Ltd. v. Ghanashyam Misra & Sons Pte Ltd. [2022] SGHC 246 案。① 新加坡高等法院认为:在仲裁过程当中,仲裁员在适用 SOGA 第 8(2)条的逻辑推理路径时,应当赋予双方当事人新一轮的质证机会,听取双方当事人的陈述。而双方当事人未能就最终货物价款的确定合理举证和发表意见,使得本应受到当事人举证的合理影响并未对仲裁员的裁决产生影响,因而受到了不平等的对待,故可以主张撤销仲裁裁决,即仲裁员违反同裁决程序相关的自然正义原则,因而对货物最终价格的确定产生了偏见。

本案在程序上的另一个焦点问题是,法院是否应当将该裁决交回仲裁庭?《联合国国际商事仲裁示范法》第 34(4)条规定了法院将裁决交回仲裁庭的事项。② 对《示范法》第 34(4)条进行文义理解,即当一方当事人向法院提出申请撤销仲裁裁决时,法院可以停止撤销程序,将裁决移转给仲裁庭。将裁决移转给仲裁庭没有时间上的限制。针对原告主张的仲裁员存在违反自然正义原则的行为从而无法公正审理案件的情形,法院援引 BZV v. BZW and another [2022] 3 SLR 447 案件(BZW 案)③进行反驳。违反自然正义原则并不一定不得向仲裁庭

① 张振安:《裁决违反自然正义原则,法院暂停裁决撤销程序并移交仲裁庭重新裁决》,微信公众号"临时仲裁 ADA",https://mp.weixin.qq.com/s/IZNy_DlxjVnv4UHfs2QHNg,最后访问日期:2023 年 6 月 20 日。
② 《UNCITRAL 仲裁示范法》第 34(4)条:"向法院申请撤销裁决时,如果适当而且一方当事人也提出请求,法院可以在其确定的一段时间内暂时停止进行撤销程序,以便仲裁庭有机会重新进行仲裁程序或采取仲裁庭认为能够消除撤销裁决理由的其他行动。"
③ 《BZW and another v. BZV [2022] SGCA 1: Singapore Court of Appeal finds breach of fair hearing rule and sets aside arbitral award》,BZV vs. BZW and another [2022] 3 SLR 447,https://www.reedsmith.com/zh-hans/perspectives/2022/01/bzw-and-another-v-bzv-2022-sgca-1-singapore-court-of-appeal-finds-breach,最后访问日期:2023 年 6 月 29 日。

移交裁决,关键在于仲裁庭是否满足不得移交裁决的情形:① 仲裁庭对自然正义原则的破坏是"根本的,并深入于其所进行的分析工作中";② 仲裁庭承认,其在仲裁过程中犯了一个明显的事实错误,并试图否认该错误对于推理的影响,这使得人们没有信心相信移交裁决会给当事人一个真正的机会去说服仲裁庭作出不同的裁决结果。本案仲裁员对于关键事实问题——SOGA 第 8(2)条的"合理价格"的认定出现偏差。其未安排当事人进行新一轮的证据质证,该行为违反了自然正义原则。这是一个程序上的瑕疵和失误,并不构成"根本的,并深入于其所进行的分析工作中"的情形。同时,这也并不构成第二种情形当中的事实上的错误,同时仲裁庭也没有否认该情形对于其推理的影响。因此,法院基于被告所提出的将案件移交给仲裁员的请求,根据《示范法》第 34(4)条的权力,暂停诉讼程序,并将案件转给仲裁员。

因仲裁程序严重不规范,法院将涉案仲裁裁决发回重审的案例如英格兰与威尔士高等法院商事法庭审理的 PBO v. DONPRO〔2021〕EWHC 1951(Comm)案。[①] 在该案中,法院认为 FCC 上诉委员会的行为违反了《英国 1996 年仲裁法》第 33 条第 1 款所规定的公平对待当事人的一般义务,构成《1996 年仲裁法》第 68 条第 2 款 a 项所指的严重不规范行为,未给予双方当事人提出意见的机会,造成了对 PBO 的实质不公正,故将案涉裁决发回 FCC 上诉委员会重新进行审理。

仲裁作为体现当事人意思自治的争端解决方式,其本质特征是契约性。可以说,无契约则无仲裁。[②] 程序应当符合当事人的约定。《仲裁执行规定》第 14 条第 1 款[③]规定体现当事人对仲裁程序有特别约定的尊重,彰显仲裁制度的契约性质。在仲裁程序与当事人的约定不相符但符合仲裁规则规定时,当事人如何寻求救济? 在(2019)杭仲(萧)裁字第 226 号案中,[④]申请人金宣公司与被申请人钟某某、施某某就仲裁庭组成及仲裁程序达成约定:为了进行仲裁,应当设

① PBO v. DONPRO〔2021〕EWHC 1951(Comm),https://www.casemine.com/judgement/uk/60fe47282c94e01c40ac7fc6,最后访问日期:2023 年 7 月 1 日。

② 沈伟、陈治东:《商事仲裁法:国际视野和中国实践》(上卷),上海交通大学出版社 2020 年版,第 9 页。

③ 《最高人民法院关于人民法院办理仲裁裁决执行案件若干问题的规定》第 14 条:"违反仲裁法规定的仲裁程序、当事人选择的仲裁规则或者当事人对仲裁程序的特别约定,可能影响案件公正裁决,经人民法院审查属实的,应当认定为民事诉讼法第 237 条第 2 款第 3 项规定的'仲裁庭的组成或者仲裁的程序违反法定程序的'情形。"

④ 张振安:《仲裁的程序与当事人约定不符,法院撤销仲裁裁决(杭州中院)》,微信公众号"临时仲裁 ADA",https://wenshu.court.gov.cn/website/wenshu/181107ANFZ0BXSK4/index.html? docId=1e79ce51721647fab7d9ac7d00a357be,最后访问日期:2023 年 6 月 21 日。

置 3 名仲裁员。由涉及争议的双方各自挑选 1 名仲裁员,第 3 名仲裁员由双方共同指定。根据约定,若双方未能在合理期限(15 个工作日)内就第 3 名仲裁员的选任达成合意,杭州仲裁委员会届时将根据有效的仲裁规则进行指定或任命。可见,争议双方对于仲裁庭组成和仲裁员的选任达成了约定。

同时,杭州仲裁委员会在受理本案后,向争议双方分别送达的受理通知书和应裁通知书均载明要求双方在收到仲裁通知之日起 10 日内共同选定或者共同委托杭州仲裁委员会指定 1 名仲裁员;在期限内未就选定仲裁员事项达成合意的,由本仲裁委员会主任指定。由于期限截止,杭州仲裁委指定独任仲裁员审理本案,并分别送达仲裁组成人员通知书,告知仲裁组成人员并载明"如果您对以上仲裁庭组成人员申请回避,请在开庭前书面提出,并说明理由"。随后,独任仲裁员适用简易程序审理本案。庭审中,仲裁庭询问双方对仲裁庭开庭前所进行的程序是否有异议,双方当事人均明确表示无异议。

裁决作出后,申请人金宣公司向杭州市中级人民法院诉请撤销仲裁裁决,杭州市中级人民法院受理了杭州金宣公寓管理有限公司、钟某某申请撤销仲裁裁决特别程序案。① 理由是本案仲裁庭人员之组成属于《仲裁法》第 58 条第 3 款"仲裁庭的组成或者仲裁的程序违反法定程序的"情形。对于"仲裁庭的组成或者仲裁的程序违反法定程序的"的理解可结合《仲裁执行规定》第 14 条第 1 款的规定:违反仲裁法规定的仲裁程序,当事人选择的仲裁规则或者当事人对仲裁程序的特别约定,可能影响案件公正裁决,经人民法院审查属实的,应当认定为《民事诉讼法》第 244 条第 2 款第 3 项规定的情形。本案双方当事人在订立的合同中明确约定,为了进行仲裁,得以设立 3 名仲裁员,属于"当事人对仲裁程序的特别约定"的情形。据此,排除《杭州仲裁委员会仲裁规则》中所规定的对于争议金额不超过 60 万元人民币的案件适用简易程序的规则,即使本案争议金额满足了适用简易程序的标准,杭州仲裁委员会仍应当尊重当事人的意思自治,排除适用简易程序。在本案中,杭州仲裁委员会直接要求双方当事人共同选任独任仲裁员,同时适用简易程序,违反了当事人对仲裁庭组成的意思自治和特别约定,属于《仲裁执行规定》第 14 条第 1 款中"仲裁庭的组成或者仲裁的程序违反法定程序"的情形,故应当予以撤销。

庭审过程中询问双方当事人对仲裁开庭前程序是否存在异议的行为并不构成《仲裁执行规定》第 14 条第 3 款中"仲裁规则经特别提示"的情形。此处的提

---

① (2020)浙 01 民特 5 号。

示并不是要求仲裁当事人对仲裁庭人员选任和简易程序适用问题的提示，而是对于适用简易程序合法性的默认，故此处并不构成不予撤销仲裁裁决的事由。因此，杭州市中级人民法院作出了撤销该仲裁裁决的裁定。

杭州市中级人民法院的观点是仲裁庭不能排除当事人的意思自治而直接适用简易程序审理该案，应当尊重当事人的意思自治。即使双方当事人的特别约定与《杭州仲裁委员会仲裁规则》有关规定相抵触，也应排除简易程序适用，理由是仲裁的本质特征在于契约性，契约性主要体现在当事人自主选择仲裁员、仲裁地、仲裁适用的法律、仲裁规则、仲裁机构等要素而不受公权力之干涉。这也意味着，在存在代表着当事人合意之协议的场合，体现替代当事人之意思自治的法定规则应当让位于体现当事人契约精神的协议。杭州仲裁委员会要求双方当事人共同选任独任仲裁员，适用简易程序的要求破坏了当事人之间的意思自治和特别约定。因此，杭州市中级人民法院依法撤销该仲裁裁定符合仲裁制度尊重当事人之间契约的精神。

相反，对于开启仲裁的司法审查而言，英国法院的态度表现得极为谨慎。在英国枢密院司法委员会受理的 Flashbird Ltd. v. Compagnie de Sécurité Privée et Industrielle SARL（Mauritius）一案中，仲裁庭适用独任仲裁员，而未按照当事人在仲裁协议中约定的由多个仲裁员组成仲裁庭。当事人据此向法院请求撤销仲裁裁决。经过讨论，委员会认为适用独任仲裁员程序并未对仲裁产生实质损害，因此驳回了上诉人 Flashbird 公司的请求。可见，英国司法启用仲裁制度的审查态度之谨慎避免了对仲裁的过度干预。但从另一个角度，仲裁程序作为当事人约定事项，在仲裁庭未遵守时司法应当予以救济，而慎用司法审查可能造成当事人意思自治的救济空白。作为采用英美法系的地区，我国香港地区法院对仲裁亦持支持态度，保证了仲裁管辖权，从而尽量避免司法对仲裁的干预。在我国香港地区原讼法庭受理的 Kinli Civil Engineering Limited v. Geotech Engineering Limited ［2021］HKCFI 2503 一案[①]中，双方当事人在仲裁协议中约定可以（may）提交仲裁。法院认为，此处的"可以"提交仲裁可理解为双方当事人达成了通过仲裁解决纠纷的合意，而不是赋予双方权利选择通过仲裁解决纠纷，这同样表现出我国香港地区法院尊重仲裁庭的司法态度。

---

① Kinli Civil Engineering Limited v. Geotech Engineering Limited ［2021］HKCFI 2503https：//hsfnotes. com/arbitration/2021/09/20/hong-kong-court-considers-permissve-arbitration-clauses/，最后访问日期：2023 年 7 月 1 日。

诚然,当事人所约定的仲裁条款法院应当尊重。那么,前置条件并未满足是否影响仲裁程序的开展,是否属于仲裁程序瑕疵? 北京市第四中级人民法院受理的北京微影时代科技有限公司(简称北京时代公司)请求法院撤销与被申请人天津猫眼微影文化传媒有限公司(简称天津猫眼公司)关于中国国际经济贸易仲裁委员会(2021)中国贸仲京裁字第 2493 号裁决书一案①中,双方约定发生争议应当首先通过友好协商方式解决,通过协商无法解决的,双方可以将争议移交至中国国际经济贸易仲裁委员会进行仲裁。本案中,北京时代公司认为天津猫眼公司未就发生的争议首先采取友好协商而直接提起仲裁,故以天津猫眼公司未满足仲裁的前置程序,即双方当事人友好协商为由请求撤销仲裁裁决。 显然,未满足仲裁的前置程序并不属于我国《仲裁法》第 58 条所规定的撤裁情形。《仲裁法》第 58 规定的"违反法定程序"是指违反仲裁法规定的仲裁程序和当事人选择的仲裁规则可能影响案件正确裁决的情形,应当以违反法定程序达到严重影响当事人程序权利且实质性影响案件正确裁决为标准。对该前置程序的违反并不影响贸仲管辖,也不影响仲裁程序的正常开展,更不属于影响案件正确裁决的情形,故北京市第四中级人民法院对北京时代公司的请求予以驳回。当事人共同选定仲裁作为争议的解决方式,意味着争议产生后,任意一方当事人有权就该争议向约定仲裁机构提起仲裁,相当于在某种程度上放弃友好协商解决争议以换取更加高效、便捷且具有终局性和公断力的结果。因此,在前置程序不具有优先适用性的情形下,一方当事人直接向仲裁机构提起仲裁并不构成无权仲裁,法院未将其作为撤裁事由而予以撤销,从另一个角度体现了对当事人双方意思自治的尊重。

无独有偶,英格兰与威尔士高等法院商事法庭审理的 NWA & Anorv NVF & Ors [2021] EWHC 2666 (Comm)案,②双方约定将调解作为提起仲裁的前置程序,但是被申请人未经调解直接提起仲裁,法院方认定未履行协议约定的调解前置程序,属于仲裁请求能否得到支持的问题,即该案件是否具有可受理性(admissibility)问题,而不属于《英国 1996 年仲裁法》第 67 条法院对仲裁进行司法审查的范围,不影响仲裁庭对案件的管辖权,③体现了司法对仲裁的支持和尊重。

---

① (2021)京 04 民特 936 号。
② NWA & Anorv NVF & Ors [2021] EWHC 2666 (Comm),https://www.casemine.com/judgement/uk/6165408a2c94e018a5490caf,最后访问日期:2023 年 7 月 1 日。
③ 张振安:《Admissibility v. Jurisdiction:未履行调解前置约定不影响仲裁庭对案件的管辖权》https://mp.weixin.qq.com/s/Q1a9BwRQCfHSBknUYrPQNA 最后访问日期:2023 年 7 月 1 日。

　　另一个问题是仲裁实践中的重复仲裁问题。《仲裁法》第 9 条规定，[①]在仲裁裁决作出后，当事人就前案仲裁裁决当中确定的事项提出二次仲裁的，属于重复仲裁，仲裁机构无权受理。若仍作出裁决的，则构成《仲裁法》第 58 条第 2 款的撤裁事由。[②] 在湖北省荆门市中级法院审理的荆楚理工学院与湖北省建工第二建设有限公司申请撤销仲裁裁决特别程序案[③]中，双方当事人就《仲裁法》第 9 条中"同一纠纷"的理解产生异议。荆门仲裁委员会认为，湖北第二建设公司以咨询报告作为新的事实证据，不属于违反"一裁终局"的情形。而湖北省荆门市中级人民法院认为，是否"同一纠纷"的判断标准可参照《最高人民法院关于适用〈中华人民共和国民事诉讼法〉的解释》中关于重复起诉的要件。[④] 本案中，仲裁当事人、仲裁标的以及仲裁请求均与前仲裁一致，故属于"同一纠纷"，应撤销(2019)荆裁 713 号裁决。

　　对于重复仲裁的法律后果，目前的司法实践当中存在着两种态度：一种观点认为，"重复仲裁"的撤裁理由违反法定程序；另一种观点则认为构成无权仲裁。前者观点例如本案中荆门市中级人民法院的判决理由，认为荆门市仲裁委员会作出的(2019)荆裁 713 号裁决[⑤]违反《仲裁法》第 9 条规定的"一裁终局"制度，符合《仲裁法》第 58 条第 1 款第 3 项规定的撤裁情形。[⑥] 后者例如北京市第四中级人民法院审理的中国石化集团国际石油勘探开发有限公司与 UNI—TOP Asia Investment Limited 申请撤销仲裁裁决案，[⑦]最高人民法院认为，该案根据《仲裁法》第 9、70 条和《民事诉讼法》第 274 条第 1 款第 4 项规定，撤销该仲裁裁决。[⑧] 两种立场均以"一裁终局"制度为前提进行论证。前者从受理违反法定程序的立场进行论证，而后者以《民事诉讼法》第 274 条第 4 款"裁决的事项不属于仲裁协议的范围或者仲裁机构无权仲裁"的规定，结合《仲裁法》第 9 条进行

---

① 《仲裁法》第 9 条："仲裁实行一裁终局的制度。裁决作出后，当事人就同一纠纷再申请仲裁或者向人民法院起诉的，仲裁委员会或者人民法院不予受理。"

② 《仲裁法》第 58 条第 2 款："裁决的事项不属于仲裁协议的范围或者仲裁委员会无权仲裁的。"

③ (2020)鄂 08 民特 10 号。

④ 《最高人民法院关于适用〈中华人民共和国民事诉讼法〉的解释》第 247 条第 1 款："当事人就已经提起诉讼的事项在诉讼过程中或者裁判生效后再次起诉，同时符合下列条件的，构成重复起诉：(一) 后诉与前诉的当事人相同；(二) 后诉与前诉的诉讼标的相同；(三) 后诉与前诉的诉讼请求相同，或者后诉的诉讼请求实质上否定前诉裁判结果。"

⑤ 张振安：《重复仲裁，法院撤销仲裁裁决(湖北荆门中院)》，微信公众号"临时仲裁 ADA"，https://mp.weixin.qq.com/s/j63KHbUWjA3d39Js-aCHCA，最后访问日期：2023 年 6 月 24 日。

⑥ 《仲裁法》第 58 条第 3 款规定："仲裁庭的组成或者仲裁的程序违反法定程序的。"

⑦ (2017)京 04 民特 39 号。

⑧ 《民事诉讼法》第 274 条第 4 款："裁决的事项不属于仲裁协议的范围或者仲裁机构无权仲裁的。"

综合判断,对于同一仲裁事项,仲裁机构不予受理说明该事项已经超出了仲裁机构受理范围,继续受理将构成无权仲裁。

第五节 仲裁裁决的撤销

仲裁作为当事人合意解决纠纷的多元化争议解决方案,本身具有一定的司法属性。仲裁制度的司法属性决定仲裁受到司法监督的必然性。同时,公正作为仲裁制度追求的价值目标,使仲裁制度受到司法监督也在情理之中——仲裁严格按照当事人合意范围进行裁决,否则构成超裁。而仲裁裁决的撤销则是法院对于仲裁裁决损害当事人利益时的司法救济手段。撤销仲裁裁决的目的在于保护当事人的合法权益,以及保障司法对仲裁制度的监督,防止仲裁权力被滥用。

我国仲裁法将仲裁裁决撤销具体分为两类——国内仲裁裁决撤销和涉外仲裁裁决的撤销。前者根据《仲裁法》第 58 条的规定:"当事人提出证据证明裁决有下列情形之一的,可以向仲裁委员会所在地的中级人民法院申请撤销裁决:(一) 没有仲裁协议的;(二) 裁决的事项不属于仲裁协议的范围或者仲裁委员会无权仲裁的;(三) 仲裁庭的组成或者仲裁的程序违反法定程序的;(四) 裁决所根据的证据是伪造的;(五) 对方当事人隐瞒了足以影响公正裁决的证据的;(六) 仲裁员在仲裁该案时有索贿受贿,徇私舞弊,枉法裁决行为的。人民法院经组成合议庭审查核实裁决有前款规定情形之一的,应当裁定撤销。人民法院认定该裁决违背社会公共利益的,应当裁定撤销。"后者则根据《仲裁法》第 70 条,当事人提出证据证明涉外仲裁裁决有《民事诉讼法》第 260 条第 1 款规定的情形之一的,经人民法院组成合议庭审查核实,裁定撤销。

在北京市第四中级人民法院审理的正扬通运有限公司(简称正扬公司)与国泰世纪产物保险股份有限公司等申请撤销仲裁裁决案①中,双方当事人均为我国台湾地区设立的法人,北京市第四中级人民法院认为贸仲不存在法定涉外仲裁裁决的撤销情形,故驳回申请人正扬公司的撤裁请求。本案申请人正扬公司

---

① 《正扬通运有限公司与国泰世纪产物保险股份有限公司等申请撤销仲裁裁决民事裁定书》,https://www.pkulaw.com/pfnl/c05aeed05a57db0ad96dd9f19d421b9ed6443bab1b6e21f7bdfb.html?tiao=1&keyword=%EF%BC%882021%EF%BC%89%E4%BA%AC04%E6%B0%91%E7%89%B320%E5%8F%B7%20,最后访问日期:2023 年 6 月 21 日。

以当事人之间不具有合法有效的仲裁协议以及仲裁超裁为由请求撤销仲裁裁决。对于第一个撤裁理由，贸仲上海分会于 2021 年 6 月 29 日向北京市第四中级人民法院作出说明，并提交庭审笔录复印件作为证据证明：正扬公司未就仲裁过程当中提出的仲裁协议以及仲裁条款提出异议。《最高人民法院关于适用〈中华人民共和国仲裁法〉若干问题的解释》第 27 条规定："当事人在仲裁程序中未对仲裁协议的效力提出异议，在仲裁裁决作出后以仲裁协议无效为由主张撤销仲裁裁决或者提出不予执行抗辩的，人民法院不予支持。"显而易见，申请人正扬公司以明示方式对本案的仲裁协议或仲裁条款的效力加以认可，未在仲裁程序中对仲裁协议的效力提出异议，因此，在仲裁裁决作出后以仲裁协议无效为由请求撤销仲裁裁决的请求，人民法院不予支持。

对于第二个撤裁理由是关于裁决是否超裁的争论和讨论。裁决超裁是指仲裁庭超过仲裁双方当事人约定的仲裁范围进行仲裁的情形，仲裁超裁属于法定的撤裁事由。《民事诉讼法》第 274 条规定："裁决的事项不属于仲裁协议的范围或者仲裁机构无权仲裁的。人民法院认定执行该裁决违背社会公共利益的，裁定不予执行。"[①]根据司法实践，对于查明事实和事实说理部分涉及仲裁请求以及仲裁协议约定以外的事项，而仲裁裁决部分未超出仲裁请求和仲裁协议约定事项的，不构成仲裁超裁，即司法实践中对仲裁超裁的判断以仲裁裁决项作为判断基准。

需注意的是，由于本案当事人均为我国台湾地区当事人，故根据《最高人民法院关于审理仲裁司法审查案件若干问题的决定》第 21 条，人民法院受理的撤销我国内地仲裁机构作出的涉及我国台湾地区仲裁裁决的案件，应当参照适用涉外仲裁司法审查案件的规定审查。因此，涉台仲裁裁决参照适用涉外仲裁司法审查的规定进行审查，即按照《民事诉讼法》第 274 条作为审查撤销涉台仲裁裁决的法定事由。

《仲裁法》第 58 条第 1 款规定了撤销裁决的法定情形。在司法实践中，一方当事人于仲裁裁决被法院强制执行时才知晓仲裁裁决的存在，原因在于对方当事人在申请仲裁过程中使用其旧地址，导致该方当事人并未成功收到仲裁文件。

---

① 《民事诉讼法》第 274 条："对中华人民共和国涉外仲裁机构作出的裁决，被申请人提出证据证明仲裁裁决有下列情形之一的，经人民法院组成合议庭审查核实，裁定不予执行：（一）当事人在合同中没有订有仲裁条款或者事后没有达成书面仲裁协议的；（二）被申请人没有得到指定仲裁员或者进行仲裁程序的通知，或者由于其他不属于被申请人负责的原因未能陈述意见的；（三）仲裁庭的组成或者仲裁的程序与仲裁规则不符的；（四）裁决的事项不属于仲裁协议的范围或者仲裁机构无权仲裁的。人民法院认定执行该裁决违背社会公共利益的，裁定不予执行。"

此种情形是否构成《仲裁法》法定的撤裁情形？在北京市第四中级人民法院审理的伟创力制造(珠海)有限公司与深圳市斯迈尔电子有限公司申请撤销仲裁裁决案①中，被申请人 W 公司称，其注册地址在仲裁开始前已经发生变更，而对方申请仲裁时仍将 W 公司旧地址作为 W 公司的通信地址，导致 W 公司未能接收到贸仲送达的仲裁文件。而 S 公司提供的"深圳市南山高新技术产业园源兴科技大厦北座＊楼"的地址既非 W 公司的注册地址，也非 W 公司同 S 公司约定的订单送达地址。因此 W 公司主张，根据贸仲规则第 8 条第 3 款的规定，在当事人未穷尽合理手段知悉收件人地址时，不得适用公证送达，否则，将违反贸仲规则。

北京市第四中级人民法院经审理查明，首先，S 公司虽然投递邮件时写错 W 公司地址，但根据邮局投递退改批条上的备注可知悉该地址确为 W 公司的可联络地址，未送达原因是 W 公司人员不在珠海，无法签收，该情形并不影响投递的准确性。其次，根据 W 公司职工电子邮件内容以及 S 公司与 W 公司的接洽情况来看，S 公司有合理理由相信"深圳市南山高新技术产业园源兴科技大厦北座＊楼"的地址系 W 公司在深圳的联络地址，故贸仲将该地址以公证方式送达仲裁文件，符合《中国国际经济贸易仲裁委员会仲裁规则》第 8 条第 3 款的规定，②不存在仲裁程序违法的情形，因此驳回了 W 公司撤销仲裁裁决的申请。

《全国法院涉外商事海事审判工作座谈会会议纪要》第 101 条规定："违反仲裁法规定的仲裁程序、当事人选择的仲裁规则或者当事人对仲裁程序的特别约定，可能影响案件公正裁决，经人民法院审查属实的，应当认定为仲裁法第五十八条第一款第三项规定的情形。"从司法实践来看，送达程序问题确实是撤销仲裁裁决的主要事由和原因之一，主要情形包括：① 当事人明知对方信息未提供，仲裁庭亦未合理审查；② 在邮件被退回后在未采用其他方式送达的情况下即采用公告送达；③ 电子送达裁决书影响仲裁公信及权威以及当事人的权利；④ 申请人提供的送达信息有误，仲裁委也未仔细核实，导致未能送达等。就本案而言，虽然被申请人 S 公司确实存在送达瑕疵，但法院认为贸仲在合理情形下知悉当事人的可联络地址时，得以采用拟制送达标准，并不违反仲裁程序，故并不构成《仲裁法》规定的法定的撤裁情形，因此不支持申请人 W 公司的撤裁申请。

---

① (2022)京 04 民特 357 号。
② 《中国国际经济贸易仲裁委员会仲裁规则》第 8 条第 3 款："向一方当事人或其仲裁代理人发送的仲裁文件，如经当面递交收件人或发送至收件人的营业地、注册地、住所地、惯常居住地或通信地址，或经对方当事人合理查询不能找到上述任一地点，仲裁委员会仲裁院以挂号信或特快专递或能提供投递记录的包括公证送达、委托送达和留置送达在内的其他任何手段投递给收件人最后一个为人所知的营业地、注册地、住所地、惯常居住地或通信地址，即视为有效送达。"

在国际商事仲裁层面，依据《纽约公约》作出的仲裁裁决原则上应当适用《纽约公约》第5条规定的不予承认和执行外国仲裁裁决的规定。然而，该裁决在美国或者仲裁适用美国法的，地方法院可基于美国国内法予以撤销。理由是美国法院具有"首要管辖权"。此处的"首要管辖权"可以理解为美国司法机关为了将该案件划入美国法的管辖范围所采取的司法措施。美国最高法院对其适用条件作了软化：首先，假定美国法律适用于所有的美国域外情形，此种假定在国际法层面认可美国法域外适用的合法性，同时使美国法不再受反域外性假定的约束；其次，放松推翻反域外性假定的条件，即当美国国会认为需要将美国法律适用到美国领土之外，该假定即被推翻。管辖权的核心考量在于推翻反域外性是否具备国际导向和效果关切。[①]

在美国佛罗里达南区地方法院受理的安多福德公司股份有限公司（简称AICSA）诉圣塔丽塔水电公司案中，[②]双方当事人为两家危地马拉公司，就争议解决条款达成合意，向 ICC 提起仲裁，仲裁地为美国迈阿密。根据《美国联邦仲裁法》第 202 条规定，除非争议双方均系美国公民或者在设立地、主要营业地位于美国的法人（视为美国公民）属于美国国内法管辖范围，其余皆应认为属于公约管辖范围。显然，本案当事人并不属于美国公民，故本案属于公约管辖范围。提起仲裁后，AICSA 以仲裁庭超裁为由向地区法院主张撤销仲裁裁决，其依据为美国《联邦仲裁法》第 10 条 a 款第 4 项。

法院首先判断该仲裁裁决的性质：在《纽约公约》下，非国内仲裁的情形有以下两种：① 裁决是在被请求执行裁决之外的国家作出的；② 裁决在被请求执行的国家不被视为国内裁决。本案满足上述情形②，被请求执行的国家为美国，根据上文所述《联邦仲裁法》第 202 条，只要是涉外性质的协议或者裁决，均属于《纽约公约》管辖范围，故该仲裁裁决属于非内国裁决。

在界定该仲裁裁决的性质之后，法院对 AICSA 撤销仲裁裁决的主张基础进行了分析。该裁决属于非内国裁决，故适用法律包含《纽约公约》《联邦仲裁法》第 2 章（适用于国际仲裁）以及《联邦仲裁法》第 1 章（适用于国内仲裁，在不与《纽约公约》和第 2 章相抵触的情况下可以适用于国际仲裁）。《纽约公约》第 5 条规定了 7 项据以拒绝承认和执行外国仲裁裁决的理由，上述理由被第十一巡

---

① 孙南翔：《美国法律域外适用的历史源流与现代发展：兼论中国法域外适用法律体系建设》，http://iolaw.cssn.cn/zxzp/202107/t20210705_5345308.shtml，最后访问日期：2023 年 6 月 20 日。

② Corporacion AIC, SA v. Hidroelectrica Santa Rita S.A., https://law.justia.com/cases/federal/appellate-courts/ca11/20-13039/20-13039-2023-04-13.html，最后访问日期：2023 年 6 月 29 日。

回上诉法院认定为撤销仲裁裁决的排他性事由；从美国国内法角度来看，《联邦仲裁法》第 10 条规定了 5 项可撤销仲裁裁决的情形，其中第 4 项规定了仲裁员超裁的情形。本案被执行申请人以仲裁员超越其权限为由主张撤销裁决，其依据是《联邦仲裁法》第 10 条的规定，而不是《纽约公约》的规定。

第十一巡回上诉法院对《纽约公约》第 5 条构成撤销国际仲裁裁决的排他性理由进行审查，且最高法院在 GB Group 及其他人诉联邦选举委员会案[①]中推翻了工业风险保险公司诉哈特福德蒸汽锅炉检验与保险公司案的认定，[②]但是其受到先例原则的限制，驳回了上诉人的主张，主要基于以下两点理由：第一，先例原则。即使工业风险保险公司诉哈特福德蒸汽锅炉检验与保险公司案的认定是错误的，在先例原则下，其仍然具有约束力，除非经过最高法院或者本法院全院庭审推翻相关先例。第二，GB Group 及其他人诉联邦选举委员会案并未明确推翻工业风险保险公司诉哈特福德蒸汽锅炉检验与保险公司案，最多只是在两者之间制造了间接紧张，故上诉法院仍然认为《纽约公约》第 5 条构成排他性的撤裁理由。但法院同时认为，基于仲裁超过权限作为撤销国际仲裁裁决的事由并非完全不能接受，其依据是《纽约公约》第 5 条第 1 款 e 项规定了首要管辖权，即当仲裁地为美国或者适用美国法律时，美国将享有首要管辖权，相关的机关例如地区法院将有权撤销而非仅拒绝执行仲裁裁决。与之相对的是次级管辖权，当一个国家享有次级管辖权时，其相关机构仅有权拒绝执行国际仲裁裁决，而无权撤销。法官认为，具有首要管辖权国家的国内法直接构成《纽约公约》中仲裁裁决撤销的法律事由。由于仲裁地点在迈阿密，因此，《美国联邦仲裁法》第 10 条直接适用《纽约公约》中仲裁裁决的撤销。

同样，在国际商事仲裁过程中，申请人主张仲裁协议无效意味着其承担证明该仲裁裁决存在《示范法》和《国际商事仲裁法》仲裁裁决无效情形的证明责任。通常而言，对该撤销裁决情形的认定是极为严格的，要求申请人承担较高的举证证明责任。

在 CPU and others v. CPX and another matter［2022］SGHC(I) 11 案[③]中，原告 CPU（第一原告）、CPV（第二原告，为第一原告之子）、CPW（第三原告，

---

① GB Group et al. v. Federal Election Commission，https://www.supremecourt.gov/opinions/09pdf/08-205.pdf，最后访问日期：2023 年 6 月 24 日。
② Industrial Risk Insurers v. The Hartford Steam Boiler Inspection and Insurance Co.，https://www.supremecourt.gov/opinions/97pdf/96-1581.pdf，最后访问日期：2023 年 6 月 25 日。
③ CPU and others v. CPX and another matter［2022］SGHC(I) 11，https://www.elitigation.sg/gd/sic/2022_SGHCI_11，最后访问日期：2023 年 7 月 1 日。

第一原告系其董事)三者主张撤销新加坡仲裁裁决,理由如下:① 仲裁庭超越了其管辖权,因为和解协议下的仲裁条款是在受胁迫的情况下签订的,根据印度法是无效的,并且第一和第二原告在签署协议时已确诊患有精神疾病,这影响了其在胁迫和压力下做出理性决定的能力。② 仲裁庭未允许原告进一步援引两份专家的医学报告,该报告涉及第一和第二原告确诊的精神疾病,因此违反了自然正义规则。

首先,法院不支持申请人提出的仲裁庭不具有管辖权的主张。法院指出,原告首次提出该异议的时间是在主请求庭审前几天的书面意见中。原告并未在《示范法》第 16 条第 2 款①规定的期限内提出管辖权异议,根据该款,管辖权异议不得于提交答辩书之后提出。同时,原告的异议也不符合《2016 SIAC 规则》第 28 条第 3 款 a 项②规定的期限,该项同样规定,管辖权异议应当不迟于提交答辩意见或针对反请求的答辩意见前提出。法院还认为,即使不考虑前述管辖权异议期限,原告也未能证明存在胁迫情形。

其次,原告认为仲裁庭拒绝其提交医学报告,这造成了对其庭审权力的破坏,若仲裁庭允许其提交医学报告,则不会作出原告未能举证的认定。法院认为,原告的主张至少在四个方面存在严重的瑕疵:第一,仲裁庭排除医学报告的决定属于对其案件管理权利的行使,这是在仲裁庭的管辖权范围内的事项。第二,原告在仲裁庭作出不予采纳医学报告时未提出异议,也未在裁决公布前的任何时间提出异议。第三,即使仲裁庭应当采纳医学报告,该报告也缺乏法律或事实上的分量,其不能合理地导致仲裁庭做出不同的认定。第四,原告承认其可以在第一原告的主询问中援引医疗报告,但其并未这样做。基于上述原因,法院认为原告基于《国际商事仲裁法》第 24 条第 2 款③所言违反自然正义而提出的撤销裁决申请应当被驳回。④

---

① 《UNCITRAL 示范法》第 16 条第 2 款:"有关仲裁庭无权管辖的抗辩不得在提出答辩书之后提出。当事一方已指定或参与制定仲裁员的事实,不得阻止该当事一方提出这种抗辩。有关仲裁庭超越其权力范围的抗辩,应在仲裁程序过程中提出越权的事情后立即提出。在这两种情况下,仲裁庭如认为推迟提出抗辩有正当理由,均可准许待后提出抗辩。"

② 《2016 SIAC 仲裁规则》第 28 条第 3 款 a 项:"Any objection that the tribunal: a. does not have jurisdiction shall be raised no later than in a statement of defence or in a statement of defence to a counterclaim."

③ 新加坡《国际仲裁法》第 24 条第 b 款:"虽有《示范法》第 34 条(1)款,高等法庭除可依据《示范法》第 34 条(2)款外,还可在下列情况下撤销仲裁的裁决:(2)与裁决作出的有关事项发生了违背自然裁断原则,影响了当事任何一方的权利。"

④ 《未能证明存在《示范法》下的仲裁协议无效以及新加坡《国际仲裁法》下的裁决违反自然正一规则情形,撤销仲裁裁决请求被驳回》,https://iidps.bit.edu.cn/gatsw/87624f315af14e3ad4468d1e5353e3d.htm,最后访问日期:2023 年 7 月 1 日。

新加坡法院有大量涉及如何判断仲裁程序违反自然正义原则的案件,在审理实践中,新加坡法院确立了违反自然正义原则的门槛和判断标准,例如在 Soh Beng Tee 案中,新加坡上诉法院为"违反自然正义"这一事实设立了一般性的判断标准,即需要同时满足:① 具体的涉及自然正义的规则被违反;② 该规则如何被违反;③ 该违反规则的行为与裁决作出有关联;④ 该违反规则的行为损害了一方的权利。而在中机新能源案等案件中,新加坡法院又对违反自然正义原则提出了较高的标准和门槛。大体来说,仲裁庭不需要无限度地满足一方当事人的任何程序要求,当然也包括当事人所有延期提交材料的申请。①

可见,本案原告未能在《示范法》所规定的管辖权异议期间内提出管辖权异议,同时也未能证明存在《示范法》中仲裁协议无效以及违反自然正义原则的情形达到撤裁标准,因此驳回了其撤裁请求。

第六节 对社会公共利益的影响

社会公共利益是一国法律中的正义所在。违反社会公共利益或者公共政策作为撤销仲裁裁决的理由被大多数国家国内法所接受和实行。我国《仲裁法》第58条亦有规定:"人民法院认定该裁决违背社会公共利益的,应当裁定撤销。"然而,随着时代发展,政治、历史、经济、文化发生巨大变革,公共利益的内涵和外延也发生着变化,因此公共利益并没有一个固定明确的定义,这给司法留下了较大的自由裁量空间,即公共利益的内涵、仲裁是否违反公共利益,应当在个案当中加以认定和考察。司法实践中,我国法院在"违背社会公共利益"的适用场景方面较为审慎,只有在仲裁裁决结果确实涉及"不特定群众利益、重大公共价值"的情况下,仲裁裁决才可能因"违背社会公共利益"被撤销或不予执行。②

在北京金融法院审理的浙江丹鹤资产管理有限公司(简称丹鹤公司)与柳某某等申请撤销仲裁裁决案③中,被申请人丹鹤公司请求北京金融法院依法撤销

---

① 《从新加坡高院最新案件中看仲裁程序中的效率与公正》,https://mp.weixin.qq.com/s?__biz=MjM5OTQ5NDM5Mg==&mid=2651314635&idx=2&sn=89c49bfb128caffdd8865241dfab79a0&chksm=bcc9ee5c8bbe674a259edb1190b505af77944674b2d997e152df9869169eba76995b569f7e45&scene=27,最后访问日期:2023 年 7 月 1 日。
② 环中商事仲裁:《探析仲裁司法审查中"公共利益"的内涵与适用(深圳案例)》,https://baijiahao.baidu.com/s?id=1707044538851825378&wfr=spider&for=pc,最后访问日期:2023 年 6 月 20 日。
③ (2021)京 74 民特 92 号。

北京仲裁委员会(2021)京仲裁字第 0816 号裁决,撤销请求之一是本案仲裁裁决违背了社会公共利益。本案属于撤销国内商事仲裁案件,故应当根据《仲裁法》第 58 条法定撤裁事由进行审查。被申请人丹鹤公司主张,仲裁裁决未认定基金托管人的违约责任,而基金托管人作为基金持有人权益的代表,代表着千家万户的利益,因此应构成社会公共利益。仲裁庭主张其依据案件查明事实,认定本案中基金托管人中信证券不负有拒绝执行基金管理人指令的义务,因此,不存在违约行为。但该案认定仅具有个案效力,并不导致整体金融行业相关基金托管人责任的整体免除效果。丹鹤公司未提交相关证据举证证明该裁决将引发系统性金融风险,或者多数投资者权益受损等社会公共利益实际受损的情形,因此,法院裁定驳回丹鹤公司的撤裁申请。

对社会公共利益的判断有时还涉及司法主权因素的考量。在天津海事法院审理的帕尔默海运公司申请承认和执行与被申请人中牧实业股份有限公司仲裁裁决案[①]中,在中国法院已经对当事人之间仲裁条款的存在以及效力做出否定性判断的前提下,帕尔默公司根据提单约定向英国伦敦提起仲裁。英国方面裁定,帕尔默公司对中牧公司关于货物索赔的请求不承担赔偿责任。中国和英国均为《纽约公约》缔约国,根据我国《民事诉讼法》第 283 条以及互惠保留条款,应当适用《纽约公约》的相关规定。但是,同一法域范围内的国家对相同事实却作出了相反司法判断的情形,适用《纽约公约》予以承认和执行未免欠妥,同时也是不尊重国家司法主权的体现。基于维护国家法律价值统一的理念,无论对"公共政策"如何解释,都无法将国家司法主权和法律价值的统一排除在"公共政策"含义之外。因此,该裁决根据《纽约公约》第 5 条第 2 款(乙)项[②]的规定,不予承认和执行。

《新民事诉讼法理解适用与实务指南》对"社会公共利益"进行了如下解读:"所谓社会公共利益,就是法理上通常所说的公共利益,它是指社会全体成员的利益。公共利益范畴的核心内容就是其公共性,基本内涵是指特定社会历史条件下,从私人利益中抽象出来能够满足共同体中全部或大多数社会成员的公共需要,经由公共程序并以政府为主导所实现的公共价值。"[③]有学者指出,目前,对于公共利益的概念难以形成一个统一的、确定的定义。法官在 Richardson v.

---

① (2017)津 72 协外认 1 号。
② 《承认和执行外国仲裁裁决公约》第 5 条第 2 款(乙)项:"承认或执行裁决有违该国公共政策者。"
③ 江必新:《新民事诉讼法理解适用与实务指南》,法律出版社 2015 年版,第 226 页。

Mellish（1824）2 Bing 228 案中认为，公共政策是"一只没有驯服的野马"，必须要一个精通骑术的人才可以驾驭。[①] 在司法实践中，仲裁司法审查下的"社会公共利益"难以界定，故包括最高法院在内的各级法院都采取了较为谨慎的态度，这也对法官和仲裁员对于案件的基本事实和法律适用的结合提出了更高要求，即针对特定化的案情进行个案规范评价，同时应当认真思考仲裁裁决以及司法审查所带来的社会的、政治的等多方面的影响，以真正、切实维护公共利益。

[①] 杨良宜、莫世杰、杨大明：《仲裁法：从开庭审理到裁决书的作出与执行》，法律出版社 2009 年版，第 736 页。

第七章
仲裁裁决的撤销 *

第一节 撤销仲裁裁决概述

撤销仲裁裁决(cancellation of award)是指仲裁裁决存在法律规定的情形,由当事人申请并经法院审查核实,依法裁定予以撤销,使之归于无效的一种特殊程序。[①] 仲裁裁决的撤销请求本质上是国家对仲裁进行司法审查的一种监督机制。[②]

从性质上来看,很难直接将仲裁撤销程序归类为诉讼程序或非诉程序,因为它与每一种分类都部分吻合又部分冲突。典型的诉讼程序具有争讼性(对抗性)、对审性和公开性三大特征,涉及实体争议的裁判。而撤销程序既不公开,一般也不涉及实体审理。典型的非诉程序有一个基本的特征,即不存在利益对立的双方当事人,而只有申请人,一般不涉及权利义务争议。撤销程序中存在利益相对方、涉及权利义务争议。正如之前的定义,撤销程序是一种特殊的程序,一般不涉及实体争议的处理,存在利益对立的双方当事人。[③]

案件审理程序具有争讼性、对审性和公开性三个要素。作为典型的诉讼程序,其争讼性、对审性和公开性是最强的。与之相反,典型的非讼案件的争讼性、对审性和公开性是最弱的,有一些完全没有争讼性、对审性和公开性,例如,认定行为无行为能力、宣告失踪、宣告死亡、认定财产无主等案件的审理程序。还有一些案件的审理程序则处于中间状态,要么偏向典型诉讼程序一端;要么偏向典

---

* 本章作者陈恒、李况然、黄诗轩。

① 沈伟、陈治东:《商事仲裁法:国际视野和中国实践》(下卷),上海交通大学出版社 2020 年版,第418 页。

② 张卫平:《仲裁裁决撤销程序的法理分析》,《比较法研究》2018 年第 6 期,第 10 页。

③ 张卫平:《仲裁裁决撤销程序的法理分析》,《比较法研究》2018 年第 6 期,第 10 页。

型非讼程序一端。如果将申请撤销仲裁裁决的程序置于这样的坐标体系之中予以观察的话，我们大体可以判断此程序处于偏向于诉讼程序的一端，具有较强的争讼性和对审性，但缺乏诉讼程序所具有的公开性。非公开性恰好是非讼程序的特征之一。由此看来，撤销程序既具有诉讼程序的一些特征，又具有非讼程序的一些特征。双面性或混合性是撤销仲裁裁决程序的性质构成。[①]

从另外一个角度看，就诉讼法上的形成之诉的特征而言，可以认为仲裁裁决撤销程序是一种诉讼法上的形成之诉，即通过提起撤销请求使得仲裁裁决丧失其效力。因此，一些国家，例如日本也将仲裁裁决撤销请求称之为"仲裁裁决撤销之诉"，其诉讼标的为撤销仲裁裁决的请求事由。

撤销申请人是仲裁的当事人。我国《仲裁法》第70条规定的"当事人"是指仲裁案件的申请人或被申请人。《仲裁法》及其他法律并没有对当事人提出申请的行为能力设定任何限制。无论是仲裁提起方或被提起方都可以申请撤销仲裁裁决。如果仲裁涉及多方当事人，任何一个当事人都可以单独提出撤销请求，也可以与同属一方的其他当事人共同提出申请。按照最高人民法院的意见，一方当事人向人民法院申请撤销裁决的，人民法院在审理时，应当将对方当事人列为被申请人。

破产管理人对破产企业的债权债务有审查、确认、追回、保全之责。若发现破产企业与债权人存在恶意串通、虚构债权债务，并通过虚假仲裁来减损破产财产和损害其他利益攸关方利益的行为，出于正确履行职责的法定要求，破产管理人有必要采取措施予以制止或补救。《破产法》第25条和《破产法解释（三）》第7条对此有规定。[②]

案外人申请撤销仲裁的情形在我国并无规定。实践中，法院对此存在不同理解和实践。在北京市高级人民法院受理的"赖某某诉北京北汽恒盛置业有限公司"案[③]中，法院明确，申请人赖某某并非争议裁决载明的当事人，不具有提起本案之诉的主体资格，故驳回其作为仲裁裁决案外人撤销仲裁裁决的请求。反之，陕西省高级人民法院则在《关于审理涉及国内民商事仲裁案件若干问题的规定（试行）》第23条赋予案外人申请撤销仲裁裁决的主体资格。[④] 以陕西省高级

[①]　张卫平：《仲裁裁决撤销程序的法理分析》，《比较法研究》2018年第6期，第10页。
[②]　沈伟、陈治东：《商事仲裁：国际视野和中国实践》（下卷），上海交通大学出版社2020年版，第468页。
[③]　（2022）京民终289号。
[④]　《陕西省高级人民法院关于审理涉及国内民商事仲裁案件若干问题的规定（试行）》第23条："案外人对仲裁裁决书、调解书确定的执行标的物主张权利，可以在知道或者应当知道仲裁裁决作出之日起3个月内，向仲裁机构所在地的中级人民法院申请撤销。"

人民法院受理的"西安海晟船舶重工实业有限公司(简称西安海晟公司)"案①为例,上诉人西安海晟公司认为,西安仲裁委作出的(2020)第195号仲裁裁决为仲裁当事人陕西豪普置业有限公司(简称豪普置业公司)与西安市雁塔区丈八东社区居民委员会,以合法形式将案涉房屋非法转移至丈八东居委会名下,该行为影响上诉人与豪普置业公司之间商品房买卖合同纠纷案件的审理,严重侵害其合法权益,因此对仲裁裁决中确定的执行标的物主张权利申请撤销该仲裁裁决,法院审理后认可案外人西安海晟公司有撤销仲裁裁决的申请权。综上,前述两案产生的矛盾结果体现出当前仲裁案外人撤销仲裁裁决制度的缺失。

一般来说,仲裁裁决执行的管辖法院是仲裁地中级人民法院。在国际商事仲裁中,仲裁地是一个法律概念,是指仲裁当事人约定的,或没有约定时由仲裁庭、仲裁机构或法院确定的仲裁的法律归属地。

根据《纽约公约》的规定,除了仲裁地法院有权撤销仲裁裁决外,仲裁庭适用的准据法所在国法院也有权撤销裁决。不过在司法实践中,当事人极少约定适用非仲裁地所在国法律作为仲裁程序准据法。很多国家尊重仲裁地法院对裁决行使司法监督权,不愿意介入裁决的撤销程序。从实际司法实践来看,仲裁地法院在事实上是唯一有权决定仲裁裁决撤销与否的司法机构。

从申请的期限来看,为了尽快确定当事人之间的法律关系,应当对当事人行使撤销权的期限加以限制。当事人如果不及时提起,则是权利的"睡眠者",法律也无保护的必要,例如,在北京市第四中级人民法院审理的"陈某诉谢某某"案②中,中国国际经济贸易仲裁委员会以平信通过公证送达方式,于2020年4月21日向陈某寄出仲裁裁决书,该程序符合贸仲仲裁规则关于有效送达规定,因此当2021年4月8日陈某向法院提起撤销仲裁裁决的申请时,因已超过法律规定的申请期限而被驳回。

很多国家法律规定的撤销申请时间从28天(英格兰)、1个月(法国)到6个月(中国)不等,《示范法》则规定3个月。我国的规定比多数国家要长,容易给仲裁裁决带来不确定性。

如果把撤销看作形成权之诉,那么,该期间是不变期间,从性质上看是除斥期间。但是《示范法》是否允许法院拥有一定的自由裁量权是有争议的,因为超过《示范法》的规定时间(3个月)之后,法院可以不受理撤销仲裁裁决的申请。

① (2021)陕民终275号。
② (2021)京04民特341号。

《英格兰民事诉讼法》第70(3)条规定，当事人有合理事由时可以延长异议期限，[①]例如，在英格兰与威尔士高等法院商事法庭王座分庭受理的"STA v. OFY"案[②]中，法院基于STA刚进行大选且议会仍处于换届阶段、司法部办公室的关键成员感染了新冠肺炎，导致指示延误、STA严重依赖纸质文件传递等原因无法及时提出异议，同意其延长提出异议的期限至2周后，并且指出可以在指定时间内提出进一步延长期限的申请。我国法院在实践中也有突破期限受理的特例。美国则完全排除了法院的自由裁量空间，规定必须在3个月内送达给另一方当事人或仲裁委员会。

第二节　仲裁裁决撤销的事由

本节主要围绕实体事项和程序事项的争议以及公共政策（社会公共利益）的具体内涵梳理和分析国内外的立法规定。

一、国外规定

首先，《纽约公约》规制的是外国仲裁裁决的承认与执行问题，目的是促进仲裁裁决在世界范围的流通，对仲裁裁决的撤销问题没有作出明确规定，这个问题由各国国内立法予以规定。从各国立法来看，撤销仲裁的事由与《纽约公约》第5条第1款规定的缔约国得以拒绝承认与执行仲裁裁决的理由、《示范法》第34条规定撤销仲裁的理由以及第36条规定拒绝承认与执行的理由大致相同。

《示范法》第34条规定，申请撤销作为对仲裁裁决唯一的追诉：

（1）只有按照本条第1和第2款的规定申请撤销，才可以对仲裁裁决向法院追诉。

---

① 《英格兰民事诉讼法》第70(3)条要求在28天内根据第67和68条对裁决提出异议。这一相对较短的期限反映了作为法案基础的第1(a)条迅速定案原则。因此，寻求延长期限的当事人必须证明，为了维护正义，需要例外偏离该法所规定的期限，任何超过28天的重大迟误将被视为与法案的政策相抵触。相关考虑因素是：(i)迟延的长度；(ii)放任时效届满及后续迟延的一方当事人在这种情况下是否合理行事；(iii)该申请的被申请人或仲裁员是否造成或促成了迟延；(iv)如该申请获准继续进行，被申请人是否会因延误而遭受除纯粹的时间损失以外的不可补救的损害；(v)仲裁是否在迟延期间继续进行，如果是，会对仲裁的进行，或对仲裁所发生的费用，以及对法院裁定该申请可能产生什么影响；(vi)申请的有力程度；(vii)从最广泛的意义上来说，不为申请人提供裁定申请的机会是否对其不公平。

② STA v. OFY［2021］EWHC 1574 (Comm).

（2）仲裁裁决仅在下列情况下才可以被第 6 条规定的法院撤销：

（A）提出申请的当事一方提出证据证明：(a) 第 7 条所指仲裁协议之当事人有某种无行为能力情形，或根据当事各方所同意遵守的法律，或未指明何种法律，则根据本国法律，该协议是无效的；(b) 提出申请的当事一方未接获有关委任仲裁员或仲裁程序之适当通知，或因他故致其不能陈述案件；(c) 裁决所处理之争议非为提交仲裁之标的或不在其条款之列，或裁决载有关于交付仲裁范围以外事项之决定，但交付仲裁事项之决定可与未交付仲裁事项之决定划分时，仅可撤销对未交付仲裁事项所作决定之部分裁决；(d) 仲裁庭的组成或仲裁程序与当事各方的协议不一致，除非此种协议与当事各方不能背离之本法规定相抵触，或当事各方无此协议时，则与本法不符；

（B）法院认定：(a) 根据本国的法律，争议事项不能通过仲裁解决；(b) 该裁决与本国的公共政策相抵触。

《示范法》规定的撤销事由可以从两个维度把握，一是当事人举证还是法院主动调查认定；二是程序事项还是实体事项。法院主动认定的只有两种情况：公共政策以及可仲裁性，其他都由当事人举证。对于公共政策，会涉及实体审查，其他都是程序性事项。《示范法》的规定得到了广泛认同，主要国家都是以其为蓝本制定国内法。

其次，英国《1996 年仲裁法》第 68 条第 1 款规定了当事人可基于仲裁管辖权的缺陷及仲裁中存在的严重不规范行为对裁决提出异议，其中第 2 款列举了严重不规范的 9 种情况：① 仲裁庭违反第 33 条（仲裁庭的一般义务）；② 仲裁庭超越其权限（除超出实体管辖权外，见第 67 条）；③ 仲裁庭未根据当事人约定的程序进行仲裁；④ 仲裁庭未处理当事人请求的所有事项；⑤ 由当事人授予有关仲裁程序或裁决权力的仲裁机构、其他机构或个人超越其授权范围；⑥ 裁决的效力不确定或模棱两可；⑦ 裁决因欺诈获取，或裁决、获取裁决的方式违背公共秩序；⑧ 裁决形式不符合要求；⑨ 进行仲裁程序及裁决中存在不规范行为，且为仲裁庭或当事人授予其相关权力的仲裁机构、其他机构或个人否认。

上述事项中只有第 6、7 项可能直接涉及对案件的实体审查，而且被附加了极为严格的适用条件，其他都属于程序性问题。

仲裁法的目的在于大幅减少法院对仲裁程序的干预，因此对裁决异议成立设置了很高的门槛，司法实践普遍认为英国《1996 年仲裁法》第 68 条适用于仲裁庭的行为出现严重错误、正义需要被纠正的极端案例中。

在英格兰与威尔士高等法院商业及财产法庭受理的 Cakebread and Anor v. Fitzwilliam 案[①]中,申请人要求根据《代理协议》支付法律费用约 692,253.51 英镑,理由为受被申请人的诱导,在没有无条件付款担保的前提下提供法律服务或签订《代理协议》。对此,仲裁员认为,申请人的请求非基于债务或合同,而是基于侵权,申请人所遭受的损害应根据其信赖被申请人的陈述而"直接导致的损失"来衡量,申请人应承担举证责任,且不能根据收入损失来判给补偿性损害赔偿,考虑到被申请人的行为是出于恶意,仲裁员判给惩罚性损害赔偿。

本案争议焦点为申请人认为其没有机会处理、辩论裁决中关于其请求的性质,与在欺诈侵权行为中损害赔偿的可用性结论,以及裁决认定申请人的损失实际上是其未经证明的间接损失。

法院指出,英国《1996 年仲裁法》第 68 条 2 款第 4 项中仲裁庭应处理当事人请求事项的范围限定于仲裁庭结论中的所有基本组成部分,对于那些非基本组成部分的论点无需将该项法律推论反馈给当事人。具体到本案,对于损害赔偿数额计算,仲裁裁决"申请人的这种计算方法等同于寻求恢复原状形式的裁决,这种做法在欺诈请求的背景下不被允许。"一句被法院认定为非裁决中结论的基本组成部分,可以被忽略而不会对仲裁员的推理产生任何影响。关于间接损失,法院认为其没有必要判定将仲裁员在这些段落中分析的内容描述为间接损失是否正确。仲裁员的结论是申请人未能证明损失,关键的是这些段落包含了仲裁员结论的基本组成部分,并非新事项,因为被申请人的主张是申请人必须证明损失,即如果没有欺诈行为,其接受其他有偿任务能够赚取的金额,但申请人并未完成举证。由于申请人的异议并非裁决中结论的基本组成部分,故当事人未获机会就此提出论点不构成严重不规范行为。

又如在英格兰和威尔士高等法院商事和财产法庭大法官法庭受理的 Star Pubs, Bars Ltd. and Anor v. McGrath 案[②]和 Flaux J. stated in Primera Maritime (Hellas) Ltd. v. Jiangsu Eastern Heavy Industry Co Ltd 案[③]中,对于仲裁庭是否处理了当事人提交的所有实质性问题争议,法院指出认定的标准在于仲裁庭是否处理了争议点,而不是质疑其推理过程是否混乱或令人满意。一旦承认仲裁庭已经处理了这个问题(合理的有争议的,或是会导致裁决结果不同),那就没有适

---

①　Cakebread & Anor v. Fitzwilliam [2021] EWHC 472 (Comm).

②　Star Pubs & Bars Ltd. & Anor v. McGrath [2021] EWHC 1640 (Ch).

③　Flaux J. stated in Primera Maritime (Hellas) Ltd v. Jiangsu Eastern Heavy Industry Co Ltd. [2013] EWHC 3066 (Comm).

用该款条的余地。反例可见于英格兰与威尔士高等法院商事法庭受理的 Doglemor Trade Ltd. and Ors v. Caledor Consulting Ltd. and Anor 案,[1]本案的裁决因仲裁庭计算错误导致赔偿金额的显著差异,所评估的损失数额多算了 5 400 万美元,满足存在实质性不公正的标准而被法院依据第 68 条 2 款第 9 项撤销。[2]

《法国仲裁法》将仲裁分为国内仲裁和涉外或国外仲裁,其第 1492 条将以下列情况作为仲裁裁决撤销的事由:① 仲裁庭出现管辖错误,仲裁庭管辖的仲裁案件不属于其受案范围或者仲裁庭对有管辖权的仲裁案件拒绝行使管辖权;② 虽在仲裁庭的管辖权范围之内,但仲裁庭作出的裁决或决定与其权限不符;③ 违反正当程序;④ 成员组成不符合仲裁规则;⑤ 有损害社会公共利益性质;⑥ 仲裁裁决有瑕疵,包括未表明仲裁裁决做出的理由、未罗列仲裁员的姓名或没有仲裁员的签名以及裁决上仲裁裁决做出的日期不详;⑦ 作出仲裁裁决所依据的并非仲裁庭的多数意见。

《法国仲裁法》第 1520 条对涉外仲裁裁决的撤销理由作出规定,仅以下列情况作为仲裁裁决撤销的事由:① 仲裁庭出现管辖错误,仲裁庭管辖的仲裁案件不属于其受案范围或者仲裁庭对有管辖权的仲裁案件拒绝行使管辖权;② 虽在仲裁庭的管辖权范围之内,但仲裁庭作出的裁决或决定与其权限不符;③ 违反正当程序;④ 成员组成不符合仲裁规则;⑤ 承认或执行仲裁裁决违反国际公共政策。

二、国内规定

我国仲裁裁决司法审查采用的是以程序为主、以公共利益为底线的司法审查模式。另外,中国内地商事仲裁裁决监督采取双轨制,也就是国内仲裁和涉外仲裁区别对待。除共同对争议事项的可仲裁性及公共利益进行实体审查外,在当事人申请司法审查时,对涉外仲裁裁决采取程序审查,对国内仲裁裁决采取程序及实体审查。

对于国内仲裁,我国《仲裁法》第 58 条规定,当事人提出证据证明裁决有下列情形之一的,可以向仲裁委员会所在地的中级人民法院申请撤销裁决:① 没

---

[1] Doglemor Trade Ltd. & Ors v. Caledor Consulting Ltd. & Anor [2020] EWHC 3342 (Comm).
[2] 该条款有一个重要的限制:仲裁庭必须承认错误,而非由法院指出错误,而此限制也意味着该项的适用非常少见。

有仲裁协议的;② 裁决的事项不属于仲裁协议的范围或者仲裁委员会无权仲裁的;③ 仲裁庭的组成或者仲裁的程序违反法定程序的;④ 裁决所根据的证据是伪造的;⑤ 对方当事人隐瞒了足以影响公正裁决的证据的;⑥ 仲裁员在仲裁该案时有索贿受贿,徇私舞弊,枉法裁决行为的。

人民法院经组成合议庭审查核实裁决有前款规定情形之一的,应当裁定撤销。

人民法院认定该裁决违背社会公共利益的,应当裁定撤销。

《仲裁法》第 70 条规定,当事人提出证据证明涉外仲裁裁决有《民事诉讼法》第258 条第 1 款规定的情形之一的,经人民法院组成合议庭审查核实,裁定撤销。

《民事诉讼法》第 274 条规定,对中华人民共和国涉外仲裁机构作出的裁决,被申请人提出证据证明仲裁裁决有下列情形之一的,经人民法院组成合议庭审查核实,裁定不予执行:① 当事人在合同中没有订有仲裁条款或者事后没有达成书面仲裁协议的;② 被申请人没有得到指定仲裁员或者进行仲裁程序的通知,或者由于其他不属于被申请人负责的原因未能陈述意见的;③ 仲裁庭的组成或者仲裁的程序与仲裁规则不符的;④ 裁决的事项不属于仲裁协议的范围或者仲裁机构无权仲裁的。

人民法院认定执行该裁决违背社会公共利益的,裁定不予执行。

两者(国内和涉外)的本质区别在于,国内仲裁包含了事实的认定问题,即法院可以基于实体问题的缺陷撤销仲裁裁决(证据以及徇私舞弊等),而涉外仲裁中并不能审查事实问题(公共利益除外)。法律减少撤销涉外裁决的理由反映了避免干预涉外仲裁的倾向,代表了国际商事仲裁的趋势,在客观上增强了涉外仲裁裁决效力的可预见性。[①]

从具体撤销事由来看,违背社会公共利益的可以由法院主动审查,其余的都是由当事人提出,法院不得主动审查。

《仲裁法》第 70、71 条指向的《民事诉讼法》第 260 条,在 2009 年修正为第258 条,实现了对应,但 2012 年的《民事诉讼法》修改后,再次出现了错位现象。按照现行《民事诉讼法》,《仲裁法》第 63 条应当对应《民事诉讼法》第 237 条,《仲裁法》第 70、71 条对应的应是第 274 条。

这里还有一个问题是,《仲裁法》只援引了《民事诉讼法》第 274 条第 1 款,而

---

① 沈伟:《我国仲裁司法审查制度的规范分析:缘起、演进、机理和缺陷》,《法学论坛》2019 年第 1 期,第114 页。

"违背社会公共利益"规定在第 2 款。如果严格从法律文本出发，"违背社会公共利益"就不能成为撤销涉外仲裁的理由。但是《民事诉讼法》第 274 条第 1 款和第 2 款都是撤销涉外仲裁的情形。

《仲裁法》第 65 条规定："涉外经济贸易、运输和海事中发生的纠纷的仲裁，适用本章规定（指第七章，下同）。本章没有规定的，适用本法其他有关规定。"似乎可以依据此条规定，在处理涉外仲裁裁决的撤销时，适用《仲裁法》第 58 条第 3 款的"社会公共利益"原则裁定撤销。[①]

因此，基于以上缺陷，我国的《仲裁法》确需修改。

参照《示范法》撤销事由、《纽约公约》不予承认执行的事由和国内外立法，不区分国内仲裁和涉外仲裁，可以将仲裁撤销事由总结为以下七项：① 缺乏有效的仲裁协议；② 违反了正当程序原则；③ 仲裁庭越权裁决；④ 仲裁庭的组成以及仲裁程序与仲裁规则不符；⑤ 仲裁员缺乏独立性公正性；⑥ 仲裁裁决违反公共秩序；⑦ 裁决事项不得以仲裁方式解决。

三、我国法院申请撤销仲裁裁决案件的总体审查情况

检索 2022 年度审结并公开的申请撤销仲裁裁决（含调解书）有效样本案件为 1,490 件，其中裁定撤销仲裁裁决的案件共 28 件，约占撤裁案件总量的 1.88%，另有 35 件因重新仲裁而中止、终结撤销程序。由此可见撤销裁决的数量保持在较低水平，此与域外从严把握撤裁事由适用标准的司法取向一致。

具体到我国法院撤销仲裁裁决的主要事由，2022 年与 2021、2020 年存在类似情形，违反法定程序、没有仲裁协议为法院最常采用的事由，而 2022 年与 2021 年并无以枉法裁决为由裁定撤销裁决的案件。[②]

第三节　撤销的具体事由分析

一、缺乏有效的仲裁协议

有效的仲裁产生逻辑应为存在争议，如此仲裁协议才会生效、仲裁庭才会有

---

① 沈伟、陈治东：《商事仲裁法：国际视野和中国实践》（下卷），上海交通大学出版社 2020 年版，第 458 页。
② 朱华芳等：《2022 年度中国仲裁司法审查实践观察报告：大数据分析》，微信公众号"天同诉讼圈"，最后访问日期：2023 年 6 月 1 日。

管辖权,正是因为双方合意且当事人之间出现争议,赋予了仲裁庭管辖权。香港高等法院受理的"招商银行诉 Fund and Cattle"案①的争议点为仲裁员是否有作出裁决或声明的管辖权,本案原告招商银行与第一被告 Fund 和第二被告 Cattle 签订了共同投资协议并有仲裁条款约束,后招商银行认为投资目标公司的总经理、控股股东和董事以欺诈手段使其签订共同投资协议,对目标公司管理层提起诉讼。

仲裁庭认为在招商银行提出的索赔诉讼中,对于 Fund 和 Cattle 承担责任与否具有管辖权,因此做出了无责任声明的裁决,即 Fund 和 Cattle 对在诉讼中的指控不承担责任。然而,招商银行损害赔偿的请求只针对目标公司管理层,并不涉及仲裁协议当事人 Fund 和 Cattle,仲裁条款只能涵盖协议各方之间的争议和索赔,该仲裁裁决因非由协议当事人争议所引起而被法院撤销。

约定无效的仲裁协议具体有三种情形:仲裁协议无效、仲裁协议不存在和当事人无缔约能力。根据学者的实证研究,在司法实践中,仲裁协议被确认无效最为常见的理由依次为:约定的仲裁机构不明确、存在"或裁或审"之情形、缺乏请求仲裁的意思表示。②

实践中还存在申请人提出的撤销裁决事由与法院认定的事由不一致时,法院径直裁判的情形。北京市第四中级人民法院受理的"刘某诉丁某某等"案③中,北京仲裁委员会根据丁某某的申请,依据其提交的《合伙协议》等相关证据作出裁定,由刘某对天津业盛投资中心(有限合伙)和安达市业盛房地产开发有限公司的债务承担无限连带责任,刘某对该裁决不服因而申请撤销。

刘某提出的撤裁事由包括裁决依据的《合伙协议》为伪造,以及仲裁庭没有按照法律规定向刘某送达违反法定程序。法院查明《合伙协议》中刘某的签字并非其本人所签订后,以没有仲裁协议为由裁定撤销仲裁裁决,并未对是否存在伪造证据的情形作出认定。虽然本案在具体法定事由方面法院的认定与当事人的主张不一致,但法定事由所对应的事实是相同的,体现出仲裁协议非本人签字时,法院以没有仲裁协议为由撤销而不再认定是否伪造证据的司法取向。

当事人对仲裁协议效力的异议应在仲裁程序中及时提出,否则,仲裁裁决作

---

①　[2023] HKCFI 760.
②　宋连斌:《〈仲裁法〉实施后中国仲裁制度的新发展》,《北京仲裁》2010 年第 3 期,第 28 页。
③　(2018)京 04 民特 158 号。

出后又以仲裁协议无效为由撤销不会被法院采纳。[①] 例如，北京市四中院受理的"正扬通运有限公司诉国泰世纪产物保险股份有限公司"案，[②]针对申请人正扬公司提出的不存在合法有效的仲裁协议事由，北京市第四中级人民法院因其对仲裁协议效力异议未在仲裁程序中及时提出，故不予采纳。最高人民法院在第 36 批指导性案例 197 号"深圳市实正共盈投资控股有限公司诉深圳市交通运输局"案中明确，在仲裁过程中未对仲裁协议效力提出异议并确认对仲裁程序无异议，其行为在重新仲裁过程中仍具有效力。[③]

《示范法》第 16.2 款规定的管辖权异议期限为不晚于提交答辩前提出。新加坡国际仲裁中心仲裁规则第 28.3 款 a 项亦有同样规定，管辖权异议应当不迟于提交答辩意见或针对反请求的答辩意见前提出。在新加坡国际商事法庭受理的"CPU v. CPX"案[④]中，原告主张包含仲裁条款的和解协议是在受胁迫的情况且第一和第二原告在签署协议时处于精神疾病下签订的，根据印度法是无效的。对此，法院指出原告未能及时行使管辖权异议以及提出医学报告作为证据的权利，并且相关的医学报告本身不具有法律或事实上的说服力，原告因未能证明存在《示范法》或《新加坡国际仲裁法》下的可撤销仲裁裁决情形而被驳回。

仲裁协议不存在的举证责任不在申请方，而是要由另一方承担"证明仲裁协议存在"的责任。因为仲裁协议是意思自治的体现，因此需要双方当事人都有行为能力，我国《仲裁法》将当事人无缔约能力规定在 17 条"仲裁协议无效"的情形之下，但是，我国《仲裁法》对以下几个问题仍缺乏具体规定。

一是如果在仲裁撤销申请之前，仲裁庭就对仲裁协议的存在问题作出详细判断，法院在仲裁撤销程序阶段还能审查仲裁协议存在的问题吗？英国、法国、中国香港地区可以对仲裁庭管辖权决定重新司法审查，即可以审查仲裁协议的有效性，即使之前仲裁庭已经就此做出判断；还有一些地区尊重仲裁庭的管辖权决定，例如香港高等法院受理的"C v. D"[⑤]以及"X v. Jimmy Chien"案，[⑥]法院重新审查了仲裁庭作出的有关自身管辖权的问题是否正确。英国高等法院受理的

[①] 《最高人民法院关于适用〈中华人民共和国仲裁法〉若干问题的解释》第 27 条："当事人在仲裁程序中未对仲裁协议的效力提出异议，在仲裁裁决作出后以仲裁协议无效为由主张撤销仲裁裁决或者提出不予执行抗辩的，人民法院不予支持。"

[②] （2021）京 04 民特 320 号。

[③] （2020）粤 03 民特 249 号。

[④] CPU and others v. CPX and another matter［2022］SGHC(I) 11.

[⑤] C v. D［2021］3 HKLRD 1.

[⑥] X v. Jimmy Chien［2020］HKCFI 286.

"Gold Pool JV Ltd. v. Republic of Kazakhstan"案,[①]法官简要总结了英国法律的适用标准——就管辖权问题可以重新审查,仲裁庭的认定没有"自动的法律或证据重要性"。

二是仲裁庭做出的没有管辖权的决定,属于可撤销的仲裁裁决吗? 不同国家对此持不同观点。德国认为,这个决定也属于裁决,但是对于仲裁员做出这个裁决是否有错,是没有司法审查权的,也就是说属于不可撤销的裁决;瑞士则认为是可撤销的裁决,1988年《瑞士联邦国际私法法规》190条规定,仲裁员声明对该案无管辖权的,当事人可以对此提出异议,规定在法院对于仲裁裁决司法审查项下。[②]

"Gold Pool JV Ltd. v. Republic of Kazakhstan"案,临时仲裁庭裁决根据《加拿大—苏联双边投资协定》,认为加拿大和哈萨克斯坦之间未达成关于哈萨克斯坦继承苏联的双边投资协定的默示协议,因此拒绝管辖权的裁决被法院撤销并要求其进行实体审理。由此可以看出,英国法院对于仲裁员做出的没有管辖权的决定有司法审查权,属于可撤销的裁决。

三是实践中仲裁协议的争议焦点在于主协议仲裁条款的约定能否适用于从协议? 在(2020)京04民特328号案件中,法院认为关键在于判断主从协议是否密不可分、无法独立存在。两份协议是否存在不可分性的审查基础,需要对两协议具体条款进行查明认定。最高人民法院在(2017)最高法民辖终33号中明确,两份具有关联的合同是否属于主从关系,并不能仅根据合同名称判断。主从协议之间是否"存在事实上的密不可分的关系",需要通过审查两份协议的具体条款进行逐案判断。同时,需要判断两份协议的形成背景与合同目的。2016年第8期《最高人民法院公报》刊发了法院在(2015)执申字第33号案件中的裁判摘要:① 如果主合同与补充协议之间相互独立且可分,在没有特别约定的情况下,对于两个完全独立且可分的合同或协议,其争议解决方式应按合同或补充协议约定处理。② 如果补充协议是对主合同内容的补充,必须依附于主合同而不能独立存在,则主合同所约定的争议解决条款也适用于补充协议。

这里有一个特殊问题,即担保合同是主债权债务合同的从合同,如果担保合同没有约定争议的解决方式,那么,是否自动适用主债权债务合同中约定的仲裁条款? 对此,最高人民法院明确规定,主合同的仲裁条款的效力不及于从合同中

---

① Gold Pool JV Ltd. v. Republic of Kazakhstan [2021] EWHC 3422 (Comm).
② 《瑞士联邦国际司法法规》第190条。

的保证人。最高人民法院在(2013)民四他字第 9 号中答复："案涉担保合同没有约定仲裁条款，仲裁庭关于主合同中有仲裁条款，担保合同作为从合同应当受到主合同中仲裁条款约束的意见缺乏法律依据。"在(2017)京 04 民特 32 号案中，北京市第四中级人民法院"经报最高人民法院审核批准"后裁定，担保函中并未约定有仲裁条款，贸仲以该担保函应被视为合同的组成部分，担保函项下的争议是与本合同有关的争议为由，推出本案《采购合同》中的仲裁条款应适用于该担保函的结论，违背了仲裁的合意基础。由此可见，主合同中的仲裁条款约定不适用于担保合同。

四是在委托代理的情形下，仲裁协议的效力是否及于委托人？对此存在两种对立观点。肯定说例如广州市中级人民法院受理的"李某、龙某某"案，[①]法院认为"在《授权委托书》内容真实的前提下，第三人喜威公司基于对该《委托书》的信赖与受托人优帕克公司签订《租约》，该《租约》中的仲裁条款对作为委托人的李某、龙某某具有约束力"。又如北京市金融法院受理的"刘某某等诉中国民生银行股份有限公司"案，[②]法院认为"新华基金系作为受托人代表民生银行与文某某、刘某某签订《增信协议》，且合同明确约定增信措施的受益人系民生银行。据此可以认定文某某、刘某某在签订《增信协议》时，明知新华基金与民生银行之间系委托代理关系，且明知其应向民生银行履行增信义务。因此，《增信协议》应当直接约束民生银行与文某某、刘某某"。否定说例如北京市第四中级人民法院受理的"SLACK & PARRLTD"案，[③]法院认为"《民法典》第 925 条隐名代理的规定属于实体法用以解决合同各方权利义务的规则，不同于作为争议解决方式的仲裁规则，仲裁条款独立存在，不受委托代理法律关系影响"。

当前我国法律或司法解释中明确规定仲裁协议效力扩张的情形仅有《最高人民法院关于适用〈中华人民共和国仲裁法〉若干问题的解释》第 8 条关于仲裁协议的继受和第 9 条关于债权债务转让。例如，广州市中级人民法院受理的"广州市花都区花山镇新和村第二经济合作社诉广东顶匠律师事务所"案，[④]滴雄律师经新和村第二经济合作社的同意，已将其在《委托代理合同》中的权利义务一并转让给顶匠律所。依据司法解释，合同概括转让的仲裁条款继续有效，因此《委托代理合同》中的仲裁条款在顶匠律所和新和村第二经济合作社之间依然

---

① (2022)粤 01 民特 63 号。
② (2021)京 74 民特 97 号。
③ (2022)京 04 民特 163 号。
④ (2022)粤 01 民特 941 号。

有效。

　　需要进一步考虑的是，如果主从协议约定了不同的争端解决方式，哪一个合同的约定优先。最高人民法院在（2015）民一终字第 374 号案件中认为，就争议解决方式本身有新约定的，根据意思自治原则，应尊重双方当事人新的意思表示，依照新约定解决争议纠纷。法院认为"本案主要争点在于是否应由法院主管。双方在《补充协议》中明确约定：'补充协议与主合同有冲突的，以补充协议为准''主合同与补充协议在履行中发生争议，双方协商，若协商不成，双方任何一方应向工程所在地有管辖权的人民法院诉讼解决'。该约定系对《建设工程施工合同》中约定的争议解决方式的变更，符合《中华人民共和国民事诉讼法》第 34 条的规定，系有效的协议管辖条款，应据此确定案件管辖。"

二、违反正当程序原则

　　程序公正的标准问题，也就是什么是正当程序，对此，不同国家有不同的标准。它的具体内涵包括公平对待；听审以及其他事项的通知；拒绝主持听审；听审安排或其他程序步骤；新请求的提出；证据的排除与接收；披露规定以及质证与交叉质证；拒绝允许当事人呈现证据和陈述抗辩；等等。[①]

　　大多数法院认为只有严重违反程序权利或存在严重的偏见，裁决才可能被撤销。例如《英国仲裁法》第 68 条规定，只有在严重不规范行为被认定为对申请方造成了或将造成实质性不公平时，才能撤销该项裁决。[②] 什么是实质性不公平？影响仲裁庭的事实认定裁决结果就是实质上的不公平，例如，新加坡法院认为以延期裁判或拒绝延期裁判为由，认定违反一般义务从而申请撤销仲裁一般是失败的，因为仲裁庭在决定是否延期裁判上具有很大的自由裁量权。

　　在面临撤销仲裁裁决的申请时，不同司法管辖区之间存在不愿意干涉仲裁庭裁决的共性，除非发生了严重和特别明显的错误，且影响仲裁过程的公平性和真实性。在《阿联酋联邦仲裁法》的适用中，司法不愿干涉仲裁裁决的原则也具有广泛相似性。例如，阿布扎比最高上诉法院在第 1383—2021 号案件中认为，撤销仲裁裁决的申请不会导致撤销法院对该事项进行新的审理，撤销申请也不允许审查仲裁员如何适用法律，或他在法律解释中违反法律或错误

[①]　徐伟功：《国际商事仲裁理论与实务》，华中科技大学出版社 2017 年版，第 366 页。
[②]　《英国仲裁法》第 68 条。

的程度。[①]

在阿布扎比国际金融中心一审法院受理的"A6 v. B6"案[②]中，原告 A6（天然气开发项目的分包商）认为 ICC 仲裁裁决侵犯其公民权利，并称仲裁庭未能为 A6 提供充分和公平的机会陈述案件，在程序上存在违规行为，构成对公共政策和自然正义的违反。对此，法院支持被告 B6（天然气开发项目的主要承包商）的观点，即 A6 认为仲裁庭在评估仲裁纠纷时存在事实和法律错误，但即使此情况存在，也不会影响裁决的有效性。

新加坡高等法院普通法庭受理的"CWP v. CWQ"案[③]的争议焦点在于仲裁庭是否未能处理原告的主张，从而违反了自然正义项下的公平审理原则。根据新加坡判例法，若一方当事人以裁决违反自然正义为由对裁决提出质疑，则该当事方必须证明：① 该裁决违反了自然正义的哪一条规则；② 该规则是如何被违反的；③ 违反该规则与裁决有何关联；④ 违反该规则如何损害了其权利。

在证明仲裁庭确实违反公平审理规则的基础上，还需要同时满足以下条件才能撤销裁决：① 该违规行为对原告造成了实际或真实的损害；② 在合理情况下，该违规行为可能会对仲裁结果产生影响；③ 该影响产生的可能性是真实的，而非凭空想象。

本案对于裁决中第 3.9 条[④]的解释问题、进口延迟索赔和台风索赔，原告都主张了仲裁庭未考虑其关键主张，且在后两项索赔问题上剥夺了原告进行证据开示的权利。对此，法院认为仲裁庭并未违反公平审理规则，因仲裁庭在每项争议焦点的论理部分都概述了双方当事人的主张，体现了对双方观点的理解，相应说理亦具有逻辑连贯性。即使原告认为仲裁庭违反了公平审理规则，其质疑的事由并非说理的关键部分，成立与否既不会对裁决结果产生影响，也不会使原告受到损害，因此这些事由不满足撤销裁决的条件。与之形成鲜明对照的是"BZW v. BZV"案，[⑤]该裁决的说理部分未提及被申请人的任何答辩意见，因此该裁决最终被法院部分撤销。

---

① 张振安：《不同司法管辖区存在共识即除非发生了严重和特别明显的错误，否则法院不愿干涉仲裁庭对其案件的裁决（阿布扎比案例）》，微信公众号"临时仲裁 ADA"，最后访问日期：2023 年 6 月 1 日。
② ［2023］ADGMCFI0005.
③ CWP v. CWQ［2023］SGHC 61.
④ 该条规定：疏浚和（或）填海工程若因机械故障以外的任何原因［除了所有区域疏浚巨砾导致的料斗故障和（或）损坏］或《合同》中规定的任何其他原因（归因于承包商或承包商任何疏忽、不当行为）而停工，则承包商有权延长时间，并根据第 4 条规定的待命费率获得任何已开工时长的赔偿。
⑤ BZW and another v. BZV［2022］1 SLR 1080.

在美国纽约南区地方法院受理的"成都润某文化传播有限公司"(简称成都润某公司)案①中,申请人 Qin 认为仲裁庭并未适当履行其仲裁通知义务向纽约南区法院提出异议,根据 Qin 所述,CIETAC 仲裁庭将案涉补充协议中列明的送达地址误认为另一地址,导致该仲裁案件中的另外两位当事人,即成都润某公司与其附属公司并未收到仲裁通知,对此,纽约南区法院认为,申请人所提的上述异议属于不影响案件事实认定的细微瑕疵。根据本案事实及以往法院对通知方式的正当程序调查标准来看,本案仲裁庭实际上已充分履行其仲裁通知义务,该通知也使申请人有充分机会出庭并就仲裁事实发表意见。法院通过援引"Weigner v. City of New York"案和"BSH Hausgeräte, GMBH v. Kamhi"案说明,正当程序调查标准应当是看发出通知一方是否选择了合理的通知方式,而不是当事人是否实际收到通知,且正当程序调查仅限于确定当事人所使用的通知方式是否从根本,即实质上导致结果不公平。

对于认定违反正当程序的问题,《最高人民法院关于适用〈中华人民共和国仲裁法〉若干问题的解释》第 20 条、《仲裁法》第 58 条规定的"违反法定程序",是指违反仲裁法规定的仲裁程序和当事人选择的仲裁规则可能影响案件正确裁决的情形。

只有对法定程序的实质性违反从而影响案件正确裁决的程序瑕疵才有可能导致仲裁裁决被撤销。在北京市第四中级人民法院受理的"金马气体公司请求法院撤销贸仲裁决"案②中可以看出,法院对于仲裁程序违法的判断分为两步:首先,判断仲裁程序是否符合仲裁规则或当事人约定的情形;其次,是否可能实质性影响公正裁决。当判断是否偏离仲裁规则时,法院首先关注的是事实,例如根据查明的一系列时间节点,法院认定本案确实存在迟延通知立案情形:仲裁庭 2019 年 11 月 1 日组庭,2020 年 3 月 1 日作出仲裁裁决,并没有超出法定期限。其次,法院进一步关注的是仲裁庭(仲裁委员会)对于某些程序的安排是否超出其权限。本案中,金马气体公司主张仲裁庭存在"错误决定开庭日期、应安排第二次开庭或推迟第一次开庭时间"等程序违法行为,然而根据《规则》第 69 条第 1 款的规定,在保证仲裁庭不晚于开庭前 15 天将开庭日期通知双方当事人的前提下,仲裁庭有权根据案件审理情况决定是否再次开庭或延期开庭;对于影

---

① Huzhou Chuangtai Rongyuan Investment Management Partnership et al. v. Qin, No. 21 Civ. 9221 (KPF).

② (2022)京 04 民特 357 号。

响案件正确裁决与否的判断，法院通常会重点考察当事人的各项程序权利是否得到了充分行使。本案法院虽认定仲裁庭存在迟延通知立案的情形，但由于这一程序瑕疵并不影响金马气体公司实质性程序权利，故对金马气体公司以贸仲故意延迟立案为由申请撤销仲裁裁决不予支持。

一般认为，仲裁程序违反法定程序包括两方面的构成要件：一是仲裁程序违反仲裁法规定的仲裁程序和当事人选择的仲裁规则；二是在结果方面前述违反达到可能影响案件正确裁决的程度。

送达程序问题是撤销仲裁裁决的常见和主要事由。安阳市中级人民法院受理的"宝成房地产有限责任公司诉安阳鑫鼎投资公司"案，[①]因安阳仲裁委员会向安阳市宝成房地产有限责任公司两次邮寄送达程序与《安阳仲裁委员会仲裁规则》规定不符，并未将仲裁规则、仲裁成员名册有效送达安阳市宝成房地产有限责任公司，导致安阳市宝成房地产有限责任公司未实际参与仲裁员的选定，最终被法院撤销裁决。又如，在上海金融法院受理的"沈某某诉上海滚石资产管理中心、赵某"案[②]中，法院指出仲裁庭向沈某某的住所地，即户籍所在地投递有关仲裁材料，但被退回……经查，受送达人沈某某的居住地址为"对公"信息，律师持律师证及律所介绍信即可查询。赵某代理人在能够较为方便地获取受送达人居住地址的情况下，疏于履行查询义务，未能向仲裁庭提供有效送达地址，导致沈某某不能到庭参加仲裁，可能影响仲裁裁决结果的公正性，属于仲裁程序违反法定程序的情形。因此，案涉仲裁裁决应予撤销。

反例可见北京市第四中级人民法院受理的"伟创力制造（珠海）有限公司诉深圳市斯迈尔电子有限公司"案，[③]在仲裁开始前，该公司的注册地址已经变更，对方当事人在申请仲裁时依旧使用该公司的旧注册地址，并将涉及的行政区划写错，致使贸仲向关联公司地址送达案件材料，申请人主张被法院强制执行时方知仲裁的存在，送达存在瑕疵。法院认为，结合双方当事人的往来联系及接洽情况、伟创力珠海与伟创力深圳的关系等案件情况来看，贸仲将该地址作为伟创力珠海最后一个为人所知的联系地址，向其进行公证送达，符合贸仲仲裁规则的规定，不存在仲裁程序违法情形，故不支持其撤裁申请。在"周某某诉中信银行股份有限公司广州分行"案[④]中，依照合同约定送达地址送达，视为送达。《广州仲

---

① （2020）豫 05 民特 34 号案。
② （2020）沪 74 民特 43 号。
③ （2022）京 04 民特 357 号。
④ （2022）粤 01 民特 771 号。

裁委仲裁规则》(2017 年版)第 49 条第 2 款规定:"当事人未向本会确认自己的送达地址的,以合同中约定的送达地址送达。仲裁文书邮寄至该地址,即为送达"。经查,广州仲裁委在受理仲裁案后,已向周某某与中信银行在案涉借款合同中约定的周某某联系地址邮寄送达了仲裁材料,故周某某以未收到仲裁材料为由主张仲裁程序违反法定程序的理由不能成立。

因此,送达程序瑕疵主要表现在以下方面:迟延送达开庭通知,导致当事人在庭审前一天或在庭审后才收到通知;[1]在后期仲裁中已出现新的有效送达方式的情况下仍按照原信息送达,导致当事人未能参与仲裁;[2]申请人提供送达信息有误,仲裁委也未仔细核实,导致未能送达;[3]一方当事人掌握对方新联系方式而未提供,导致未能送达;[4]合同纠纷证据中有约定签收地址,仲裁庭仅送往户籍地导致未有效送达;[5]仲裁申请人疏于履行查询义务,未能向仲裁庭提供被申请人有效送达地址[6]。

违反正当程序原则在审判中得到诸多应用。第一种情况是违反仲裁法的强制性规定且实质性影响正确裁决,例如(2020)鄂 08 民特 10 号"荆楚理工学院诉湖北省建工第二建设有限公司"案的核心焦点——重复仲裁是否违反正当程序原则。根据《仲裁法》第 9 条规定,仲裁施行"一裁终局"制度,即对"同一纠纷",仲裁审理并作出裁决后,不再受理当事人基于该纠纷的仲裁申请。重复仲裁会违反正当程序原则,法院据此可以撤销重复仲裁作出的裁决。法院在审判是否构成重复仲裁时会参考《民诉法解释》第 247 条第 1 款"同时符合下列条件的,构成重复起诉:(1)后诉与前诉的当事人相同;(2)后诉与前诉的诉讼标的相同;(3)后诉与前诉的诉讼请求相同,或者后诉的诉讼请求实质上否定前诉裁判结果"的规定。

这里需要对重复仲裁和重新仲裁进行区分,两者最主要的区别在于所依据的法律规范不同。在重复仲裁的认定上,法院必须严格按照《民诉法解释》第 247 条的规定进行判断。而重新仲裁的依据则是《仲裁法解释》第 21 条:"(一)仲裁裁决所根据的证据是伪造的;(二)对方当事人隐瞒了足以影响公正裁决的证据的。人民法院应当在通知中说明要求重新仲裁的具体理由。"

———————————

[1]　(2020)豫 11 民特 5 号。
[2]　(2019)粤 01 民特 1536 号。
[3]　(2019)粤 01 民特 901 号。
[4]　(2019)粤 03 民特 1671 号。
[5]　(2019)浙 02 民特 138 号。
[6]　(2020)沪 74 民特 43 号。

仲裁庭裁决构成重复仲裁时，法院是依据仲裁庭违反程序还是仲裁庭无权仲裁来撤销案件？实践中两种做法都有。法院以仲裁庭无权仲裁为由而撤销仲裁似乎更加妥当。首先，仲裁结束后，即使出现了新的事实证据，仲裁庭也不应当重新仲裁。最高人民法院在《关于中国石化集团国际石油勘探开发有限公司申请撤销中国国际经济贸易仲裁委员会仲裁裁决一案请示的复函》中明确指出，《民事诉讼法》第 248 条"裁判发生法律效力后，发生新的事实，当事人再次提起诉讼的，人民法院应当依法受理"的规定针对的是民事诉讼程序，不适用于仲裁程序。《仲裁法》并未规定仲裁机构有权在发生"新的事实"后再次仲裁。此外，《仲裁法》第 9 条规定："仲裁实行一裁终局的制度。裁决作出后，当事人就同一纠纷再申请仲裁或者向人民法院起诉的，仲裁委员会或者人民法院不予受理。"

第二种情况是违反当事人约定的仲裁程序且实质性影响正确裁决的。对于这一情形的展开论述可以参考下文对(2020)浙 01 民特 5 号"杭州金宣公寓管理有限公司诉钟某某、施某某"一案的分析。

三、仲裁庭无权、越权裁判

《示范法》第 34 条第 2 款规定，裁决处理的争议不是仲裁协议规定的范围，或者裁决书中含有对提交仲裁的范围以外事项的决定，如果能把两者分开，可以撤销超出范围的那部分裁决。超裁、未能处理当事人提交仲裁的事项、裁决处理的是仲裁协议范围之外的事项。[①]

在前述"CWP v. CWQ"案中，其争议焦点为被告对《合同》第 3.9 条解释之主张是否属于仲裁范围。原告对裁决提出异议：被告在仲裁申请书中将该条命名为"滞期费"条款，意味着被告将第 3.9 条解释为"索赔须以重大延误为前提条件"，但在后续仲裁文书和庭审中，被告主张第 3.9 条项下的索赔不以重大延误为条件，超出了仲裁申请书的请求范围，仲裁庭对该主张进行裁决属于超裁。

法院以"CDM v. CDP"案、[②]"CAJ v. CAI"案、[③]"CJA v. CIZ"案[④]和"CFJ v. CFL"案[⑤]等论证新加坡判例法目前的主流观点，认为在确定当事方提交仲裁的范围时，法院应当考虑五个渊源——当事方的仲裁书状(仲裁通知、仲裁申请书、

---

① 《示范法》第 34 条第 2 款。
② CDM and another v. CDP [2021] 2 SLR 235.
③ CAJ and another v. CAI and another appeal [2022] 1 SLR 505.
④ CJA v. CIZ [2022] 2 SLR 557.
⑤ CFJ and another v. CFL and another and other matters [2023] SGHC(I) 1.

答辩等);任何商定的争议焦点清单;当事方的开场陈述;证据;最终意见。这5个渊源并不离散或彼此独立,而是作为一个整体承载当事人的主张,因此不能仅凭其中之一判断某一争议焦点是否属于仲裁请求,应当综合考察当事人在仲裁过程中提交的各项文书和主张。由此,本案的"滞期费"只是被告对第3.9条的一种概述方式,不具有术语意义。

新加坡高等法院受理的"CZD v. CZE"案①中,原告根据贷款协议第4.2条争议解决条款提交仲裁,被告抗辩称,仲裁庭的行为超出了管辖权,因为仲裁庭裁决被告不是由于违反贷款协议,而是根据合作协议、投资协议和备忘录要求被告承担共计1.4亿元人民币的责任。法官认为,在裁决中,仲裁庭相当广泛地处理了合作协议、投资协议和备忘录。裁决中没有任何内容明确指出被告向原告付款的责任是基于合作协议和(或)投资协议。裁决书必须根据上下文阅读。仲裁庭有必要处理合作协议、投资协议和备忘录。根据合作协议和投资协议支付的款项是原告根据贷款协议提供的贷款。此外,仲裁庭根据贷款协议中的条款裁决了违约金,即表明裁决中对责任的认定是以贷款协议为基础的,仲裁庭并没有超越其管辖权。

在两起新加坡上诉法院受理的"CBX v. CBZ"案②中,新加坡上诉法院推翻了国际商事法庭判决,以超裁和违反自然正义为由部分撤销了ICC仲裁裁决。本案强调了仲裁庭确保其已确定各方当事人在仲裁程序中提出的各个问题的重要性,如果仲裁庭在本案中及时处理了当事人所提出的管辖权异议,则能避免裁决无效。此外,本案同时突出了ICC仲裁中审理范围书的重要性,审理范围书用于避免裁决时超裁或漏裁,是ICC仲裁的硬性要求,无此将无法进行ICC仲裁。《ICC仲裁规则》第23条列明了审理范围书需要涵盖的事项:当事人之间与仲裁有关的无争议的事实、当事人的请求、程序早期阶段需要决定的问题。

在美国纽约南区地方法院受理的"Cognac Ferrand S. A. S. v. Mystique Brands LLC"案③中,美国法院阐明仲裁庭对胜诉方的认定不当不能作为撤销裁决的依据,如果仲裁裁决称得上是对合同的解释或适用以及在权限范围内行事,法院将维持裁决,只要仲裁员"为得出的结论提供了勉强可取的理由"。只有当仲裁员偏离了协议的解释和适用,实际上行使其自己的行业正义理念时,仲裁员

---

① CZD v. CZE 2023 SGHC 86.
② CBX and another v. CBZ and others[2021]SGCA(I) 3 (21 June 2021), CBX and another v. CBZ and others[2021]SGCA(I) 4 (21 June 2021).
③ Cognac Ferrand S.A.S. v. Mystique Brands LLC, No. 20 Civ. 5933.

的决定才可能无法执行。本案仲裁条款明确赋予仲裁员"向胜诉方（若有）判给所有诉讼成本和费用，金额由仲裁员决定"，且未对这种权限施加任何文本上的限制。因此，仲裁员"有权"解决哪一方获胜的问题，以及该方的成本和费用是什么。本案当事人 Ferrand 与 Mystique 曾进行两起仲裁，双方除费用请求外的其他所有请求均被仲裁庭驳回。在第二起仲裁中，仲裁认定 Ferrand 的权利请求未获支持，使得 Mystique 成为胜诉方，至少为其所得出的结论"提供了勉强可取的理由"，鉴于 Mystique 的权利请求也被驳回的事实，即使仲裁员认定 Mystique 是唯一的胜诉方属于一个严重错误，法院仍有义务确认该裁决。

美国纽约南区地方法院受理的"Copragi S. A. v. Agribusiness United DMCC"案，[1]买方 Copragri 与卖方 Agribusiness 订立的《销售协议》包含根据谷物与饲料贸易协会（GAFTA）规则提交仲裁并适用英国法的仲裁条款。另外，Agribusiness 根据《销售协议》安排货物海运，船舶所有人签发了海运提单，其中包含纽约海事仲裁人协会（SMA）仲裁条款。船舶在卸货港完成卸货 6 年后，Agribusiness 根据提单中的 SMA 仲裁条款对 Copragri 提起仲裁，要求追偿其向船舶所有人支付的滞期费。由于就提单而言，Agribusiness 是当事人，而 Copragri 并非提单当事人，且未同意在纽约由 SMA 进行仲裁并适用美国法律，SMA 仲裁员作出裁决超越了权限，致使裁决被美国纽约南区地方法院撤销。

在法国巴黎上诉法院受理的"Libyan Emirates oil Refining Company（简称 LERCO）v. National Oil Corporation（简称 NOC）"案[2]中，法院同意原告 LERCO 提出的部分撤销请求。仲裁庭不适当地拒绝了对与被告 NOC 使用炼油厂有关的请求的管辖权，理由为这些索赔超出了原料供应协议所载的仲裁协议的范围。法院认为，与仲裁庭管辖权有关的问题的审查标准要求审查所有必要的法律和事实要素，以确定仲裁协议的范围。本案仲裁协议规定对"由原料供应协议引起的或与之有关的"所有争议进行仲裁，包括 NOC 对炼油厂的使用。

我国《仲裁法》第 58 条规定，裁决的事项不属于仲裁协议的范围或者仲裁委员会无权仲裁的，仲裁裁决无效。[3]

在前述"正扬通运有限公司诉国泰世纪产物保险股份有限公司"案中，法院将裁决内容超出仲裁事项约定范围的事项认定为超裁。正扬公司提出，因第一

---

① Copragi S. A. v. Agribusiness United DMCC，No. 20 Civ. 5486（LGS）.
② 采安仲裁团队：《法国案例：拒绝行使管辖权不当，ICC 仲裁裁决被部分撤销》，微信公众号"采安律师事务所"，最后访问日期：2023 年 6 月 1 日。
③ 《仲裁法》第 58 条。

票货物的托运人为广达公司,而其并非《运输协议》的当事人(达丰公司与正扬公司),故关于第一票货物的争议不属于由《运输协议》产生的争议,裁决超裁。经查,第一票货物的卖方为 Kingston,最初的买方为广达公司,后广达公司将该批货物转卖给达丰公司并由正扬公司承运,故第一票货物仍属于《运输协议》的约定范围,就第一票货物所涉争议作出的裁决并未超裁。如果仲裁裁决在查明事实和说理部分涉及仲裁请求或仲裁协议约定的仲裁事项范围以外的内容,但裁决项未超出仲裁请求或仲裁协议约定的仲裁事项范围以外的内容,当事人无法以超裁为由请求撤销。

根据《2018 年司法解释》第 13 条第 3 项的规定,裁决内容超出当事人仲裁请求范围的,构成超裁。对此产生的疑问是仲裁请求的判断应以仲裁申请书所列仲裁请求为准,还是从诉讼标的角度进行判断?

在北京市第四中级人民法院受理的"中国光大银行股份有限公司北京分行(简称光大银行北京分行)诉北京西创投资管理有限公司"案[1]中,仲裁申请人的仲裁请求为光大银行北京分行承担连带赔偿责任,仲裁裁决裁令"不能清偿的部分,由光大银行北京分行承担 15% 的补充清偿责任"。法院认为,"该裁决结果亦未超出刘某某要求光大银行北京分行承担合同责任的仲裁请求的范围",这似乎是从诉讼标的角度进行判断。类似情况亦可见北京市第四中级人民法院受理的"珠海财富嘉资产管理有限公司(简称财富嘉公司)诉刘某某"案,[2]仲裁申请人请求"(1) 裁决刘某某与财富嘉公司、恒泰证券签订的凯歌 6 号基金合同终止;(2) 财富嘉公司返还刘某某投资款 100 万元,并赔偿手续费损失 1 万元,利息损失 156 447.6 元"。仲裁裁决裁令:"(2) 财富嘉公司向刘某某支付 101 万元及暂计至 2020 年 5 月 15 日的利息 129 439.11 元"。法院认为:"仲裁庭认为刘某某主张违约所依据的法律不当,但在财富嘉公司履行合同约定的管理人职责过程中存在重大过失,未妥善履行合同义务构成违约的情况下,裁决财富嘉公司承担违约责任,故该仲裁裁决仍是围绕着刘某某主张的合同向对方承担违约责任的请求作出的,故仲裁裁决结果并未超出刘某某仲裁请求的范围。"在此种情形下,仲裁申请书所列仲裁请求以及其对仲裁庭审理范围的框定意义有限。

---

[1] (2021)京 04 民特 141 号。
[2] (2021)京 04 民特 1 号。

四、仲裁庭的组成以及仲裁程序与仲裁规则不符

《示范法》和《纽约公约》都规定了仲裁庭的组成或仲裁程序要与当事人的约定一致,这是对当事人意思自治原则的尊重。但是,当事人意思自治必须受到仲裁地法律强制性程序的限制。如果当事人对仲裁庭组成或程序的约定违反公正原则,那么,即使与当事人约定不符,也不得撤销裁决。

针对"违反法定程序",我国《2018 年司法解释》第 14 条规定了 3 种情形:违反仲裁法的仲裁程序、违反约定选择的仲裁规则和违反当事人对仲裁程序的特别约定。[①] (2020)浙 01 民特 5 号的"杭州金宣公寓管理有限公司诉钟某某、施某某"一案是第 14 条具体内涵的典型实践。本案的争议焦点是,仲裁庭能否违反当事人对仲裁程序有特殊约定的情况下,而径行根据仲裁规则适用简易程序。换言之,对于仲裁庭在违反当事人对仲裁程序有特殊约定的情况下作出的仲裁裁决,当事人能否以违反正当程序为由申请法院撤销?

法院认为,《民事诉讼法》第 237 条是关于不予执行国内仲裁机构作出的仲裁裁决事由,其中第 2 款第 3 项是"仲裁庭的组成或者仲裁程序违反法定程序的"。《2018 年司法解释》第 14 条对该条进行了解释。本案是以"违反法定程序"为由申请撤销裁决,因此需要借鉴《2018 年司法解释》第 14 条的相关规定:尊重当事人程序选择权是维护仲裁裁决公信力的基础。该条强化了对当事人选择的仲裁规则或者当事人对仲裁程序的特别约定的尊重。该司法解释的意旨,在仲裁司法审查实践中应认真贯彻。综上,本案中杭州仲裁委员会在未征得金宣公司同意的情况下,直接发送应裁通知书,要求当事人共同选定或共同委托仲裁委员会主任指定一名独任仲裁员并适用简易程序审理,违反了当事人对仲裁程序"为了进行仲裁,应设三名仲裁员"的约定。因此,仲裁庭作出的仲裁裁决违反法定程序,属于《仲裁执行规定》第 14 条第 1 款规定的应予撤销仲裁裁决的情形。

与本案类似的是(2016)沪 01 协外认 1 号的"来宝"案。该案审理的对象是一份由新加坡国际仲裁中心(SIAC)依照快速程序作出的仲裁裁决。法院于2017 年 8 月对该案作出拒绝承认与执行的裁定。由于我国在拒绝承认与执行外国仲裁裁决时实行"报告制度",因此,本案作出的裁定实际上已经得到最高人民法院的支持。本案涉及的核心问题是,在当事人已经明确约定仲裁庭由 3 名

---

① 《最高人民法院关于人民法院办理仲裁裁决执行案件若干问题的规定》第 14 条。

仲裁员组成的情况下，仲裁机构能否根据仲裁规则决定由 1 名独任仲裁员审理案件。此种情况下，合同载明的仲裁条款与所适用的仲裁规则何者优先？换言之，机构管理与当事人意思自治的合理边界应如何划定？

该案的基本案情是，当事人之间的《标准协议》第 16.1.1 条明确规定"仲裁庭应当由 3 名仲裁员组成"，但所涉仲裁裁决却由独任仲裁员作出。本案适用的仲裁规则是 2013 年第五版《SIAC 仲裁规则》（简称《仲裁规则》），并按照"快速程序"审理。第五版《仲裁规则》第 5.2（b）条规定："当一方根据 5.1 条向注册官提出申请，并且主席在考虑各方意见后决定，仲裁程序应按照快速程序进行，应适用以下程序：……b. 案件应提交给一名独任仲裁员，除非主席另有决定。"

按照该仲裁规则，在适用快速程序的情况下，案件应由一名仲裁员独任审理，除非 SIAC 主席决定由 3 名仲裁员审理。但是，在"来宝"案中，当事人已在仲裁条款中明确约定仲裁庭应由 3 名仲裁员组成，此时仲裁条款和仲裁规则相互冲突继而产生何者优先的问题。一般认为，当事人约定适用某一仲裁规则，该规则就已经并入当事人之间的"协议"之中，因此，何者优先实际上是何者更能体现当事人的意思自治的问题。

上海市第一中级人民法院重申了仲裁应当尊重当事人意思自治的态度。当事人意思自治是仲裁制度运作的基石，而仲裁庭的组成方式属于仲裁基本程序规则。"来宝案"中双方当事人已在仲裁条款中明确约定应由 3 名仲裁员组成仲裁庭，且未排除该组成方式在仲裁"快速程序"中的适用。因此，适用"快速程序"进行仲裁不影响当事人依据仲裁条款获得 3 名仲裁员组庭进行仲裁的基本程序权利。而当事人一方选择仲裁员的权利，在仲裁中显然是当事人最重要的权利之一，这也为《纽约公约》所确认，该项权利不应在仲裁中被剥夺，也不应在快速仲裁程序中被其所任命的独任仲裁员取而代之。

因此，上海市第一中级人民法院裁定，第五版《仲裁规则》第 5.2 条 b 项所规定的"主席另有决定的除外"不应被解释为新加坡国际仲裁中心主席对仲裁庭的组成方式享有任意决定权；相反，在其行使决定权时应当充分尊重当事人关于仲裁庭组成方式的合意，保障当事人的意思自治。本案属于《纽约公约》第 5 条第 1 款（丁）项所规定的"仲裁机关之组成或仲裁程序与各造间之协议不符"的情形，故涉案仲裁裁决不应当被承认与执行。

需要注意的是，上海市第一中级人民法院的态度与新加坡此前的仲裁实践和司法实践截然相反。例如，在 W. Company v. Dutch Company and Dutch

Holding Company［2012］1SAA 97 一案（简称 W. Company 案）中，一方当事人以当事人已经约定仲裁庭由 3 名仲裁员组成为由，对独任仲裁员的管辖权提出异议，该名仲裁员驳回了管辖权异议，指出："双方选择了 SIAC 规则来管辖仲裁，并且他们接受了 SIAC 规则的全部内容，包括规则 5 中的快速程序以及规则赋予 SIAC 主席和注册官管理和指导程序的权力。没有剥夺当事人的自主权，正是双方选择 SIAC 规则要求接受主席的决定。如果双方规定即使在快速程序下也应有 3 名仲裁员，则情况可能不同，但这里并非如此。"

如果当事人约定适用《仲裁规则》，那么其中的快速程序规则也应一并适用，根据快速程序规则并由独任仲裁员审理案件也是当事人意思自治的体现，除非当事人在仲裁条款中明确约定由 3 名仲裁员组成仲裁庭同样适用于快速程序规则。换言之，仅在仲裁条款中笼统约定仲裁庭由 3 名仲裁员组成，并不足以排除独任仲裁员的默认适用。

违反法定程序的认定，还要求在结果方面可能影响案件公正裁决，而对此要求的判断没有统一的裁量标准。在北京市第四中级人民法院受理的"海南智投联合科技中心（有限合伙）等诉常州京江美智企业管理合伙企业（有限合伙）"案[1]中，法院指出："应当以违反法定程序达到严重影响当事人程序权利且实质性影响案件正确裁决为标准"，这一观点与《北京市高级人民法院国内商事仲裁裁决司法审查工作要点》的要求一致。在前述"沈某某诉上海滚石资产管理中心、赵某"案中，法院认为"疏于履行查询义务，未能向仲裁庭提供有效送达地址，导致沈某某不能到庭参加仲裁，可能影响仲裁裁决结果的公正性，属于仲裁程序违反法定程序的情形"，似乎并不要求实体方面必须达到"实质性影响案件正确裁决"的程度。与之相似的还有吉林省长春市中级人民法院受理的"宋某诉吉林省君逸物业服务有限公司"案，[2]法院查明"仲裁委员会受理后，于 2020 年 7 月 2 日通过短信方式给 151 开头电话发送受理案件、仲裁员组成及仲裁开庭时间、地点等"，"根据双方在庭审中陈述，均认可 151 开头电话非宋某（申请人）本人"，"仲裁委员会以宋某经合法送达无正当理由未到庭，进行了缺席审理"，并认为"未能合法向宋某送达仲裁开庭等相关材料，导致宋某未能依法到庭参加仲裁，未能行使相应权利，长春仲裁委员会存在可能影响案件正确裁决的情形"。又如

---

[1]　（2021）京 04 民特 916 号。
[2]　（2021）吉 01 民特 18 号。

广州市中级人民法院受理的"潘某某诉许某某"案，①法院查明"裁决书中未对潘某某的管辖权异议申请进行回应"。这违反了《仲裁规则》有关"仲裁庭的决定可以在仲裁程序中单独作出，也可以在裁决书中作出"的规定，故撤销了广州仲裁委员会仲裁裁决。然而，法院并未进一步就如何可能影响案件正确裁决作出阐述，而是直接认定"仲裁庭并未对该申请作出处理，亦未在裁决书中对管辖权异议作出处理，违反上述《仲裁规则》，应属程序违法"。

五、仲裁员缺乏独立性与公正性

《示范法》和《纽约公约》等没有规定仲裁员独立性与公正性要求，但我国国内法有规定。

《美国联邦仲裁法》第 10 条规定：① 裁决以贿赂、欺诈或不正当方法取得；② 仲裁员全体或者任何一人显然有偏袒或者贪污情形；③ 仲裁员有拒绝合理的展期审问的请求的错误行为，有拒绝审问适当和实质的证据的错误行为或者有损害当事人的权利的其他错误行为。

我国《仲裁法》第 58 条第 6 款规定，当事人如果有证据证明仲裁员在仲裁该案时索贿受贿、徇私舞弊、枉法裁决行为的，可以向法院申请撤销裁决。

针对仲裁员偏见的撤销请求常常与仲裁员不当行为的请求交织在一起。仲裁员贪污受贿行为一般会导致仲裁员缺乏独立性与公正性。根据《最高人民法院关于审理仲裁司法审查案件若干问题的规定》第 18 条规定，我国《仲裁法》第 58 条第 1 款第 6 项和《民事诉讼法》第 237 条第 2 款第 6 项规定的仲裁员在仲裁该案时有索贿受贿，徇私舞弊、枉法裁判的行为，是指已经由生效刑事法律文书或者纪律处分决定所确认的行为。因此，以仲裁员枉法裁判为由申请撤销裁决时，该条的证明难度很高，因为枉法裁决必须是经由生效刑事法律文书或者纪律处分决定所确认。实践中法院可能转而依据"仲裁程序违反法定程序"撤销争议仲裁裁决。②

六、仲裁裁决违反公共秩序

《纽约公约》共有 5 种官方语言，在第 5 条第 2 款(乙)项中，英文版使用的是"公共政策"(public policy)，法语版使用的是"公共秩序"(order public)，而我国

---

① (2020)粤 01 民特 18 号。
② (2020)京 04 民特 521 号。

《仲裁法》使用的是"社会公共利益"。

《纽约公约》并没有对公共政策进行明确定义,而是允许各缔约国结合本国法律制度,从本国利益出发对公共政策的范围自行解释,以便达到尊重每一缔约国所认可的公共政策的目的。《示范法》第 34 条第 2 款规定了裁决与本国的公共政策相抵触是撤销的理由,当事人一般不可以通过约定放弃公共政策或强制性法律异议的权利。[①]

公共政策规则对于缔约国而言十分重要,因为它是缔约国为避免对外国仲裁裁决的承认和执行导致违反本国公共政策的结果而设立的保障机制,也称作"安全阀"机制。如果《纽约公约》没有公共政策规则,缔约国无法以违反本国公共政策为由拒绝承认及执行外国仲裁裁决,《纽约公约》或许难以得到绝大多数国家的认可和加入。根据这一理解,公共政策规则的含糊性和不确定性是重要特点。

公共政策的内涵到底是什么,各国立法又是怎么规定的? 具体如表 7-1 所示。

表 7-1　各国对公共政策的规定

公共政策立法形式	国　　家	内　　涵
直接援引《纽约公约》	《美国联邦仲裁法》第 201 条、英国《1996 年仲裁法》第 100 条第(4)款、我国《民事诉讼法》第 269 条	立法未提及公共政策或公共秩序的概念,而是直接要求承认及执行外国仲裁裁决时应当遵守《纽约公约》的规定
使用"本国公共政策"	俄罗斯《国际商事仲裁法》第 36 条、《纽约公约》和《联合国国际商事仲裁示范法》	本国公共政策的表述,由"公共政策"和"本国"两个概念合并而成的
使用"公共政策"	《比利时法典》第 1721 条(1)款	直接使用了公共政策的表达方式,而没有明确规定是其本国的公共政策
使用"国际公共政策"	法国《民事诉讼法》(2017 年)第 1502 条(5)款、葡萄牙《自愿仲裁法》(2012 年)第 56 条	立法对"国内公共政策"和"国际公共政策"概念进行了区分,并明确规定了拒绝承认或执行外国仲裁裁决的理由之一是"承认或执行违反国际公共政策"

---

① 《示范法》第 34 条第 2 款。

国际法协会国际商事仲裁委员会在《关于公共政策作为拒绝执行国际商事仲裁裁决的工具的最终报告》中认为,国际公共政策的含义是指,被一国认可的一系列原则及规则,这些原则及规则因其自身的性质,可以阻止对国际商事仲裁裁决予以承认和执行,如果此类裁决的承认和执行因其据以作出的程序(程序性国际公共政策)或者因其裁决的内容(实体性国际公共政策)违反了上述原则及规则。[①]

公共秩序是一个非常弹性的概念,其外延较为模糊,它为各国拒绝适用外国法、拒绝承认和执行外国仲裁裁决以及撤销仲裁裁决提供了理由,而各国在不同时期对公共秩序的理解也是不同的。英美法系国家通过判例确立了"不能仅因与内国法不同而运用公共政策机制",仅当达到"严重"程度或"根本性"损害社会公共利益时,才能适用社会公共利益条款的标准。

在加利福尼亚上诉法院受理的"Richard Hale Brown v. TGS Management Co., Ltd."案[②]中,法院以侵犯工作权为由推翻仲裁裁决。法院在本案中认定,涉案《雇佣协议》的竞业限制条款因违反《加利福尼亚商业职业法》第 16600 条[③]关于保护工作权的规定而自始无效,仲裁庭不能基于这些无效条款作出认定。在本案中,仲裁庭以 Brown 违反保密条款为由认为其已丧失 2014 和 2015 年的延期奖金,由于保密条款被本案法院认定为无效,故仲裁庭基于违反保密条款作出的认定应当予以撤销。

1974 年的帕森斯公司案,帕森斯公司的一个抗辩理由是履行帕森斯公司作为美国国民的义务,才放弃了位于埃及境内的工程项目,并且终止了合同的履行。如果法院执行该仲裁裁决,将会导致违背美国公共政策的结果。法院最终驳回了上述援引公共政策的抗辩,并指出只有外国仲裁在违反美国的正义理念还有基本道德时,美国法院才会拒绝承认和执行。如果把公共政策理解为保护本国利益的手段,公约的缔结宗旨将会被损害,所以,应当限缩解释公共政策。

美国法院在"National Oil Corp.(简称石油公司) v. Libyan Sun Oil Co.(简称太阳公司)"案中进一步明确,国际商事仲裁裁决执行中的外交政策不等于本国公共政策的原则。该案例的基本情况是美国一家公司和利比亚一家公司签订合作协议,然而第二年美国和利比亚之间发生冲突,美国政府对利比亚采取禁运

---

①　国际法学会:《关于公共政策作为拒绝执行国际商事仲裁裁决的工具的最终报告》。

②　Brown v. TGS Management Co., 57 Cal. App. 5th 303 (2020).

③　《加利福尼亚商业职业法》第 16600 条规定:"除本章另有规定外,任何禁止任何人从事任何合法职业、贸易或业务的合同在此范围内均属无效。"

措施。太阳公司援引不可抗力宣告终止履行协议。后石油公司按照仲裁条款向国际商会提起仲裁，仲裁庭驳回了太阳公司援引的不可抗力抗辩，并作出了对申请人有利的仲裁裁决。美国公司就以公共政策为由向美国法院申请撤销该项裁决。法院认为，外交政策并不等同于公共政策，即使美国和利比亚两国之间发生冲突，只要裁决的执行没有违背美国的最基本的正义准则以及道德观念，涉案裁决就应予承认和执行。

在"Solejmany v. Solejmany"案中，父子两人在伊朗卖地毯，出口到英国。由于分配收益的问题产生争议，并提交仲裁解决，裁决判定父亲应当向儿子支付部分经营收入，儿子就此向英国法院提起撤销之诉。英国上诉法院审查本案后认为，依据伊朗法律，倒卖地毯的行为系走私行为，该行为违背了伊朗公共政策。同时，执行本案裁决与英国公共政策亦不符。由此，英国上诉法院对涉案仲裁裁决拒绝执行。

上述案件是国外对"社会公共利益（公共政策）"这一概念的解释。在我国，通常使用"社会公共利益"来表达相同的概念。《仲裁法》第58条第3款规定："人民法院认定该裁决违背社会公共利益的，应当裁定撤销。"

有学者认为"社会公共利益是我国仲裁司法审查中的'安全阀'和不可让渡的'底线'，不仅维护着我国的基本制度、社会的根本利益和善良风俗，还兼有防止'私益'抢占'公益'的利益平衡功能。"[1]

在"北京康卫"案中，北京市第一中级人民法院就强调："社会公共利益主要是指以社会公众为利益主体的，涉及整个社会最根本的法律、道德的一般利益，违背社会公共利益的表现形式应当是违背我国法律的基本制度与准则、违背社会和经济生活的基本价值取向、违背中国的基本道德标准。"简言之，一种法益要成为社会公共利益，首先要脱离私益的范畴进入公益领域，表现出公共属性。无论社会公共利益的概念多么抽象，有两个最核心的特质是本概念必须具备的，这就是指向法益的公共性和重要性。

社会公共利益的概念随着社会形式的变化而不断更新、发展。以比特币为代表的数字货币在近年来得到飞速发展。深圳市中级人民法院在"高某某诉深圳市云丝路创新发展基金企业、李某"案中，就比特币是否违反社会公共利益作出了解释。本案争议焦点为涉案仲裁裁决决定支付与数字货币等价值的美金

---

① 何其生、张霞光：《承认与执行外国法院判决的博弈分析》，《武大国际法评论》2017年第1期，第34页。

（并兑换为人民币）是否违背社会公共利益。法院指出，《中国人民银行、工业和信息化部、中国银行业监督管理委员会、中国证券监督管理委员会、中国保险监督管理委员会关于防范比特币风险的通知》（银发〔2013〕289号）明确规定，比特币不具有与货币同等的法律地位，不能且不应作为货币在市场上流通使用。2017年，中国人民银行等七部委联合发布《关于防范代币发行融资风险的公告》重申了上述规定。同时，该文件从防范金融风险的角度进一步提出，任何所谓的代币融资交易平台不得从事法定货币与代币、"虚拟货币"相互之间的兑换业务，不得买卖或作为中央对手方买卖代币或"虚拟货币"，不得为代币或"虚拟货币"提供定价、信息中介等服务。上述文件实质上禁止了比特币的兑付、交易及流通，炒作比特币等行为涉嫌从事非法金融活动，扰乱金融秩序，影响金融稳定。因此，本案中的仲裁裁决高某某赔偿李某与比特币等值的美元，再将美元折算成人民币，实质上是变相支持了比特币与法定货币之间的兑付、交易，与上述文件精神不符，违反了社会公共利益，该仲裁裁决应予撤销。

本案的启示是，公共利益作为一国法律秩序的"安全阀"，在商事仲裁的司法审查中得到了普遍应用，几乎所有国内仲裁法都将违反"公共政策"（public policy）作为撤销仲裁裁决的理由。在我国，"违背社会公共利益"同样也是撤销和不予执行仲裁裁决的事由之一，但因受政治、经济、社会、文化甚至社会不同发展阶段的影响较大，公共利益本身的内涵和外延不易界定，也给法院留下了较大的自由裁量空间。

司法实践中，我国法院在把控"违背社会公共利益"的适用场景方面总体而言较为审慎，只有在仲裁裁决结果确实涉及"不特定群众利益、重大公共价值"的情况下，仲裁裁决才可能因"违背社会公共利益"被撤销或不予执行。

北京市第四中级人民法院受理的"中国黄金集团有限公司、中国黄金集团辽宁有限公司诉李某、刘某某"案①是一例以违背社会公共利益为由撤销的案件。申请人中国黄金集团有限公司及中国黄金集团辽宁有限公司以案涉《股权转让合同》为相关人员骗取巨额国有资产的犯罪手段为理由，成功说服北京市第四中级人民法院判决仲裁裁决违背了社会公共利益。基于以行贿手段获得的虚假《补充勘查地质报告》《资产评估报告》，申请人与被申请人签署了案涉《股权转让合同》，而贸仲裁决却认定《股权转让合同》合法有效，被申请人虚构黄金储量的严重性不构成根本违约，申请人不具有合同解除权。对此，法院认为该《股权转

---

① （2021）京04民特383号。

让合同》是双方以恶意串通方式损害国家利益的行为，符合以合法形式掩盖非法目的的情形，故《股权转让合同》成为相关人员骗取巨额国有资产的犯罪工具，该仲裁裁决结果对社会最根本的公平正义的法律原则构成了危害，属于违反社会公共利益的情形，因此仲裁裁决应予撤销。

目前，各国普遍认可的公共利益包括生态保护、环境治理及可持续发展。我国《新民事诉讼法理解适用与实务指南》对"社会公共利益"进行了如下解读："所谓社会公共利益，就是法理上通常所说的公共利益，它是指社会全体成员的利益。公共利益范畴的核心内容就是其公共性，基本内涵是指特定社会历史条件下，从私人利益中抽象出来能够满足共同体中全部或大多数社会成员的公共需要，经由公共程序并以政府为主导所实现的公共价值。"

司法实务方面，对于"社会公共利益"的理解则强调公共性＋社会性＋根本性。

首先，社会公共利益关系全体社会成员利益，为社会公众所享有，是整个社会发展存在所需要，具有公共性和社会性，不同于当事人的利益。[①]

其次，违背社会公共利益是指违背以社会公众为利益主体的，涉及整个社会最根本的法律、道德的共同利益，其表现形式应当是违背我国法律的基本制度与准则、违背社会和经济生活的基本价值取向，危害社会公共秩序和生活秩序，违背社会全体成员共同普遍认可、遵循的基本道德准则等。[②]

由此可以看出，深圳市中级人民法院对于"公共利益"的理解重申了"公共性、根本性"两大特征，并强调应与平等民事主体之间的纠纷进行区别。另外，根据最高人民法院(2015)民四他字第 46 号、(2013)民四他字第 46 号等复函文件精神，所谓"违背社会公共利益"，应当理解为违反我国法律基本原则（例如民法的诚实信用原则和公序良俗）、侵犯我国国家主权、危害社会公共安全、违反善良风俗等情形。

本案法院认为仲裁委裁决违反了人民银行颁布的通知，这一通知在性质上属于部门规章。而众所周知部门规章的数量十分庞大，在哪些情况下可以将违反部门规章认定为违反社会公共利益仍需要进一步确定。正因为公共政策的模糊性和不确定性，各国司法对于公共政策的运用都是很克制的。

例如，根据英国法律，以公共政策为由对仲裁裁决提出质疑的门槛很高，英

---

① (2020)京 04 民特 661 号。
② (2020)京 04 民特 607 号。

国高等法院在"Honeywell International Middle East Ltd v. Meydan Group LLC"案[1]中指出,"只有在对公众的伤害基本上是明确的无可争议的案件中才应援引,并且这不是少数司法思想的特殊推断"。

新加坡国际商事法院在"CEB v. CEC"案[2]中重申,基于违反公共政策撤销裁决要满足很高的标准。只有当维持仲裁裁决将"冲击良知"或"明显对公众利益有害,完全冒犯普通的理性和知情的公众,或违反法院地最基本的道德和正义感"时才可以援引公共政策。这些非常例外的情况在商事案件中并不多见。

从域外经验看,国际商事仲裁专家范登伯格考察了全世界至 1994 年为止已报道的、基于《纽约公约》所提起的承认及执行国际仲裁裁决的 500 多件申请案,发现其中仅 30 多件申请案的被申请人提出裁决在作成地法院被撤销或者正在进行撤销程序,以此作为法院应拒绝承认及执行的理由。然而,在这 30 多件与撤销裁决有关的案件中,只有 3 件最终被法院撤销,且无一件是基于公共秩序保留原因被撤销的。[3]

根据《中国仲裁年度报告》数据,2013、2015、2016 年,全国仲裁委员会被法院裁定撤销仲裁裁决的案件分别为 155、209、232 件,分别占案件总数的 0.15%、0.15%、0.11%,撤销率逐年下降,其中仲裁程序违反法定程序是最常见的原因。除此以外,还有裁决的事项不属于仲裁协议的范围或者仲裁委员会无权仲裁、对方当事人隐瞒了足以影响公正裁决的证据以及没有仲裁协议等理由。至于裁决因所根据的证据是伪造的,仲裁员在仲裁该案时有索贿受贿、徇私舞弊、枉法裁决行为,或裁决违背社会公共利益等理由而被撤销的案件虽然存在,但数量上相较于前四类案件要少得多。

七、不可仲裁性

《纽约公约》第 5 条第 2 款规定,依该国法律,争议事项系不能以仲裁解决者。[4]支配争议的不可仲裁性的法律是仲裁地法律。各国仲裁法对可仲裁性问题的规定也不尽相同。有的国家规定的可提交仲裁的争议范围较宽,有的则较窄。例如有的国家规定一方当事人是国家机关时,有关争议不得提交仲裁解决,即使可

---

[1]　Honeywell International Middle East Ltd v. Meydan Group LLC［2014］EWHC 1344(TCC).

[2]　CEB v. CEC and another matter［2020］SGHC(I) 11.

[3]　沈伟、陈治东:《商事仲裁法:国际视野和中国实践》(下卷),上海交通大学出版社 2020 年版,第 469 页。

[4]　《纽约公约》第 5 条第 2 款。

以提交仲裁解决，也应当满足法律规定的限制性条件；有的国家认为反垄断问题涉及公共利益，因此也不得提交仲裁解决。

我国《仲裁法》第 3 条规定了涉及婚姻、收养、监护、扶养、继承纠纷以及应由行政机关处理的行政案件不能仲裁，若仲裁庭审理了此类争议，便违反了国家的法律而导致裁决的无效。[①]

在实践中，不可仲裁性与无权仲裁可能会发生混淆。总的来说，不具有可仲裁性意味着仲裁庭无权仲裁，但仲裁庭无权仲裁不意味着该争议不具有可仲裁性。《仲裁执行规定》第 13 条针对《民事诉讼法》第 237 条第 2 款第 2 项的规定，即"裁决的事项不属于仲裁协议的范围或者仲裁机构无权仲裁的"，具体列举了4 种情形，分别是：裁决的事项超出仲裁协议约定的范围；裁决的事项属于依照法律规定或者当事人选择的仲裁规则规定的不可仲裁事项；裁决内容超出当事人仲裁请求的范围；作出裁决的仲裁机构非仲裁协议所约定。仲裁机构无权仲裁可以限定为两种理解：首先，从仲裁事项的可仲裁性角度进行理解，至少有两层含义：一是法定可仲裁性，即仲裁机构不能通过仲裁方式裁决的事项，例如我国《仲裁法》第 3 条之规定；二是约定可仲裁性，即超出当事人所约定的事项范围，仲裁机构无权仲裁。此种理解事实上是将本款撤裁依据中的"或者"一词理解为等同关系，从而将"或者"前后的表述视为相同含义。其次，从仲裁事项范围的角度进行理解。若当事人之间存在有效的仲裁协议，但仲裁事项不在仲裁协议约定的范围之内，就是超裁。从本质上看，超裁与无仲裁协议或仲裁协议无效的内涵是一致的，在超裁所涉事项范围内，当事人之间的确不存在仲裁条款或仲裁协议。[②]

综观国内外关于撤销事由的规定，可以得出以下初步结论：① 审查模式分为程序审和全面审（实体加程序），普遍情况是以程序性事由为主。② 撤销率很低，公共政策的适用受到严格限制。③ 趋势上看，在撤销理由上不区分国内仲裁和涉外仲裁。④《示范法》得到广泛认可，但分歧仍然存在。总的来说，法院不进行实体事项审查已成为各国立法的基本趋势，这也是为了仲裁的终局性和快捷性考虑。除了我国之外，这些主要国家的立法都没有纳入证据事项。很少有国家愿意完全放弃审查实体事由（公共政策本就属于实体事由），这是因为国家之间还是存在一定的分歧，包括对实体事项的审查问题、对可仲裁性的规定以

---

① 《仲裁法》第 3 条。
② 张卫平：《仲裁裁决撤销事由的解析及调整》，《经贸法律评论》2018 年第 1 期，第 104 页。

及对于公共秩序和公共政策的理解。

第四节　申请撤销仲裁裁决的结果

申请撤销仲裁的结果包含两层含义：一是申请的结果；二是面对法院判决（驳回）如何救济。

一、原裁决效力

一般来说，仲裁裁决被仲裁地法院撤销后，其法律后果是该裁决就不存在了，既然已经不存在仲裁裁决，那么，其他缔约国也就丧失了承认与执行的依据，当然也就不能承认与执行该裁决了。但是有的国家（例如法国）对《纽约公约》进行严格的文义解释，认为公约并没有要求缔约国在裁决被撤销时应拒绝承认与执行该裁决，当然，这种解释也符合公约的订立宗旨，即使是已经撤销的仲裁裁决，法国法院也有许多承认与执行的先例。[①] 另一具有代表性的国家就是美国，认为当裁决国与本国法律规定的法定撤销事由相同时，方能认定仲裁裁决是已被撤销的无效裁决。

从实践来看，如果缔约国法院是因为仲裁程序存在瑕疵而撤销裁决时，其他缔约国在决定是否承认与执行该裁决时一般都会予以尊重，因为程序正义是各国仲裁法都认可并予以保障的。当仲裁地法院撤销裁决的理由是基于可仲裁性问题和公共秩序时，被请求承认与执行该裁决的其他缔约国对此理由不一定予以认可，在一国被认为违背公共秩序的情形，在另一国则可能是恰当的、合理的。

前述"A6 v. B6"案，A6 在申请书中要求法院撤销部分裁决并重新开放仲裁。无论是根据《阿联酋联邦仲裁法》还是《ADGM 仲裁条例》，都没有任何法律规定在最终裁决后重新开放仲裁。原则上，裁决要么被撤销，要么没有被撤销，不能组成新的仲裁庭二次审议。因此，A6 的请求没有法律依据，被法院拒绝。

---

① 傅攀峰：《未竟的争鸣：被撤销的国际商事仲裁裁决的承认与执行》，《现代法学》2017 年第 1 期，第 156 页。

二、原仲裁协议效力

《荷兰民事诉讼法典》规定了撤销仲裁裁决是法院作出的终局性决定,当事人之间除另有约定外都应当接受法院对所涉争议的管辖。"台湾仲裁法"规定:"仲裁判断经法院判决撤销确定者,除另有仲裁合意外,当事人得就该争议事项提起诉讼。"

如果是因为法院认定仲裁协议无效而被撤销,那么,获胜方可以另行向法院提起诉讼。土耳其法律规定,一旦仲裁裁决被撤销,法院的管辖权立即恢复。

但是也有一些国家规定得更为具体,要看是因何而撤销。如果仲裁是因为程序不当而被撤销,法院很大程度上会支持重新仲裁,例如《英国仲裁法》第69条第7款规定:"将裁决全部或部分发回仲裁庭按照法院的决定重审……除非法院认为将争议事项发回仲裁庭重审是不合适的。"

如果一项裁决需要被更正或作进一步解释,法院一般会将案件发回原来的仲裁庭。但是若撤销是由于程序的诚信问题,例如仲裁员存在偏私或其他不当行为,那么,法院就不会发回原来的仲裁庭。若法院没有将案件发回原来的仲裁庭审理,当事人可以将争议重新提交一个新的仲裁庭解决。[①] 美国《统一仲裁法》第12条规定,如果法院撤销仲裁裁决的事由不是出于协议的效力问题,法院可以指令仲裁庭重新仲裁。如果是因为仲裁员贿赂、欺诈或其他不正当行为或偏私,仲裁机构应当另行组成仲裁庭重新仲裁。如果撤销事由涉及程序瑕疵,或者是因为仲裁员超裁,那么,重新仲裁可以由原来的仲裁员或其继任进行,当事人可以通过协议帮助法院最终决定。[②]

为尊重当事人提交仲裁的意思表示,对于仲裁程序的瑕疵问题可以通过重新仲裁解决的,一些法院会尽量选择通知仲裁庭重新仲裁,避免直接撤销仲裁裁决。

中国香港初审法院受理的"A v. B"案,[③]法院最终认为仲裁员未能考察 A 提出的合同约定的除斥期间条款以及未能解释为何不适用该除斥期间造成了对 A 的不公平,该仲裁裁决不能被执行。但法院并未裁定立即撤销该裁决,而是将该裁决退回给仲裁员就除斥期间问题进行补充处理,撤销程序则暂停 90 天,当事方可以再行上诉。对于法院的处理,A 主张暂缓撤销程序并不合适,因为仲裁

---

① 《德国仲裁法》第1041条。
② 《统一仲裁法》第12条。
③ A v. B［2015］5 HKCFI 1077.

员很难对相关的主张重新进行清晰的梳理,B 则主张如果该裁决违反公共政策应当暂缓撤销程序。但法院认为仲裁员只需根据已经查明的事实在其裁决中加入对抗辩条款的认定即可,其认为如果将裁决退回仲裁员再行处理并不会造成实质性的风险。

新加坡高等法院受理的"Bagadiya Brothers (Singapore) Pte Ltd. v. Ghanashyam Misra & Sons Pte Ltd."案,[①]法院认为原告 Bagadiya Brothers Ltd.(Pte)和被告 Ghanashyam Misra & Sons Ltd.(Pte)在仲裁程序中,未能就最终货物价格确定的问题得到合理的举证和发表意见的机会,受到了不平等对待,因此,决定行使《示范法》第 34(4)条赋予的权力,暂停裁决撤销程序并移交仲裁庭重新裁决。

三、上诉制度

根据英国《1996 年仲裁法》,当事方可以向法院就仲裁程序中涉及的法律问题提起上诉,由此确立了在法院撤销仲裁裁决的上诉制度。但是在规定了上诉制度的同时,英国《1996 年仲裁法》第 67 条也对当事人得以提出上诉的条件做出了一定的限制。[②] 美国《联邦仲裁法》第 13 条规定可以上诉的是法院就仲裁作出过权利认定、更改、完全或部分撤销的情形。[③] 与此同时,许多国家明确表示对撤销仲裁提出上诉是禁止事项。保加利亚有关仲裁法律规定了撤销裁定一经作出,便不再接受当事人或司法机关中任何一方的监督审查;比利时也在有关法律中作出要求,针对撤销仲裁裁决案件的裁定不得提出上诉。除了明确规定仲裁裁决上诉制度与否决上诉制度在本国仲裁裁决撤销案件中的应用之外,一些国家并没有对上诉制度适用与否作出明确规定,这些国家包括法国、德国、瑞士、俄罗斯等。

在上诉制度的适用上,各国有不同的适用方式。一种典型的适用方法是适用上诉制度要经过法院的准许,法院准予上诉的案件当事人才可以上诉,采取这种标准的国家是英国;另一种是当事人对撤销仲裁裁决案件上诉不需要经过法院批准,但是在具体条件上应当符合相关法律的限制性规定,采取这种标准的国家有德国与法国。在仲裁裁决撤销案上诉制度的法定事由与启动标准上,各国的规定也不尽相同,具体见表 7 - 2。

---

① Bagadiya Brothers (Singapore) Pte Ltd. v. Ghanashyam Misra & Sons Pte Ltd. [2022] SGHC 246.
② 《1996 年英国仲裁法》第 67 条。
③ 《联邦仲裁法》第 13 条。

表 7 - 2 　各国法院撤销仲裁裁决后规定

国　　家	原裁决效力	原仲裁协议效力	能　否　上　诉
比利时	不当然无效	无效	没有明确规定
英　国	无效	原则上有效,除非不适合重新裁判	可就仲裁程序中的所涉及的法律问题提起上诉
法　国	并不是当然无效	—	能,具体条件上应当符合相关法律的限制性规定
美　国	部分无效	不是出于协议的效力问题被撤销,则有效	法院就仲裁作出过权利认定、更改、完全或部分撤销的,可上诉
德　国	—	裁决需要被更正或作进一步解释,则有效	能,即时抗告程序

　　我国裁决撤销之诉的结果,《仲裁法》和《民事诉讼法》规定了 3 种处理方式:通知仲裁庭重新仲裁、撤销仲裁裁决和驳回撤销申请。具体规定如下。

　　一是通知仲裁庭重新仲裁根据《仲裁法》第 61 条规定,人民法院受理撤销裁决的申请后,认为可以由仲裁庭重新仲裁的,通知仲裁庭在一定期限内重新仲裁,并裁定中止撤销的程序。

　　《最高人民法院关于适用〈中华人民共和国仲裁法〉若干问题的解释》第 21、22 和 23 条了进一步细化:一是适用情形是仲裁裁决所依据的证据是伪造的,或者对方当事人隐瞒了足以影响公正裁决的证据;二是人民法院在通知仲裁庭重新仲裁时,必须说明重新仲裁的具体理由;三是如果当事人对重新仲裁的结果不服的,可以向法院申请撤销。

　　无论是上述 2022 年的 35 件重新仲裁案件,还是近 3 年(2020—2022 年)北京法院受理的 14 件重新仲裁案件(撤销仲裁裁决案件仅 5 件)可以发现,法院通知仲裁机构重新仲裁的案件数高于撤销仲裁裁决的案件数,法院在撤销仲裁裁决的司法审查过程中一般采取审慎态度,尽可能尊重当事人选择仲裁的意愿,在能够通过重新仲裁纠错的情况下避免撤销仲裁裁决。[①]

　　二是撤销仲裁裁决。根据《仲裁法》第 60 条的规定,裁决被撤销后,若当事

---

① 刘双玉、吴献雅等:《完善仲裁公信力提升机制若干问题研究:以北京地区仲裁司法审查案件为分析样本》,《法律适用》2022 年第 11 期,第 133 页。

人的纠纷并没有得到解决，当事人可以重新达成仲裁协议或向有管辖权的法院起诉。如果裁决是以程序性问题为由而被撤销的，由于仲裁协议仍然有效，当事人必须回到初始状态，重新开始仲裁程序，这充分尊重了当事人的意志。

三是驳回撤销申请。《仲裁法》第 60 条规定，法院只能在撤销裁决和驳回申请之间做选择，法院不能自行调解。根据最高法院的规定，撤裁案件属于"依案件性质不能进行调解"的案件。

《仲裁法》未允许当事人对法院的裁定向上一级法院进行上诉。最高法院于 1997 年 4 月 23 日发布《关于人民法院裁定撤销仲裁裁决或驳回当事人申请后能否上诉问题的批复》（法复〔1997〕5 号），明确规定对法院作出的撤销裁决的裁定不得上诉。2017 年发布的《最高人民法院关于审理仲裁司法审查案件若干问题的规定》第 8 条规定，当事人对驳回申请的裁定不服的，可以提起上诉。

基于现行《仲裁法》不允许在撤销程序中存在相对人，不属于撤销程序的当事人一方即与该裁定书毫无关系，没有理由就一份"与己无关"的法律文书提起其他诉讼程序，因此如果法院受理撤销之诉程序发生错误，并没有救济的方法。[①] 从我国《仲裁法》与《民事诉讼法》的相关规定中可以看出，当前我国对于撤销的救济规定并不充分，最高人民法院甚至就缺失的救济途径作出批复，表示针对法院作出的撤销或是驳回的裁定都不能提出上诉或申请再审，检察院也不可提起抗诉。[②]

---

① 章杰超：《论仲裁司法审查理念之变迁：以 N 市中院申请撤销国内仲裁裁决裁定为基础》，《当代法学》2015 年第 4 期，第 129 页。
② 覃华平：《我国仲裁裁决撤销制度探析及立法完善之建议》，《中国政法大学学报》2017 年第 2 期，第 63 页。

第八章
仲裁裁决的承认与执行 *

第一节　概念明晰：承认与执行

首先，仲裁是以双方当事人的仲裁协议为基础的解决争议的方式。其区别于其他商事争端解决机制的一个显著特点是双方当事人都希望通过非司法的方式达成有约束力的解决方案。当事人在签订仲裁协议时，履行仲裁裁决被视为当事人的一种默示的承诺。然而，若败诉方拒不执行裁决，作为一个中立的第三方，仲裁机构本身不具备强制执行裁决的权力，作出裁决的仲裁庭在裁决作出后亦不复存在，胜诉方只能提请有管辖权的法院承认裁决的效力，并予以强制执行。两者的概念与含义可见表 8-1。

表 8-1　承认与执行的概念与含义

概　　念	含　　义
仲裁裁决的承认 (Recognition of Arbitral Award)	法院对仲裁机构所作出的具有约束力的裁决予以许可，并赋予其强制执行力的司法行为
仲裁裁决的执行 (Enforcement of Arbitral Award)	在承认的基础上通过国家的强制力，使已经发生法律效力并取得了执行力的仲裁裁决得以实施的司法行为

承认是一个保护性的步骤，其作用在于使裁决获得司法上的认可和效力。胜诉方会主张争议已经得到了解决，并且通过向法院递交裁决提出申请的方式，要求法院认可裁决的法律效力和裁决对双方当事人的约束力。此外，承认的保护性还体现在有效防止当事人提起新的司法诉讼程序，以保护胜诉方的法律和

＊　本章作者屠安楠、牟伟、苏鑫。

商业利益。而执行是承认之后的步骤，是更为积极的救济手段。法院不仅需要承认裁决的法律效力，而且应当运用所有的法律强制机制保证裁决的事项获得贯彻。①

因此，承认是仲裁裁决取得执行力的必经程序，是使仲裁裁决在法院地国取得如同内国法院之终局判决一样的既裁（决）效力。执行是内国法院通过强制力使裁决确定的权利义务付诸实现的过程。任何外国裁决要在内国取得执行力必须得到内国法院的承认，也就是说，虽然承认是执行前的必然性程序，但是执行不是承认之后的必然性程序，例如某仲裁请求被仲裁庭裁定不成立，被申请人向法院提起承认该裁决的请求，仲裁庭在裁决中所认定的事实就会具有一定的既判力。

承认与执行在实际中是否可以被分开，尤其是外国的仲裁裁决在内国的法院承认与执行是否可以被区分开？《纽约公约》第 1 条第 1 款提及"承认与执行"，但公约本身并没有定义"承认"和"执行"这两个用语，对两个用语进行解释的判例法也不多，但普遍认为，"承认"是指将仲裁裁决视为具有约束力（但并不必然具有可执行力）的过程；而"执行"是指使裁决具有效力的过程。关于"承认"和"执行"就会产生一个问题：在《纽约公约》下，当事人是否必须同时申请承认和执行外国仲裁裁决，或者是否可以单独申请承认一项外国裁决？德国最高法院在 1981 年的一个判决中就将"承认和执行"解释为相互关联的程序，不能单独申请。②

其他法域的法院有认为可以单独申请承认仲裁裁决，例如，印度最高法院认为，当事人可以单独申请承认仲裁裁决，以作为防止重新审理仲裁裁决所涉及的问题的"盾牌"。印度最高法院认为，如果败诉方就仲裁裁决中已经处理的事项对胜诉方提起诉讼，则仲裁裁决的胜诉方可以依赖该裁决。③

中国法下，《民事诉讼法》及司法解释都没有将"承认"与"执行"区分开来。但是，依照《最高人民法院关于承认和执行外国仲裁裁决收费及审查期限问题的规定》第 3 条规定：人民法院受理当事人申请承认和执行外国仲裁裁决，不得对

---

① 沈伟、陈治东：《商事仲裁法：国际视野和中国实践》（下卷），上海交通大学出版社 2020 年版，第497—498 页。

② Compagnia Italiana di Assicurazioni (COMITAS) S. p. A., Società di Assicurazioni Gia Mutua Marittima Nazio- nale (MUTUAMAR) S.p. A. and others v. Schwartzmeer und Ostsee Versicherungsaktiengesellschaft (SOVAG), Bundesgerichtshof［BGH］, Germany, 8 October 1981.

③ Brace Transport Corporation of Monrovia, Bermuda v. Orient Middle East Lines Ltd. and others, Supreme Court, India, 12 October 1993, Civil Appeals Nos 5438‐39 of 1993.

承认和执行分别两次收费。对所预收费用的负担,按照《人民法院诉讼收费办法》有关规定执行。《解读最高人民法院司法解释(含指导性案例)·民事诉讼卷(下)》[1]解释:根据《民事诉讼法》的规定,承认和执行国外仲裁机构的裁决的案件包括两类:一是审理当事人申请承认国外仲裁机构的裁决的案件;二是执行国外仲裁机构的裁决的案件。这两类案件都属于民事案件范畴,当事人无论申请承认还是申请执行国外仲裁机构的裁决,都应当根据《民事诉讼法》的规定,向人民法院交纳诉讼费用,包括案件受理费和申请执行费及执行中实际支出的费用。根据本条规定,人民法院受理当事人申请承认和执行国外仲裁机构的裁决,不得对承认和执行分别收费。当事人只申请承认国外仲裁机构的裁决,人民法院只收申请费。当事人申请承认和执行国外仲裁机构的裁决,人民法院按照申请执行的金额或者标的物价格预收执行费,不单独收取申请承认费;但如果人民法院最终仅承认而不予执行国外仲裁机构的裁决,人民法院应当在预收的执行费用中扣除 500 元后,将其余部分退还给申请人。据此,《最高人民法院关于承认和执行外国仲裁裁决收费及审查期限问题的规定》第 3 条规定实际上包含了单独的承认外国仲裁裁决程序。

目前上述司法解释虽然已经失效,但依照现行有效的《诉讼费用交纳办法》第 10 条第 8 款的规定,申请承认和执行国外仲裁机构裁决,应交纳申请费;第 14 条第 1 款的规定:申请承认和执行国外仲裁机构裁决的,按照下列标准交纳申请费:① 没有执行金额或者价额的,每件交纳 50—500 元。② 执行金额或者价额不超过 1 万元的,每件交纳 50 元;超过 1 万—50 万元的部分,按照1.5%交纳;超过 50 万—500 万元的部分,按照 1%交纳;超过 500 万—1 000 万元的部分,按照 0.5%交纳;超过 1 000 万元的部分,按照 0.1%交纳。上述规定同样暗示了仅申请承认而不申请执行仲裁裁决的可能性。

在司法实践中,也存在请求中国法院对外国仲议裁决予以承认而不执行的案例。在"招商银行厦门分行与 MK 公司、新加坡星展银行有限公司申请承认 SIAC 仲裁裁决"案[2]中,厦门海事法院在其(2019)闽 72 民特 1042 号民事裁定书中认为,案由为申请承认外国仲裁裁决。依据《最高人民法院关于审理仲裁司法审查案件若干问题的规定》第 3 条第 1 款的规定,外国仲裁裁决与人民法院审

---

① 杜万华:《解读最高人民法院司法解释(含指导性案例):民事诉讼卷(下)》,人民法院出版社 2016 年版,第 1221 页。
② (2019)闽 72 民特 1042 号民事裁定书。

理的案件存在关联，被申请人住所地、被申请人财产所在地均不在我国内地，申请人申请承认外国仲裁裁决的，由受理关联案件的人民法院管辖。申请人申请承认的新加坡国际仲裁中心就 MK 公司、星展银行与招商银行之间独立保函纠纷作出的仲裁裁决与本院受理的厦门船舶重工股份有限公司与招商银行之间独立保函委托合同纠纷系列案件，即(2019)闽 72 民初 335 号、(2019)闽 72 民初 984 号、(2019)闽 72 民初 2020 号等 3 个案件存在关联，故依照《最高人民法院关于审理仲裁司法审查案件若干问题的规定》第 3 条的规定，本案可由本院管辖。本案所涉新加坡国际仲裁中心仲裁裁决系在新加坡作出，我国与新加坡均为 1958 年《纽约公约》的成员国。依照《民事诉讼法》第 283 条的规定，涉案仲裁裁决是否应当予以承认，应当依照《纽约公约》和《民事诉讼法》《最高人民法院关于审理仲裁司法审查案件若干问题的规定》的相关规定予以审查。最终，法院承认该裁决。

该案特点是申请承认外国仲裁裁决系由仲裁裁决的支付义务人招商银行提起，其在两份仲裁裁决项下的支付义务均已履行完毕，故申请人仅申请承认，而不申请执行。申请人之所以提出申请，旨在使案涉两份新加坡仲裁裁决具有中国法下之效力，并用于该法院关联的另案诉讼中，即在独立保函委托合同纠纷诉讼中产生既判力，以狙击对方。法院认为这一申请系其自愿，也不妨碍对方当事人或第三人之利益，更不违反公共政策，故予以准许，并准许由招商银行自愿承担申请费 500 元。

综上，可以认为无论是《纽约公约》还是我国国内法规定并不强制要求当事人同时申请承认与执行外国仲裁裁决。如果外国仲裁裁决并无履行内容(例如确认性裁决)或已履行完毕，此时无需申请执行，而只需单独申请承认仲裁裁决即可。

第二节　当事人申请

在厘清承认与执行的基本概念及关系后，笔者将以当事人申请承认与执行的具体程序为线索展开论述。这里，以时间轴的形式展示，当一方当事人获得一份对其有利的仲裁裁决后一般会经历以下程序：当事人需要向法院申请承认与执行；在当事人申请后，异议人可能会向法院申请不予执行，其中异议人既可能是被申请人，也有可能是案外人；最后，法院作出裁定。

一、申诉方申请执行

根据《民事诉讼法》第 244 条第 1 款、①第 280、②290 条③规定，当事人向中国法院提出执行仲裁裁决的申请必须具备一定的条件。

一是必须由胜诉的一方当事人提出申请。这一要件虽然没有在法条中予以直接规定，但从法条中的"一方当事人不履行""被执行人"等表述可以看出，一方面，执行仲裁裁决的程序必须由参加仲裁的一方当事人提出，法院无权主动执行仲裁裁决；另一方面，只有胜诉方有权要求法院执行裁决。

在此有一个相关案例涉及申请人问题。④ 案情本身非常简单，被申请人向申请人申请贷款，到期未能还本付息，故申请人依据贷款协议中约定的仲裁条款提起仲裁。这一案件的特殊之处在于申请人国际金融公司（International Finance Corporation）是一个总部位于美国华盛顿特区的多边国际金融机构。该公司是世界银行集团的成员，由 177 个成员出资设立，致力于为发展中国家和新兴市场的私营部门提供多样化的金融支持，中国也是其成员之一。本案是中国首个涉及政府间国际组织的香港仲裁裁决认可及执行的案件。根据《国际金融公司协定》第 6 条第 1 节的规定，国际金融公司在每个会员国境内享有本条规定的法律地位、豁免权和特权，包括管辖豁免、执行豁免、税收豁免等。本案，国际金融公司作为申请人，并未涉及有关豁免权和特权问题，但国外已有相关案例涉及这一问题：2019 年 2 月 27 日，美国联邦最高法院就"杰姆等诉国际金融公司"案（Jam et al. v. International Finance Corp.）作出判决，认定国际金融公司作为政府间国际组织在美国享有与外国国家相同的豁免，并适用限制豁免原则，即在从事商业活动、侵权等情形下不享有豁免权。⑤

---

① 《民事诉讼法》第 237 条第 1 款："对依法设立的仲裁机构的裁决，一方当事人不履行的，对方当事人可以向有管辖权的人民法院申请执行。受申请的人民法院应当执行。"
② 《民事诉讼法》第 273 条："经中华人民共和国涉外仲裁机构裁决的，当事人不得向人民法院起诉。一方当事人不履行仲裁裁决的，对方当事人可以向被申请人住所地或者财产所在地的中级人民法院申请执行。"
③ 《民事诉讼法》第 283 条："国外仲裁机构的裁决，需要中华人民共和国人民法院承认和执行的，应当由当事人直接向被执行人住所地或者其财产所在地的中级人民法院申请，人民法院应当依照中华人民共和国缔结或者参加的国际条约，或者按照互惠原则办理。"
④ （2020）川 03 认港 1 号民事裁定书。
⑤ 陈延忠：《中国内地法院首度认可与执行涉政府间国际组织香港仲裁裁决》，微信公众号"万邦法律"，最后访问日期：2021 年 3 月 4 日。

二是当事人必须在一定期限内提出。根据《民事诉讼法》第 246 条规定，[①]申请执行的期间为 2 年，该时效的中止、中断适用法律有关诉讼时效中止、中断的规定。由于这一条文规定在"第三编执行程序"之下，而"第四编涉外民事诉讼程序"对这一问题没有特别规定，可以认为这一规定适用于中国法院执行国内、涉外和外国仲裁裁决。

三是当事人必须向有管辖权的法院提出申请。确定具体的管辖法院可以分为级别管辖与地域管辖。在级别管辖问题上，根据《2006 年司法解释》第 29 条、[②]《民事诉讼法》第 280、290 条的规定，由中级人民法院管辖。在地域管辖问题上，根据上述规定，由被执行人住所地或者被执行的财产所在地法院管辖。

在管辖法院问题上也有一个案例。[③] 在该案中，成功公司是申请仲裁裁决执行的一方，天洋集团公司、天洋国际公司以及周某这一自然人是被申请人，两家公司的住所地均在北京市朝阳区。在仲裁进行过程中，申请人通过香港国际仲裁中心成功向北京市第三中级人民法院申请财产保全。而在执行程序中，被申请人提出管辖权异议，主张两家公司的主要办事机构均位于河北省三河市，且其在北京市辖区无任何可供执行的财产，本案应由河北省廊坊市中级人民法院管辖。本案的一审与二审法院均认为，被申请人的住所地位于北京市朝阳区，被申请人未否定上述住所地的证据，也没有举证证明其主要办事机构所在地位于河北省三河市，根据《关于内地与香港特别行政区相互执行仲裁裁决的安排》第1、2 条规定，本案管辖法院为北京市第四中级人民法院。本案的意义在于，二审法院明确说明申请人曾依照两地仲裁保全安排申请财产保全，这有助于北京法院管辖权的行使，同时明确执行的便利与否并不构成限制申请人选择法院的理由。这提醒我们仲裁保全措施的采取不仅有利于保障未来胜诉裁决的执行，而且有利于申请执行仲裁裁决的管辖。[④]

在法院管辖的问题上，国外的案例也值得借鉴。2020 年 10 月 29 日，美国华盛顿联邦地区法院驳回加拿大 OGI 集团对伊拉克巴格达石油部石油项目公

[①] 《民事诉讼法》第 239 条："申请执行的期间为二年。申请执行时效的中止、中断，适用法律有关诉讼时效中止、中断的规定。前款规定的期间，从法律文书规定履行期间的最后一日起计算；法律文书规定分期履行的，从规定的每次履行期间的最后一日起计算；法律文书未规定履行期间的，从法律文书生效之日起计算。"

[②] 《2006 年司法解释》第 29 条："当事人申请执行仲裁裁决案件，由被执行人住所地或者被执行的财产所在地的中级人民法院管辖。"

[③] 北京市高级人民法院(2020)京民辖终 161 号。

[④] 张振安：《北京高院案例：依照内地香港仲裁保全安排采取保全，保全地法院有权管辖香港仲裁裁决认可与执行》，微信公众号"临时仲裁 ADA"，最后访问日期：2021 年 1 月 14 日。

司(简称 SCOP)提起的承认和执行国际商会仲裁院(简称 ICC)裁决的申请，原因是该法院对被告缺乏属人管辖权，也非受理本案申请的适当法院。[①]

2005 年，加拿大 OGI 集团与伊拉克国有公司 SCOP 签订了 1.77 亿美元的合同，协助开发伊拉克 Hamrin 油田。OGI 集团"提供设计、工程、采购和其他服务"，以及在 Hamrin 油田铺设流线、注气线和互连线。OGI 集团与 SCOP 之间的合同载有仲裁条款，具体规定"伊拉克 Hamrin 油田开发合同引起的或与之有关的所有争议"均须向国际商会进行具有约束力的仲裁。仲裁条款还约定瑞士日内瓦为仲裁地，并要求适用伊拉克实体法，所有程序以英语进行。

2008—2013 年，双方因 OGI 集团履行合同发生纠纷，OGI 集团向美国哥伦比亚特区联邦地区法院申请承认与执行上述 ICC 仲裁裁决。SCOP 提出两点抗辩：一是法院对其没有属人管辖权；二是法院并非审理本案的适当法院，并提出驳回原告申请的动议。

在举证责任方面，根据联邦民事诉讼规则 12(b)(2)提出的驳回动议，由原告承担"法院享有对被告的属人管辖权"的举证责任。同样，对于根据第 12(b)(3)条提出的以不适当法院为由驳回诉讼的动议，也由原告承担证明法院是适当法院的举证责任。

对于法院是否享有对 SCOP 的属人管辖权，法院认为首先需要回答 3 个问题：① SCOP 是否伊拉克的一个机构；② 如果 OGI 集团是伊拉克的一个机构，OGI 集团是否提出了足够事实证据，足以推翻 SCOP 属于不同于伊拉克的法律实体的推定；③ 如果将 SCOP 与伊拉克分开处理，SCOP 是否与美国有足够的最低限度联系，以使对 SCOP 的属人管辖权符合正当程序。法院认为，双方对于 SCOP 属于伊拉克的机构并没有异议，因为 SCOP 是在伊拉克成立和注册的，不是美国任何一个州或第三国的公民。因此，SCOP 符合机构性的法定标准。

在确定 SCOP 是伊拉克的一个机构之后，法院接下来必须确定 SCOP 是否在管辖权上有别于伊拉克。如果是这样，SCOP 有权得到《宪法(第五修正案)》正当程序条款的保护。在管辖问题上，外国国家与外国机构或部分有所区别。对外国国家而言，对其有属事管辖权加上送达传票就可构成属人管辖权。相反，如果一个外国的机构是被告，则可以适用《宪法(第五修正案)》的正当程序保护。只有被告与法院地有足够的联系，管辖权才会存在。

[①] OGI Group Corp. v. Oil Projects Co. of the Ministry of Oil, Baghdad, Iraq (SCOP), 2020 WL 6342886 (D.D.C. Oct. 29, 2020).

为了推翻 SCOP 法律上不同于伊拉克的推定,OGI 集团应举证证明 SCOP "受其所有者的广泛控制,从而产生了委托人和代理人的关系"或"更广泛的公平原则",但 OGI 集团没有证据予以证明,法院认为不能违反"作为独立于主权国家的法律实体而设立的政府机构通常应被视为独立于主权国家的法律实体"的规则。因此,SCOP 不作为国家代理人行事,有权享有"私人公司可获得的所有正当程序保护"。

关于 SCOP 与美国国内的最低限度联系问题,首先,OGI 集团没有提供任何证据表明 SCOP 负责伊拉克向美国出口石油的全部或任何具体部分。其次,即使所有的石油出口都归于 SCOP,OGI 集团仍然无法证明 SCOP 在美国国内具有最低限度联系,并可对其行使一般或通用管辖权。因此,法院认为,对 SCOP 行使一般管辖权不符合正当程序。

对于法院是否审理本案的适当法院的问题,《外国主权豁免法》(FSIA)第 1391(f)条对管辖作出了规定。该条规定对外国国家的民事诉讼可以在美国哥伦比亚特区地区法院提起,如果诉讼是针对外国或其政治分区提起的。SCOP 辩称,这一规定说明哥伦比亚特区地区法院仅是针对外国国家本身或其政治分区提起诉讼的适当地点,而不是针对外国机构提起诉讼的适当地点。法院认为,根据该条的明文规定及其上下文,可以认为第 1391(f)(4)条仅限于外国及其政治分区,不适用于外国的机构。因此,根据第 1391(f)(4)条,哥伦比亚特区地区法院并非审理本案的适当法院。

综上,《纽约公约》第 3 条实际上授权成员国依照本国程序法受理外国仲裁裁决的承认与执行。本案美国法院也正是基于美国国内法规定,认定其对被告缺乏属人管辖权,也非受理本案申请的适当法院,并驳回相关申请。其中,外国国家的机构享受美国《宪法(第五修正案)》的正当程序保护。只有其与法院地有足够的联系,美国法院才能对其享有管辖权,这一点也值得我国国有企业参考借鉴。在我国作出的裁决需要到外国被执行时,需考虑外国的程序法与相关的法院管辖问题。①

二、异议人申请不予执行

在申请人向有管辖权的法院申请执行仲裁裁决后,作为被申请人当然可以向法院提出异议,请求法院不予承认与执行仲裁裁决。值得注意的是,2018 年

---

① 采安仲裁团队:《美国案例:ICC 裁决申请承认与执行被驳回,只因这个原因》,微信公众号"采安律师事务所",最后访问日期:2020 年 11 月 12 日。

出台的《仲裁裁决执行规定》首次明确赋予了案外人申请不予执行仲裁裁决的权利，而在此之前，只有被申请人有权提出异议。

在此通过一个案例来了解这一新规定。① 在该案中，提出异议的案外人是严某某（其是施庆公司的股东），申请执行仲裁裁决的是宇升公司，被执行人是施庆公司。两公司之间签订了一份《厂房转让协议》，法院根据查证的事实，认定涉案厂房转让协议以及仲裁条款的签订均无施庆公司的有效授权，而是严某某在没有施庆公司法定代表人的授权委托书和公司决议的情况下，擅自代表施庆公司与宇升公司签订的合同，而转让厂房所得的款项均用于归还严某某的个人借款。法院根据《仲裁裁决执行规定》第18条之规定，支持了案外人严某某的请求。

《仲裁裁决执行规定》的第9和18条分别规定了案外人申请不予执行仲裁裁决的程序条件和实质审查标准，②第22条第3款还赋予了对审查结果不服的案外人进一步救济的权利。③《仲裁裁决执行规定》虽然首次明确赋予了案外人提出不予执行仲裁裁决申请的权利，创设了案外人申请不予执行制度，但该制度的局限和细节规定如何完善仍有待进一步研究，例如，如何明确界定"案外人"的范围、如何判断仲裁案件当事人之间的"恶意"。在本案中，有学者和实务人士提出了异议：根据该执行规定，案外人系仲裁裁决或调解书损害的权益的主体，系借由"利益"界定主体，而本案权利或利益的主体是施庆公司而非施庆公司的股东。更直观来看，严某某作为所谓的案外人提出执行异议，与股东代表诉讼有异曲同工之妙。若将股东代表诉讼视为本质上是在维护公司的利益，这种情形下股东是否属于"权利或者利益的主体"？再例如，本案法院认定仲裁案件当事人之间的"恶意"也颇具争议。本案涉案厂房在拟办理过户交易时，施庆公司的法

---

① （2021）沪01执异20号。

② 《仲裁裁决执行规定》第9条："案外人向人民法院申请不予执行仲裁裁决或者仲裁调解书的，应当提交申请书以及证明其请求成立的证据材料，并符合下列条件：（一）有证据证明仲裁案件当事人恶意申请仲裁或虚假仲裁，损害其合法权益；（二）案外人主张的合法权益所涉及的执行标的尚未执行终结；（三）自知道或者应当知道人民法院对该标的采取执行措施之日起三十日内提出。"

　　《仲裁裁决执行规定》第18条："案外人根据本规定第九条申请不予执行仲裁裁决或者仲裁调解书，符合下列条件的，人民法院应当支持：（一）案外人系权利或者利益的主体；（二）案外人主张的权利或者利益合法、真实；（三）仲裁案件当事人之间存在虚构法律关系、捏造案件事实的情形；（四）仲裁裁决主文或者仲裁调解书处理当事人民事权利义务的结果部分或者全部错误，损害案外人合法权益。"

③ 《仲裁裁决执行规定》第22条第3款："人民法院基于案外人申请裁定不予执行仲裁裁决或者仲裁调解书，当事人不服的，可以自裁定送达之日起十日内向上一级人民法院申请复议；人民法院裁定驳回或者不予受理案外人提出的不予执行仲裁裁决、仲裁调解书申请，案外人不服的，可以自裁定送达之日起十日内向上一级人民法院申请复议。"

定代表人到场,宇升公司也提供了向施庆公司支付购房款的凭证,仅以此有效信息,能否得出"施庆公司股东严某某与宇升公司存在虚构法律关系、恶意申请仲裁的情形"这一结论? 对此有进一步的讨论空间。该制度另一个值得质疑的点在于,这一制度的实际实施效果——目前案外人申请不予执行制度仅适用于虚假仲裁的情形,然而,如果虚假仲裁的当事人已经产生了恶意串通损害案外人的意图,一般会选择自动履行仲裁裁决或仲裁调解书,避免因案件进入执行阶段而使案外人启动救济程序的条件。因此,这一制度的实际实施效果如何,还有待进一步验证。①

第三节　法院裁定

法院裁定阶段,本节将从以下几个方面进行论述：首先,是仲裁裁决的国籍判断问题;其次,根据仲裁裁决国籍判断分类依次介绍国内仲裁裁决、涉外仲裁裁决以及外国仲裁裁决;最后,是相关程序问题。

一、仲裁裁决的国籍判断问题

在界定国际商事仲裁裁决的"国际"性质问题上,司法实践中一般从两个层面进行：一是解决仲裁裁决的国籍问题,区分国际与国内仲裁;二是以裁决所涉内容是否具有涉外因素为标准,对内国裁决进行分类,将内国裁决区分为具有涉外因素的涉外裁决与纯粹的国内裁决。之所以需要关注仲裁裁决国籍,是因为对不同国籍的裁决将适用不同的法律,通常对外国仲裁裁决的承认和执行有比内国仲裁裁决的承认和执行更为严格的条件。因此,认定仲裁裁决的国籍具有重要意义。

目前,判断仲裁裁决的国籍主要有以下三个标准：裁决作出地标准、非内国裁决标准、混合标准。具体见表8-2。

① 张振安:《虚构法律关系,法院根据案外人的申请不予执行仲裁裁决(上海一中院)》,微信公众号"临时仲裁 ADA",最后访问日期：2021年3月8日。

表 8-2　仲裁裁决的国籍判断标准

	判　断　标　准	例　　　示
裁决作出地标准	以仲裁裁决在何国作出为标准来区分内国仲裁裁决与外国仲裁裁决。凡是在内国领域作出的裁决即为内国裁决；反之，在国外作出的裁决就属于外国裁决	1976 年《瑞典仲裁法》第 5 条规定，在国外作出的仲裁裁决即为外国仲裁裁决。在适用本法时举行仲裁程序所在地的国家，即认为是作出仲裁裁决的国家《奥地利执行令》第 79 号文件规定，在奥地利，仲裁裁决的国籍应当由裁决作出地来决定
非内国裁决标准	凡是依据内国法律认为不属于其内国裁决的仲裁裁决即为外国仲裁裁决。至于如何认定裁决为非内国裁决则完全由采纳此标准的国家自行决定	根据法国法律规定，凡根据法国法以外的程序法所作出的裁决，不论其在法国还是在国外作出均被视为外国裁决
混合标准	同时采用裁决作出地标准和非内国裁决标准作为认定外国裁决的依据	《纽约公约》第 1 条第 1 款：仲裁裁决，因自然人或法人间之争议而产生且在申请承认及执行地所在国以外之国家领土内作成者，其承认及执行适用本公约。本公约对于仲裁裁决经请求承认及执行地所在国认为非内国裁决者，亦适用之

若将某一仲裁裁决认定为内国裁决，接下来需要区分的就是内国裁决中的纯内国仲裁裁决与涉外仲裁裁决，各国立法主要采纳了三种不同的标准，具体见表 8-3。

表 8-3　纯内国裁决与涉外裁决的区分标准

	判　断　标　准	例　　　示
实际联结因素标准	以仲裁当事人本身的国际性实际要素的有无来判定仲裁是否系涉外。只要仲裁当事人具有如下因素之一，包括具有外国国籍，其住所地或经常居住地在国外，法人登记地或者主要办事机构所在地在国外，就可以用来识别仲裁具有涉外性质，因而具有国际性质	《关于国际商事仲裁的欧洲公约》第 1 条第 1 款：本公约适用于为解决自然人或法人之间的因贸易所引起的争议的仲裁协议，并且该自然人或法人在达成该协议时，他们的惯常居住地或所在地应在不同的缔约国内

续　表

	判　断　标　准	例　　示
争议内容标准	提交仲裁的争议内容涉及国际商事利益	1981 年《法国民事诉讼法》第 1492 条：所有涉及国际商事利益的仲裁均属于国际仲裁
复合标准	实际连接因素标准与争议内容标准的综合	《国际商事仲裁法》第 1 条第 3 款：仲裁如有下列情况即为国际仲裁：(A) 仲裁协议的当事各方在缔结协议时，他们的营业地点位于不同的国家；(B) 下列地点之一位于当事各方营业地点所在国以外：(a) 仲裁协议中确定的或根据仲裁协议而确定的仲裁地点；(b) 履行商事关系的大部分义务的任何地点或与争议标的关系最密切的地点；(C) 当事各方明确地同意，仲裁协议的标的与一个以上的国家有关

　　我国法律没有明确规定何为涉外仲裁裁决，但根据《民诉司法解释》《法律适用法司法解释》规定，我国采用的是复合标准。① 在这一问题上，2020 年有一起比较典型的案例——"布兰特伍德案"。②

　　2010 年 4 月 13 日，Z 公司、B 公司与 F 公司共同签订涉案《合同》，其第 16 条仲裁约定："如果协商不能解决，应提交国际商会仲裁委员会根据国际惯例在项目所在地进行仲裁"；同时，3 家公司签订的《补充协议》约定本合同项下的货物用于名称为"广州某污水处理厂四期工程"的项目，地址位于广州市。

　　2010 年 12 月 16 日，B 公司向广州市中级人民法院提起诉讼，但因当事人之间存在仲裁协议，法院作出生效裁定不受理 B 公司的起诉。2011 年 5 月 9 日，B 公司向广州市中级人民法院申请确认案涉合同的仲裁协议无效，广州市中级人

---

① 《民诉司法解释》第 522 条："有下列情形之一，人民法院可以认定为涉外民事案件：(一) 当事人一方或者双方是外国人、无国籍人、外国企业或者组织的；(二) 当事人一方或者双方的经常居所地在中华人民共和国领域外的；(三) 标的物在中华人民共和国领域外的；(四) 产生、变更或者消灭民事关系的法律事实发生在中华人民共和国领域外的；(五) 可以认定为涉外民事案件的其他情形。"

　　《法律适用法司法解释》第 1 条："民事关系具有下列情形之一的，人民法院可以认定为涉外民事关系：(一) 当事人一方或双方是外国公民、外国法人或者其他组织、无国籍人；(二) 当事人一方或双方的经常居所地在中华人民共和国领域外；(三) 标的物在中华人民共和国领域外；(四) 产生、变更或者消灭民事关系的法律事实发生在中华人民共和国领域外；(五) 可以认定为涉外民事关系的其他情形。"

② (2015)穗中法民四初字第 62 号。

民法院于 2012 年 2 月 22 日作出(2011)穗中法仲异字第 11 号民事裁定,确认案涉合同中的仲裁条款有效。

2012 年 8 月 31 日,B 公司向国际商会仲裁院秘书处提起仲裁申请。2014 年 3 月 17 日,独任仲裁庭作出案件编号 18929/CYK 的终极裁决,裁决由 F 公司及 H 公司共同或分别支付各类款项。裁决生效后,B 公司要求被申请人履行仲裁裁决规定的支付义务未果,遂于 2015 年 4 月 13 日向广州市中级人民法院申请承认并执行该裁决。

本案的争议焦点是境外仲裁机构在中国内地作出的仲裁裁决的性质认定,即到底是外国仲裁裁决还是中国涉外仲裁裁决。仲裁裁决国籍的确定对于司法审查具有重要意义。对于外国裁决,法院只能进行承认和执行方面的审查;而对于本国裁决,法院则可以进行撤销和执行两个方面的审查。法院最终认定,案涉仲裁裁决系外国仲裁机构在中国内地作出的仲裁裁决,可以视为中国涉外仲裁裁决。这里,法院在用语上的"小细节":"视为"是一种法律拟制。如果按照"仲裁地"标准理解,既然认定广州是仲裁地,则我国就应当是仲裁裁决的国籍国,该仲裁裁决应当属于中国涉外仲裁裁决,并不存在拟制"视为"中国涉外仲裁裁决的空间和可能。正因如此,本案法院在多大程度上采纳了"仲裁地"的标准,值得进一步推敲。①

确定了仲裁裁决的国籍和分类问题后,便可确定判断其是否被承认和执行的法律依据,具体见表 8-4。

表 8-4 不同类型仲裁承认与执行的法律依据

仲裁裁决种类	判 断 依 据	适用的法律条文
国内仲裁裁决	《仲裁司法审查规定》第 17 条第 1 款:人民法院对申请执行我国内地仲裁机构作出的非涉外仲裁裁决案件的审查,适用《民事诉讼法》第 237 条的规定	《民事诉讼法》第 237 条
涉外仲裁裁决	《仲裁司法审查规定》第 17 条第 2 款:人民法院对申请执行我国内地仲裁机构作出的涉外仲裁裁决案件的审查,适用《民事诉讼法》第 274 条的规定	《民事诉讼法》第 274 条

---

① 上海国际仲裁中心:《申请执行境外仲裁机构在中国内地作出裁决的最新司法审查实践》,微信公众号"上海国际仲裁中心",最后访问日期: 2020 年 9 月 15 日。

续　表

仲裁裁决种类	判　断　依　据	适用的法律条文
国际仲裁裁决	《仲裁司法审查规定》第 16 条：人民法院适用《承认及执行外国仲裁裁决公约》审查当事人申请承认和执行外国仲裁裁决案件时，被申请人以仲裁协议无效为由提出抗辩的，人民法院应当依照该公约第 5 条第 1 款(甲)项的规定，确定确认仲裁协议效力应当适用的法律	《纽约公约》《关于内地与香港特别行政区相互执行仲裁裁决的安排》等

二、国内仲裁裁决

对于籍属中国国内的仲裁裁决，法院对于判断是否执行的依据主要为《民事诉讼法》第 244 条及与之相关的司法解释和适用规则。第 244 条共列明了 8 项不予执行仲裁裁决的情形，其中下列 6 项由被申请人承担证明责任：① 当事人在合同中没有订有仲裁条款或者事后没有达成书面仲裁协议的；② 裁决的事项不属于仲裁协议的范围或者仲裁机构无权仲裁的；③ 仲裁庭的组成或者仲裁的程序违反法定程序的；④ 裁决所根据的证据是伪造的；⑤ 对方当事人向仲裁机构隐瞒了足以影响公正裁决的证据的；⑥ 仲裁员在仲裁该案时有贪污受贿、徇私舞弊、枉法裁决行为的。在被申请人能提出相应证据予以证明上述某一情形存在并经法院确认核查后，应当裁定不予执行。上述第①项，仲裁条款是仲裁程序合法性的前提与基础，当仲裁条款被认定不存在时，可能面临不予执行的情况。

北京市第二中级人民法院在 2022 年 4 月 28 日作出判决，[①]不予执行北京仲裁委员会(2020)京仲裁字第 0994 号裁决书。在该案("前海恒丰基金与网创北京公司、何某某、王某某仲裁纠纷"案)中，北京仲裁委员会于 2020 年 4 月 27 日作出(2020)京仲裁字第 0994 号仲裁裁决书。但是不予执行申请人王某某称从未在任何时间委托过任何人进行仲裁活动，也没有与任何个人或单位签订达成过仲裁协议，更没有委托过任何人向北京仲裁委员会提出仲裁申请。如果在仲裁机构的案卷存档中有投资合同、仲裁委托书，那么，王某某的签名及指印等一定是伪造的。

---

① 　(2021)京 02 执异 125 号裁定书。

　　法院查明，在仲裁审理期间，《授权委托书》中载明委托人为王某某，签名日期为 2019 年 1 月 29 日，受委托人为北京市隆安律师事务所律师辛雪松、王强、方蔚然（实习律师）；《关于约定仲裁庭组成方式及选定仲裁员的函》中载明签名人为王某某，签名日期为 2019 年 1 月 1 日。另外，网创北京公司（甲方）、前海恒丰基金（乙方）、何某某（丙方 1）、王某某（丙方 2）于 2016 年签订的《备忘录》系仲裁裁决王某某承担责任的合同依据，各方均签名或盖章。

　　在法院的审查过程中，由鉴定中心对《授权委托书》中"王某某"签名、《关于约定仲裁庭组成方式及选定仲裁员的函》中"王某某"签名，以及《备忘录》中"王某某"签名进行鉴定。2021 年 9 月 16 日，鉴定中心出具《司法鉴定意见书》，载明《授权委托书》中"王某某"签名、《关于约定仲裁庭组成方式及选定仲裁员的函》中"王某某"签名、《备忘录》中"王某某"签名与样本上"王某某"签名均不是同一人所写。

　　结合上述事实，法院认为《备忘录》系认定王某某承担还款责任的主要证据，根据《司法鉴定意见书》，可证明《备忘录》中"王某某"签名非其本人所签，且根据《司法鉴定意见书》，可证明王某某委托代理人参加仲裁的《授权委托书》及《关于约定仲裁庭组成方式及选定仲裁员的函》中"王某某"签名亦非其本人所签，故没有证据证明王某某知晓并认可《备忘录》的内容及相关仲裁情况，亦无法证实王某某与前海恒丰基金之间存在仲裁的意思表示。因此，应认定王某某与前海恒丰基金之间不存在仲裁协议。综上，法院依据《民事诉讼法》第 244 条第 2 款第 1 项之规定，裁定不予执行北仲裁决书。

　　该案例是典型的涉及不予仲裁的事项。在本案例中，被执行人主动申请鉴定，代表了其承担证明仲裁协议无效的举证责任，并最终使法院认定该协议无效。

　　对于另外两种情形，即仲裁裁决违背社会公共利益和与裁定书送达的有关程序问题，法院则享有一定的主动审查权。对于被裁定不予执行的仲裁裁决，《民事诉讼法》第 237 条也提供了相应的救济，当事人可以选择依据此前订立的仲裁协议申请重新仲裁，或者向有管辖权的人民法院进行起诉。

　　根据前述，法院在当事人对仲裁裁决申请承认与执行时会对仲裁裁决作出司法审查，而司法审查的尺度在何处，则是需要注意且在司法实践中有所争议的。最高人民法院作出的一个判决或许能更好阐释清楚该问题。

　　2012 年 7 月 31 日，圣峰药业、郭某某、袁某某与武汉百兴先后签订了《投资协议》和《补充协议》，投资人按照约定注入了全部资金，成为圣峰药业的股东之一，并约定如有争议在武汉仲裁委员会申请裁决。其中《补充协议》第2.4条规定，如果公司对投资方的股权回购行为受到法律的限制，控股股东作为收购方应以其从公司取得分红或从其他合法渠道筹集的资金收购投资方持有的公司股权。《投资协议》第13条第2款规定："本协议各方当事人因本协议发生的任何争议，均应首先通过友好协商的方式解决，协商不成，任何一方可将争议提交武汉仲裁委员会，按照申请仲裁时该会现行有效的仲裁规则进行仲裁，仲裁地点在武汉。仲裁裁决是终局的，对各方均有约束力。"《补充协议》第7.2条对于争议解决亦是相同规定。

2013年7月20日，武汉百兴要求撤资退股，在武汉召开了由郭某某、袁某某、武汉百兴、上海百兴参加的股东会议，同意武汉百兴撤资退股，并形成书面《纪要》。《纪要》载明系上海百兴、武汉百兴、圣峰药业实际控制人股东郭某某和袁某某就《投资协议》和《补充协议》执行情况，经协商达成一致意见。其中第8条明确"该《纪要》作为《投资协议》和《补充协议》的附件、后续法律文件的依据，具有同等法律效力"。

2014年11月25日，武汉百兴向武汉仲裁委员会申请仲裁。武汉仲裁委员会受理此案后认为，虽然《纪要》没有约定仲裁条款，但《纪要》明确将该《纪要》作为《投资协议》和《补充协议》的附件，因此，武汉仲裁委员会对《纪要》中的争议有管辖权，进而作出武仲裁字第0001458号仲裁裁决。

上述仲裁裁决书生效后，武汉百兴向恩施市中级人民法院申请执行武汉仲裁委员会武仲裁字第0001458号裁决书。2017年5月18日，圣峰药业、郭某某、袁某某向恩施市中级人民法院申请不予执行。被执行人认为圣峰药业、郭某某、袁某某与武汉百兴系投资关系，于2012年7月先后签订了《增资协议》和《补充协议》。武汉仲裁委员会以《纪要》为主要内容受理并裁决由圣峰药业、郭某某、袁某某承担股权回购款，该裁决严重违反了我国现行的法律规定，该《纪要》是公司股东会议的一个会议记录，并非股东大会作出的决定，更不是《增资协议》《补充协议》中双方当事人签字认可的条款，将其认定为《投资协议》和《补充协议》的附件没有法律依据，两者之间的形成、内容、法律关系完全不同。

恩施市中级人民法院进行司法审查，认为武汉仲裁委员会违反了法律规定，无权裁定圣峰药业承担回购公司股权的义务，故裁定不予执行该仲裁裁决书。武汉百兴不服恩施市中级人民法院的裁定，向湖北省高级人民法院申诉。湖北省高级人民法院认为武汉百兴的部分申诉理由成立，对其申诉请求湖北省高级人民法院予以支持，故撤销了恩施市中级人民法院的裁定，但是圣峰药业、郭某某、袁某某不服湖北省高级人民法院的执行裁定，向最高人民法院申诉，请求撤销上述裁定。最高人民法院于 2021 年 3 月 31 日作出（2021）最高法执监 12 号执行裁定书，[①]认为湖北省高级人民法院（2019）鄂执监 16 号执行裁定认定事实清楚，适用法律正确，因此，驳回申诉人的申诉请求。

《最高人民法院关于适用〈中华人民共和国民事诉讼法〉的解释》第 476 条规定，依照《民事诉讼法》第 244 条第 2 款、第 3 款规定，人民法院裁定不予执行仲裁裁决后，当事人对该裁定提出执行异议或者复议的，人民法院不予受理。但是，该规定并未禁止人民法院对该类裁定依法启动审判监督程序。本案中，武汉百兴就恩施市中级人民法院的不予执行裁定提起的是申诉而非执行异议或复议，湖北省高级人民法院也是依照执行监督程序作出（2019）鄂执监 16 号执行裁定，并不违反上述裁定。

对于司法审查的内容，裁定不予执行应当符合《民事诉讼法》第 244 条第 2 款和第 3 款列举的法定事由。上述规定中法定事由均为程序性事由。但是，恩施市中级人民法院（2017）鄂 28 执 9 号执行裁定实际上是对案涉仲裁裁决中的实体问题进行了审查。据此，恩施市中级人民法院裁定不予执行仲裁裁决错误。[②]

整体而言，法院对仲裁裁决的审查，应当限于形式审查，而非介入实体法律问题。例如，某中级法院的法官在其承办的案件中称："可以确认仲裁协议效力案，实质上所要解决的是仲裁机构是否有权审理案涉合同纠纷，属程序性争议。当事人以己方没有签订合同（合同中约定有仲裁条款）为由要求确认仲裁协议无效的，基于解决程序争议应兼顾程序公正与司法效率的原则，法院就合同对双方当事人是否具有约束力的审查应侧重于形式要件审查，主要审查合同形式是否完备、仲裁条款是否符合法律规定的仲裁协议要件，而不应以合同真实有效作为认定仲裁条款有效的依据。"[③]即使是在案外人申请不予执行的相关规定下，通过对《仲裁执行规定》第 9、18 条的分析，从解释论的角度得出了较为适合该制度运行的一套方案，即应对程序要件抑或申请成立要件进行形式审查，而对实体要

---

① （2021）最高法执监 12 号执行裁定书。
② 环中争端解决团队：《商事仲裁：司法审查：不予执行程序中，法院能否对仲裁裁决进行实体审查？》，微信公众号"环中商事仲裁"，最后访问日期：2022 年 4 月 12 日。
③ 洪培花：《确认仲裁协议效力应以形式审查为主》，《人民司法》2019 年第 26 期，第 8—10 页。

件抑或裁判支持要件进行有限的实质审查。[①]

在实践中，争议往往围绕仲裁事项的范围、仲裁庭组成和仲裁程序的合法性和社会公共利益的事项发生，并涉及承认与执行的程序竞合、诉讼与仲裁的程序竞合等相关问题。本章将对所涉典型案例进行具体剖析。

（一）可仲裁性

可仲裁性（arbitrability）是指涉及的争议可否通过仲裁解决的问题。我国《仲裁法》对此的回应集中在其第2、3条中。第2条规定："平等主体的公民、法人和其他组织之间发生的合同纠纷和其他财产权益纠纷，可以仲裁。"第3条规定："下列纠纷不能仲裁：（一）婚姻、收养、监护、扶养、继承纠纷；（二）依法应当由行政机关处理的行政争议。"该两条规定明确了可以通过仲裁解决的争议范围和不能诉诸仲裁的争议事项。

2020年，云南省昭通市中级人民法院接到异议人昭通大德房地产开发有限公司（简称大德公司）的申请，要求法院依据可仲裁性的相关规定裁定昭通市仲裁委（2019）昭仲裁字第118号仲裁裁决书不予执行。[②]

本案的基本事实为，申请人郭某某与大德公司于2016年签订了《商品房购销合同》，约定前者向后者购买房屋，并约定交房日期应为2016年6月30日前，逾期交房则大德公司应当按照约定承担违约金。实际上，大德公司于2019年4月9日完成了交房，相比合同约定延迟了近3年。对此，郭某某向昭通市仲裁委提起仲裁申请，并在2019年获得了有利裁决。

对此，昭通市中级人民法院有另一套解读。法院认为大德公司未按时交房的原因不在于其自身，而因需履行我国《建筑法》《城市房地产管理法》等规定的验收手续而造成延迟交房。因此，法院认为此案涉及"依照法律规定不可仲裁的事项"，系无权仲裁，故裁定不予执行。[③]

依照《最高人民法院关于仲裁司法审查案件报核问题的有关规定》第2条的规定，本案法院拟不予执行涉案仲裁裁决的，应向云南省高级人民法院报核，待云南省高级人民法院审核后，方可依该院意见作出裁定。类似案件也有高级人

[①]　黎弘博：《案外人申请不予执行仲裁裁决的司法适用研究：以〈仲裁执行规定〉第9条、第18条为中心》，《北京仲裁》2019年第3期，第41—57页。

[②]　异议人进行主张的明确依据《最高人民法院关于人民法院办理仲裁裁决执行案件若干问题的规定》第13条第1款第（二）项："下列情形经人民法院审查属实的，应当认定为民事诉讼法第二百三十七条第二款第二项规定的'裁决的事项不属于仲裁协议的范围或者仲裁机构无权仲裁的'情形：（二）裁决的事项属于依照法律规定或者当事人选择的仲裁规则规定的不可仲裁事项。"

[③]　（2020）云06执异60号。

民法院裁定未履行报核程序而严重违法的情形。因此，本案法院裁定仍存在程序上的不当和可被质疑的空间。此外，对于法院的观点是否妥当，需从两个方面加以分析。

一是《仲裁法》第 13 条明确规定了不能进行仲裁的情形，而本案大德公司因法定验收程序而导致交房延迟的事实显然并不属于其任意一款的规定。因此，即使其他法律法规或规范性文件另有规定，能否直接扩展《仲裁法》的规范范围也值得商榷。类似情况还可见《破产法》第 58 条的规定："债务人、债权人对债权表记载的债权有异议的，可以向受理破产申请的人民法院提起诉讼。"原《合同法解释一》第 14 条规定："债权人依照合同法第 73 条的规定提起代位权诉讼的，由被告住所地人民法院管辖。"此类规定是有关法院内部管辖权限之分配规范，还是仲裁机构与法院之间管辖权限的划分？对此，已有司法实践予以解释。对于前者，《破产法解释三》第 8 条规定："债务人、债权人对债权表记载的债权有异议的……当事人之间在破产申请受理前订立有仲裁条款或仲裁协议的，应当向选定的仲裁机构申请确认债权债务关系。"对于后者，在 (2019) 陕 01 民特 307 号民事裁定书中，西安市中级人民法院指出："代位权应当以向人民法院提起诉讼的方式行使，西安仲裁委员会认为华瑞公司以行使代位权方式要求西工大承担付款责任的请求超出其管辖范围，对该项请求予以驳回并无不当。"①

二是本案中法院是否进行了实质审查。法院对于我国关于商品房销售相关法律法规就房屋交付手续规定进行了审查，从而作出仲裁系无权仲裁的判断。这一论证过程是否突破了法院依照《民事诉讼法》第 244 条可以进行审查的范围，也是值得商榷的。

(二) 仲裁程序违法

对于仲裁程序的规定，《仲裁法》中有一定数量的强行性规范条款，例如第 42 条规定："被申请人经书面通知，无正当理由不到庭或者未经仲裁庭许可中途退庭的，可以缺席裁决。"此外，各仲裁机构的仲裁规则亦对仲裁程序进行了进一步的规定。违反法定程序是指违反《仲裁法》规定的仲裁程序和当事人选择的仲裁规则，可能影响案件正确裁决的情形。最高人民法院《关于仲裁机构"先予仲裁"裁决或者调解书立案、执行等法律适用问题的批复》规定："仲裁机构在仲裁过程中未保障当事人申请仲裁员回避、提供证据、答辩等仲裁法规定的基本程序

---

① 张振安：《认定支付违约金缺乏事实依据，法院不予执行仲裁裁决（云南昭通中院）》，微信公众号"临时仲裁 ADA"，最后访问日期：2020 年 11 月 23 日。

权利的",亦构成违反法定程序。

2020 年,湖北省孝感市中级人民法院接到异议人熊某某等的申请,要求法院依据仲裁文书送达的程序规定裁定不予执行大庆仲裁委员会作出的(2020)庆仲裁字第 181 号裁决书。

法院查明,在本案仲裁程序进行过程中,大庆仲裁委员会在未联系到被申请人的情形下,通过在报纸上公告送达开庭通知及领取裁决书的方式进行通知,而该送达开庭通知的方式,不是《仲裁法》规定的送达方式。《仲裁法》第 42 条第 2 款规定:"被申请人经书面通知,无正当理由不到庭或者未经仲裁庭许可中途退庭的,可以缺席裁决。"同时,《大庆市仲裁委员会仲裁规则》第 58 条规定:"除当事人另有约定或者仲裁庭另有要求外,仲裁文书、通知、材料可以直接送达当事人、代理人,或者以邮寄、传真、电报等方式送达当事人、代理人。"在不能直接送达的情况下,仲裁庭未以仲裁规则中列明的邮寄、传真和电报方式送达,转用法律和仲裁规则中均没有提及的公告送达方式,未能保障被申请人申请回避、提供证据、答辩等仲裁法规定的基本程序权利的行使,属于程序违法,故裁定对于原裁决不予执行。[①]

因仲裁一般不公开进行,故仲裁文书的送达形式一般也不采取公开送达的方式。即使仲裁规则中规定了公告送达的方式,一般认为也应当是在穷尽其他所有送达方式后才能采用。目前,国际上较为接受"最后一个为人所知的地址"的做法。《示范法》第 3 条规定:"任何书面通信,经当面递交收件人,或投递到收件人的营业地点、惯常住所或通信地址的,或经合理查询不能找到上述任一地点而以挂号信或能提供作过投递企图的记录的其他任何方式投递到收件人最后一个为人所知的营业地点、惯常住所或通信地址的,视为已经收到。"中国国际贸易仲裁委员会亦在其《仲裁规则》第 8 条中采用了类似的方式。[②]

2016 年,最高法院接到天津泰达科技投资股份有限公司(简称泰达公司)的申诉,依据《民事诉讼法》第 244 条对天津市高级人民法院(2016)津执复 11 - 22 号执行裁定进行审查。

本案中,申请人泰达公司等与被申请人于 2007 年达成融资协议,向天津精诚公司融资,而后者需在到期后对其股份进行回购。2013 年,被申请人到期未

---

① (2020)鄂 09 执异 95 号。
② 张振安:《公告送达违反法定程序,法院不予执行仲裁裁决(孝感中院)》,微信公众号"临时仲裁 ADA",最后访问日期:2020 年 11 月 16 日。

进行回购,泰达公司申请仲裁,并获得了有利的裁决。裁决由天津市仲裁委员会作出,并在随后以补正书的方式对裁决涉及的公司主体名称进行了补正。2014年,被申请人依据仲裁条款效力、隐瞒证据、仲裁程序违法、裁决危害社会公共利益等多项理由向天津市第二中级人民法院申请撤裁,但被驳回。2015年泰达公司向天津市第二中级人民法院申请强制执行,但被申请人以高度重叠的事由申请不予执行。天津市第二中级人民法院依据《2006年司法解释》第26条规定:"当事人向人民法院申请撤销仲裁裁决被驳回后,又在执行程序中以相同理由提出不予执行抗辩的,人民法院不予支持",认为被申请人以相同理由提出不予执行申请,不予支持。随后,被申请人就补正书更改涉案公司名称为程序违法,再次向天津市高级人民法院申请复议。天津市高级人民法院认为本案公司名称的补正涉及当事人权利义务的实质性变更,故撤销了原审的裁定,并裁定对仲裁裁决不予执行。

申诉人认为公司名称的变更只是对文字错误的补正,并不对被申请人的法律责任进行实质性变更。同时,被申请人在执行程序中以相同理由提出不予执行的抗辩依法应不予支持。最高人民法院认为,案涉争议焦点为案涉仲裁裁决是否存在应裁定不予执行的情形。对于天津市高级人民法院关于补正效果的认定,最高人民法院认为其认定事实不清,应当予以撤销,并进行重新认定。对于申诉人关于相同理由申请不予承认和执行的主张,最高人民法院认为被申请人申请撤销仲裁裁决及不予执行仲裁裁决时虽然均是主张程序违法,但主张的具体事项和事实并不相同。申请撤销仲裁裁决时并未提出补正程序违法的理由,天津市第二中级人民法院在审理被申请人申请撤销仲裁裁决案中作出的民事裁定中也并未涉及对该事项的审查,故本案不属于《2006年司法解释》第26条规定的情形。最终,因本案在审理程序上的瑕疵,最高人民法院裁定撤销原裁定,并由天津市高级人民法院另案处理。①

本案涉及对仲裁法律法规中"相同理由"和"相同事由"的理解。在上述第26条表述为"相同理由"的情况下,《2006年司法解释》第26条规定:"当事人向人民法院申请撤销仲裁裁决被驳回后,又在执行程序中以相同理由提出不予执行抗辩的,人民法院不予支持"。《仲裁执行规定》第20条亦有同样的规定。从文义理解来看,两者应在指向上有所区别,但本案与(2020)京04民特662号民事裁定书的实践都倾向于将两者视为相同,并不对其进行区别。

---

① (2016)最高法执监350号。

同时,《仲裁裁决执行规定》第 10 条规定:"被执行人申请不予执行仲裁裁决,对同一仲裁裁决的多个不予执行事由应当一并提出。不予执行仲裁裁决申请被裁定驳回后,再次提出申请的,人民法院不予审查,但有新证据证明存在《民事诉讼法》第 237 条第 2 款第 4、6 项规定情形的除外。"在(2020)粤 01 民特 901号民事裁定书中,广州市中级人民法院适用了上述条款,认为其结果应为"当事人对同一仲裁裁决的多个申请撤销仲裁裁决事由应当一并提出"。基于该一次性提出原则,如果认为"相同事由"指向具体的事实主张,则无法实现上述规范的目的。因此,实践中应不对"相同理由"和"相同事由"进行区别。①

在司法实践中,如果仲裁程序与当事人约定不符,即使在仲裁程序推进时当事人未提出异议,该仲裁的裁决也可能面临被法院撤销的风险,相关案例如下。

2020 年 10 月 21 日,杭州中级人民法院作出判决,将杭州仲裁委员会作出的(2019)杭仲(萧)裁字第 226 号裁决书予以撤销。本案申请人是杭州金宣公寓管理有限公司(简称金宣公司),被申请人是钟某某、施某某。

申请人请求法院撤销该裁决,理由是仲裁庭的组成程序违反法定程序。金宣公司与钟某某、施某某签订的《房屋出租委托代理合同》第 12 条约定:"因执行本协议所发生的与本协议有关的一切争议将由各方当事人通过友好协商解决。如果一项争议未能在一方向另一方发出书面通知之日后三十日内通过友好协商解决,任何一方有权将争议提交至杭州仲裁委员会,按照其届时有效的仲裁规则于杭州进行仲裁。为了进行仲裁,应设三名仲裁员。"而在案涉仲裁案件中,杭州仲裁委员会适用简易程序,由一名仲裁员作出裁决,违反了双方合同约定,程序违法。当然,该案申请人还提出了其他实体性理由,但与本章节无关,且法院也认定实体问题不应由法院审查,故此处不再赘述。

被申请人答辩认为,仲裁庭的组成和仲裁程序符合仲裁法的有关规定,金宣公司认为仲裁案件应组成仲裁庭由三名仲裁员审理系对仲裁法规定的片面理解,且仲裁案件开庭前仲裁员已向金宣公司讲解过仲裁规则,但并未提出异议。

就此争议焦点,法院认为对《仲裁法》第 58 条第 1 款第 3 项的"仲裁庭的组成或者仲裁程序违反法定程序的"的理解,应结合《2006 年司法解释》第 20 条和

---

① 张振安:《不予执行申请中的"相同理由"是指具体事实主张?(最高法院)》,微信公众号"临时仲裁ADA",最后访问日期:2021 年 2 月 1 日。

《仲裁执行规定》第 14 条,①特别是《仲裁执行规定》第 14 条的规定。尊重当事人程序选择权是维护仲裁裁决公信力的基础。《仲裁执行规定》第 14 条强化了对当事人选择的仲裁规则或者当事人对仲裁程序的特别约定的尊重,就此司法解释的意旨,在仲裁司法审查实践中应认真贯彻。

法院认为,当事人订立的合同中的仲裁条款约定了三人仲裁庭的组成方式,明显排除了当时有效的《杭州仲裁委员会仲裁规则》所包含简易仲裁程序的适用,属于《仲裁执行规定》第 14 条第 1 款规定的当事人对仲裁程序的特别约定。杭州仲裁委员会应该尊重当事人对仲裁程序的特别约定,适用非简易程序审理相关仲裁争议。杭州仲裁委员会在未征得金宣公司同意的情况下,直接发送应裁通知书,要求金宣公司与钟某某、施某某共同选定或共同委托仲裁委员会主任指定一名独任仲裁员并适用简易程序审理,违反了当事人对仲裁程序的特别约定,所作出的仲裁裁决违反法定程序,属于《仲裁执行规定》第 14 条第 1 款规定的应予撤销仲裁裁决的情形。

法院还注意到,案涉仲裁案件在审理过程中,独任仲裁员曾当庭询问当事人对此前程序有无异议,金宣公司亦未对仲裁庭组成方式提出异议,但独任仲裁员的询问并非针对仲裁当事人就案涉仲裁案件是否选择独任仲裁员及适用简易程序的特别提示,不符合《仲裁执行规定》第 14 条第 3 款规定的"特别提示"的要求,不能改变案涉仲裁违反法定程序的判断。

本案件说明了两个重点问题。首先,仲裁程序与仲裁当事人约定不符时,将被法院认定属于"仲裁程序违法"的范畴。其次,即使双方并没有就该程序不符的情况提出异议,仲裁庭需就此提出"特别提示",而非仅根据仲裁流程的习惯询问当事人"是否对该程序有异议",该询问不构成"特别提示",这也要求仲裁庭对仲裁程序与双方仲裁协议进行仔细审查与核对,否则,将面临撤裁的风险。

---

① 《仲裁执行规定》第 14 条:"违反仲裁法规定的仲裁程序、当事人选择的仲裁规则或者当事人对仲裁程序的特别约定,可能影响案件公正裁决,经人民法院审查属实的,应当认定为民事诉讼法第二百三十七条第二款第三项规定的'仲裁庭的组成或者仲裁的程序违反法定程序的'情形。
　　当事人主张未按照仲裁法或仲裁规则规定的方式送达法律文书导致其未能参与仲裁,或者仲裁员根据仲裁法或仲裁规则的规定应当回避而未回避,可能影响公正裁决,经审查属实的,人民法院应当支持;仲裁庭按照仲裁法或仲裁规则以及当事人约定的方式送达仲裁法律文书,当事人主张不符合民事诉讼法有关送达规定的,人民法院不予支持。
　　适用的仲裁程序或仲裁规则经特别提示,当事人知道或者应当知道法定仲裁程序或选择的仲裁规则未被遵守,但仍然参加或者继续参加仲裁程序且未提出异议,在仲裁裁决作出之后以违反法定程序为由申请不予执行仲裁裁决的,人民法院不予支持。"

（三）社会公共利益

社会公共利益的内涵和指向不明晰，并存在着较大的不确定性，而《民事诉讼法》中的相应条款也属于概括性条款，本身的含义和范围需要在实践中根据不同情况类型化处理予以完善。因此，这是承认和不予执行程序中争议较大的问题。

2020 年，广西壮族自治区贵港市中级人民法院接到异议人贵港市锦达房地产开发有限公司（简称锦达公司）的申请，要求对贵港仲裁委员会作出的（2020）贵仲字第 92 号裁决不予执行。本案事实与上述昭通公司一案类似，涉及商品房买卖合同纠纷，异议人资金断裂后经政府协调由案外人承担项目的开发工作，开发完成后交房时间延迟，申请人依据《商品房预售合同》主张违约金，并获得了有利的裁决。

法院认为，本案在贵港市各方共同努力下，通过招商引资方式，使本不能继续的开发项目得以顺利完成，而在多数购房业主签订《贵港锦达·香格里拉项目一期工程逾期交付补偿复工协议》的情况下，该协议内容应被认为是大部分业主的真实意思表示，得到了大部分业主认可和支持，维护了大部分业主的合法权益。况且，通过引资方式解决该类社会遗留问题，能够有效维护社会稳定。因此，申请人依据原合同通过仲裁主张违约金并获得有利裁决的结果违反了该小区广大业主的真实意愿，违背社会公共利益，依法应对该裁决不予执行。①

在上述案件中，法院认定社会公共利益与小区广大业主的意愿相关。而在其他案例中，法院根据案情的不同又会有与之对应的判断公共利益的标准。

2022 年 3 月 22 日，北京市第四中级人民法院作出判决，因公共利益的原因对中国国际经济贸易仲裁委员会的裁决予以撤裁。②

案涉仲裁是基于中国黄金与中国黄金辽宁公司（合称申请人）与李某、刘某某（合称被申请人）之间，于 2011 年 12 月 31 日签订的有关被申请人向申请人转让建昌县红旗矿业有限责任公司（简称红旗公司）80％股权的《关于建昌县红旗矿业有限责任公司股权转让合同》（简称《股权转让合同》）而发起的。在案涉股权转让交易以前，李某持有红旗公司 70％股权，刘某某持有红旗公司 30％股权，与此同时，红旗公司还持有红旗金矿的采矿权。除红旗公司外，李某还实际控制建昌金泰矿业有限责任公司（简称金泰公司），该公司持有金泰金矿的采矿权。

---

① （2020）桂 08 执异 18 号。
② （2021）京 04 民特 383 号。

红旗金矿与金泰金矿为相互毗邻的矿区(合称金泰—红旗金矿)。

2008年伊始,申请人开始考虑收购红旗公司和金泰公司股权,并开发金泰—红旗金矿。而申请人事后发现,为达成促使申请人收购红旗公司和金泰公司股权之目的,李伟协调红旗公司工作人员通过欺骗手段虚构黄金储量,并通过对申请人行贿手段获得了虚假的《补充勘查地址报告》。

之后,申请人经过两年的地质勘查发现,红旗—金泰两矿实际的黄金储量远低于并购时估算的数量,不具有开采价值。所以,申请人向被申请人发函请求解除《股权转让合同》,并于同月向贸仲提起仲裁,请求确认《股权转让合同》解除,被申请人返还合同价款8,000万元,并赔偿申请人收购股权后投入的生产、探矿资金损失。但是2020年11月3日,贸仲作出1406号裁决,认定《股权转让合同》合法有效,被申请人虚构黄金储量的严重性不构成根本违约,申请人不具有合同解除权,裁决驳回申请人的全部仲裁请求。所以申请人向法院提出申请撤销该裁决书,其主要理由是案涉《股权转让合同》的签约目的、签约手段、履行结果均构成对社会公共利益的损害,仲裁庭认可合同效力并驳回申请人的仲裁请求,违背基本法律原则和社会公序良俗,违背社会公共利益。

法院认为,双方签订并履行本案《股权转让合同》明显系双方行贿受贿的结果,而且双方行贿受贿的行为并不只是为了让被申请人获取市场交易机会,更是借此合同骗取巨额国有资产。概言之,案涉《股权转让合同》是双方以恶意串通方式损害国家利益的行为,符合以合法形式掩盖非法目的的情形,故《股权转让合同》成为相关人员骗取巨额国有资产的犯罪工具,但1406号裁决却认定《股权转让合同》合法有效,该裁决结果对社会根本的公平正义的法律原则构成了危害,属于违反社会公共利益的情形,因此,1406号裁决应予撤销。①

法院在本案中将骗取巨额国有资产作为侵害社会公共利益的范畴。法院认为认定骗取巨额国有财产的合同有效,会对社会根本的公平正义的法律原则构成危害。那么是否可以认定国有资产和公共利益就一定有着紧密的联系?其实,司法审查中不乏将"国有资产"套用"社会公共利益"主张撤销仲裁裁决的尝试,一般无疾而终。例如,在"上海海洋石油局第三海洋地质调查大队有限公司与上海海越建筑装潢服务部撤裁案"[(2021)沪01民特520号]中,上海市第一中级人民法院指出,"申请人虽为国有单位,但在作为市场平等主体参与民事活

---

① 环中争端解决团队:《司法审查:国有资产减损是否等同于违背社会公共利益?(北京四中院)》,微信公众号"环中商事仲裁",最后访问日期:2022年4月12日。

动时,仍应尊重契约精神,并与其他主体受同等法律保护,国有资产不能简单地与社会公共利益画等号,申请人将其自身利益等同于社会公共利益,明显缺乏依据"。在"中建二局装饰工程有限公司与营口宏泰金成建筑劳务分包有限公司撤裁案"[(2021)京 04 民特 455 号]中,对于申请人中建二局装饰公司以己方为国有企业,裁决结果导致国有资产流失为由主张裁决违背公共利益,北京市第四中级人民法院明确表示不予支持。再如,在"北京华安房地产开发有限公司与千鹤房地产开发公司撤裁案"[(2021)京 04 民特 433 号]中,北京市第四中级人民法院明确界定,国有企业利益不等同于社会公共利益。综上所述,仅凭借仲裁裁决导致国有企业利益减损而主张违背社会公共利益的,通常无法获得法院的支持。[①]

本案与前述所举的诸多案例相比,不同之处在于二个方面。首先,从案件性质看,前述案件或许造成了国有企业经济利益减损的结果,但本案合同本身即刑事犯罪工具,系当事人为达成骗取国家利益之非法目的,以行贿受贿的非法手段所缔结,并非正常的商业交易。其次,从案涉合同效力来看,前述案件均为在合同合法有效前提下所发生,系国有企业参与的平等主体间的意思自治行为。本案合同不仅符合"恶意串通损害国家利益",而且符合"以合法形式掩盖非法目的"情形,而仲裁庭却不接受申请人有关确认合同无效的请求,径直认定《股权转让合同》合法有效,存在明显错误。

根据司法实践,一般不宜简单地把国有财产与社会公共利益相关联,否则,会让国有企业在一般的民商事活动与交易中得到不公平的待遇,不利于刺激经济活力,发展市场经济。国有企业在参与市场经营时,需要遵循平等原则。公共利益(公共政策)往往具有系统性与公共性,其判断的切入点应首先考察一种利益或者原则是否构成"一国国家或社会的重大利益或者法律和道德的基本原则",[②]所以,平等原则可以是公共利益的一部分。如果只因国有企业涉及国有财产而将对其不利的裁决撤销,会影响民商事交易的平等原则与意思自治原则。损害这种原则也是对公共利益的侵害,法院在适用"公共利益"而撤销裁决的时候必须十分谨慎。

从实践情况来看,法院对公共利益的把握主要涉及两个方面:一是公共利

---

① 环中争端解决团队:《司法审查:国有资产减损是否等同于违背社会公共利益?(北京四中院)》,微信公众号"环中商事仲裁",最后访问日期:2022 年 4 月 12 日。
② 李娜:《仲裁司法审查实践中的"公共政策"研究》,《北京仲裁》2022 年第 1 期,第 50-84 页。

益有别于私人利益，前者直接涉及不特定多数人的共同利益，而后者仅影响合同当事人；二是在内容方面，公共利益是指法律的基本原则、社会善良风俗以及公共安全等。例如在(2020)京04民特725号民事裁定书中，北京市第四中级人民法院指出："《中华人民共和国仲裁法》第58条第3款规定的违背社会公共利益，主要指向仲裁裁决违反我国法律的基本原则，违反社会善良风俗、危害国家及社会公共安全等情形，应涉及不特定多数人的共同利益，为社会公众所享有，不同于合同当事人的利益。"本案中涉及政府为维持社会稳定而代表公众行使的意志，认定申请人主张的违约金过高违背社会公共利益的做法是否能成立，仍有待商榷。同时，根据《最高人民法院关于仲裁司法审查案件报核问题的有关规定》第3条规定，"以违背社会公共利益为由不予执行或者撤销我国内地仲裁机构的仲裁裁决"的，应当层报最高法院，并根据最高法院的审核意见作出裁定。如本案中级人民法院未层报最高法院裁定，属于程序违法，会面临被撤销的处境。[①]

三、涉外仲裁裁决

涉外仲裁裁决承认和不予执行的程序应当适用的法律依据是《民事诉讼法》第281条及与之相关的司法解释和适用规则。与第244条相似，不予承认和执行的事由同样被划分为两类，其中包含被申请人承担证明责任的有无有效仲裁协议、被申请人的陈述权利保障、仲裁庭的组成和仲裁程序是否合法、仲裁范围四项，法院对案涉社会公共利益的认定仍具有主动审查的权限。

由于近年来中国司法系统对于仲裁的支持和友好度不断提升，中级人民法院认定对于涉外仲裁裁决不予承认或执行的，需要层报最高法院进行审核，并作出裁定。[②] 因此，对于此类案件承认和执行的标准逐渐趋向统一，标准认定上也呈现出有利于仲裁裁决在中国被承认和执行的趋势。

四、外国仲裁裁决

我国于1987年加入《纽约公约》。据此，对于外国仲裁裁决的审查应依据《纽约公约》的规定进行。涉及承认和执行的问题，则与《纽约公约》第5条的规

---

① 张振安：《法院认定裁决违背社会公共利益，裁定不予执行(广西贵港中院)》，微信公众号"临时仲裁ADA"，最后访问日期：2020年12月28日。
② 《最高人民法院关于仲裁司法审查案件报核问题的有关规定》。

定紧密相关。同样，与我国国内法的规定相似，仲裁协议有效性、被申请人是否得到关于程序的有效及时通知、是否获得陈述意见的机会、仲裁事项是否属于仲裁协议范围内、仲裁庭组成及仲裁程序是否合法及仲裁裁决是否已生效等五项事由为法院被动审查，针对争议的可仲裁性和公共秩序保留则可由法院依职权主动审查。在我国的司法实践中，相关争议主要集中在仲裁协议效力、被申请人参与仲裁的权利保障和仲裁程序正当性等问题。

2019 年，申请人华联力宝医疗有限公司（新加坡籍，简称华联公司）向上海市第一中级人民法院提出申请，申请对新加坡国际仲裁中心（SIAC）作出的所涉裁决进行承认和执行。本案申请人与被申请人经过多次协商和主协议、补充协议的订立，达成了购股协议，其中主协议争议解决条款约定由 SIAC 对涉及合同的争议进行管辖，而两份补充协议的争议解决条款均规定由新加坡法院享有专属管辖权。围绕履行上述协议所产生的争议，华联公司依据主协议向 SIAC 提起仲裁，仲裁庭在被申请人缺席的情况下，于 2019 年作出了对其有利的裁决。在仲裁过程中，相关的程序通知和文书均以挂号邮件形式发送给了被申请人的登记联系地址。

在上海市第一中级人民法院程序中，被申请人主要从仲裁程序的合法性，即仲裁缺席审理侵犯其参与程序的正当权利和仲裁条款的有效性等方面提出抗辩。法院首先确认本案为《纽约公约》第 1 条情形下的外国仲裁裁决，因此，应当适用《纽约公约》进行审理。关于第一个问题，法院认为仲裁庭对仲裁文书采用的送达方式符合 SIAC 仲裁规则的规定，应当被视为合法有效，被申请人是否实际收到相关通知与案件争议无关，故不予支持。关于第二个问题，法院认为主协议为合法有效订立，其内容具有真实性，因此，约定仲裁的争议解决条款也应当为合法有效的。[①]对于两份补充协议约定由新加坡仲裁法院进行管辖的情况，仲裁裁决书中仲裁庭对此条款由新加坡法院专属管辖并不排除 SIAC 仲裁，应理解为新加坡法院司法监督。而对此理解，因当事人未提出异议，法院也没有进行进一步释明。[②]

2018 年，IM 公司（美国籍）向天津市第一中级人民法院申请承认和执行美国独立电影电视联盟国际仲裁庭于 2017 年 4 月 11 日作出的第 17 - 01 号裁决。天津市第一中级人民法院裁定不予承认和执行，理由是仲裁协议签字方未经适当授权、仲裁文书也未适当送达。

---

① (2019)沪 01 协外认 5 号之一民事裁定书。
② 采安仲裁团队：《上海案例：约定新加坡法院专属管辖，并不排除 SIAC 仲裁，应理解为新加坡司法监督》，微信公众号"采安律师事务所"，最后访问日期：2020 年 12 月 22 日。

2016年,IM公司与案外人孙某于法国签订《交易备忘录》,双方均在协议上签名,并约定所有相关争议由电影电视联盟国际仲裁院于美国洛杉矶仲裁。因孙某不履行其协议项下的义务,IM公司于同年提起仲裁程序。在此过程中,孙某虽多次用邮件形式承诺延期付款,但邮件落款均为"恒星公司"。随后,IM公司与恒星公司达成协议,后者承诺承担与本案相关联的北方公司对于IM公司的全部责任,协议上有恒星公司公章和孙某的签名。有鉴于此,仲裁庭于2017年作出裁决,裁决对IM公司有利,并规定由北方公司承担赔偿责任。

在中国法院的审查程序中,北方公司根据《纽约公约》第5条第(一)款第1、2和4项进行抗辩,认为案件没有有效的仲裁协议、其作为裁决的责任承担对象未获得关于仲裁程序的有效及时通知第三项理由为依据进行抗辩。

对于仲裁协议的效力,依据《纽约公约》第5条第1项的规定,仲裁协定当事人需具有相应的行为能力,即缔约能力,而缔约能力存在与否也需要确认相应的准据法适用。以北方公司为仲裁协议的当事人,本案中,若认为孙某代表北方公司订立协议,则依据中国《中华人民共和国涉外民事关系法律适用法》(简称《法律适用法》)第14条对"何人可以代表公司"和公司的民事权利能力进行准据法识别,那么,应当适用公司登记地法,也就是中国法为准据法。在本案中,孙某不是北方公司的董事、监事或高级管理人员,因此不能代表北方公司。若认为孙某签署合约的行为为代理行为,依据《法律适用法》第16条适用代理行为发生地法律,则需要适用法国法,而IM公司并未能依据法国法规定提供相应的证据证明代理行为成立,因此孙某也不可以代理北方公司。综上,仲裁协议的当事人无权订立该协议,仲裁协议无效。

对于被申请人充分参与庭审程序的权利,法院认为通过优势证据规则可以认定仲裁通知和相关文件的送达未以合法有效的途径送达北方公司,违反了正当程序。该抗辩事由成立。

而对于仲裁程序是否违法,被申请人称双方约定的仲裁前置程序未被履行,法院认为该项不属于《纽约公约》中条款规定的"仲裁机关之组成""仲裁程序"相关的事项,因此不予采纳。在被最高人民法院复核之后,本案裁定对所涉仲裁裁决不予承认和执行。[①]

除了有中国法院承认与执行国外仲裁裁决的案例,外国法院也会依据《纽约公约》对中国的裁决予以认定。例如2020年5月14日,在 Tianjin Jishengtai

---

① (2018)津01协外认2号民事裁定书。

Investment Consulting Partnership Enterprise v. Huang［2020］FCA 767 一案中,澳大利亚联邦法院对中国国际经济贸易仲裁委员会仲裁庭的裁决予以承认与执行。①

在该案中,国际经济贸易仲裁委员会仲裁庭于 2018 年 9 月 3 日作出了一份裁决,申请人依照澳大利亚的《1974 年国际仲裁法》第 8(3)条申请执行裁决。被申请人基于两个理由反对执行裁决:一是被申请人依据《国际仲裁法》第 9(1)(a)和(b)条,就裁决是否有经核正的副本(certified copy)以及据以作出裁决的原仲裁协议是否有经核正的副本提出疑义。二是被申请人认为,申请人所要求的命令的形式与裁决的形式不同。

《1974 年国际仲裁法》第 8(3)条规定,除本部另有规定外,外国裁决可在本法院强制执行,如同该裁决是本法院的判决或命令一样;第 9 条规定:"(1) 在根据本部寻求执行外国裁决的任何程序中,他(她)应当向法院出示:(a) 经妥为认证的裁决正本或经妥为核正的裁决副本;(b) 据以作出裁决的仲裁协议的正本或经妥为核正的副本。"

首先,法院接受了申请人的如下意见:①《纽约公约》适用于中国;② 涉案裁决是《国际仲裁法》意义上的裁决,这一点没有争议;③《联邦法院规则》第 28.44 条规定了原诉申请及证明文件的要求,该条规则已经得到遵守,这点看起来也没有争议;④《联邦法院规则》第 28.50 条规定,如果一方当事人希望使用非英文文件,则必须向法院和其他诉讼当事人提供该文件的经核正的英文译本。关于这一点,相关文件已经附有经核正的英文译本。

其次,法院考虑了被申请人的两个异议。对第一个异议,被申请人认为,申请人未按照《国际仲裁法》第 9(1)条的要求提交经妥为核正的裁决副本,以及经妥为核正的据以作出裁决的仲裁协议的副本。法院拒绝接受该主张。从证据来看,相关文件已在中国公证。公证文书的条款显示:"所附仲裁裁决书副本……与仲裁裁决书正本一致。仲裁裁决的英文译本与中文正本一致。"

法院支持申请人的主张,认为该公证文书可以解释为,裁决正本已经出示给公证员且裁决的英文译本与中文正本一致。另外,申请人所依据的其他相关协议均附有公证员所出具的公证文书。因此,法院认为,这些经公证的材料足以证明第 9(1)条的要求已得到满足。在这方面,法院根据《国际仲裁法》第 9(5)条认为,一份文件只要提交给法院,法院就可将其作为与其有关事项的初步证据予以接受。

---

① Tianjin Jishengtai Investment Consulting Partnership Enterprise v. Huang［2020］FCA 767.

在第二个争议事项中，裁决第 1 段规定，第一被申请人有义务支付一定数额，以便从申请人那里获得一定比例的股权。法院赞同被申请人的观点，即这部分裁决类似于具体履行的命令，但这并不意味着法院不应就相关款项作出判决。法院认为有必要作出相应命令，要求将有关股权转让给被申请人。法院作出指示让当事人就该命令的适当形式进行协商。关于执行命令的适当形式，法院赞同申请人的观点认为，应根据《国际仲裁法》第 8（3）条宣告申请人有权对被申请人执行该裁决，如同该裁决是法院的判决一样，故最后法院支持了申请人所提出的执行裁决的申请，并指示当事人就准予执行命令的形式达成一致意见。

综上，澳大利亚联邦法院认为，申请人所提交经中国公证处公证的仲裁裁决副本、相关协议副本及其相应的英文译本，符合《国际仲裁法》第 9（1）条关于执行《纽约公约》裁决的要求，故支持了申请人所提出的执行裁决的申请。

五、执行内容

在执行内容方面，《仲裁执行规定》第 3 条规定了仲裁裁决或者仲裁调解书执行内容具有下列情形之一导致无法执行的，人民法院可以裁定驳回执行申请；导致部分无法执行的，可以裁定驳回该部分的执行申请；导致部分无法执行且该部分与其他部分不可分的，可以裁定驳回执行申请。① 由此可见，对于裁决的执行原则上是对于裁决内容全部执行，但是在某些情况下予以部分执行。

在国外的案例中也有类似的情况，例如美国的某一法院就准予执行了单独裁决。在 Trajkovski Invest AB et al. v. I. Am. Plus Electronics, Inc., Case No. 2：20 - cv - 00152 - ODW（JEMx）案② 中，申请人是 Earin AB 的所有人。2017 年 12 月 31 日，被申请人同意收购 Earin AB，并与申请人签订《股权转让协议》（简称《协议》）。《协议》第 27 条的仲裁条款约定："因本协议而产生或与之有关的，或因本协议的违约、终止或无效产生的任何争议最终通过仲裁解决，由斯德哥尔摩商会仲裁院（SCC）进行管理。"

---

① 《最高人民法院关于人民法院办理仲裁裁决执行案件若干问题的规定》第 3 条："（一）权利义务主体不明确；（二）金钱给付具体数额不明确或者计算方法不明确导致无法计算出具体数额；（三）交付的特定物不明确或者无法确定；（四）行为履行的标准、对象、范围不明确；
　　仲裁裁决或者仲裁调解书仅确定继续履行合同，但对继续履行的权利义务，以及履行的方式、期限等具体内容不明确，导致无法执行的，依照前款规定处理。"
② Trajkovski Invest AB et al. v. I. Am. Plus Electronics, Inc., Case No. 2：20 - cv - 00152 - ODW（JEMx）.

由于被申请人未支付股权转让款,交易最终落空。2019 年 5 月 23 日,申请人在瑞典向 SCC 提交了仲裁请求。2019 年 7 月 3 日,被申请人回应同意适用《SCC 仲裁规则》。根据《SCC 仲裁规则》第 51(3)条,双方当事人均需支付一半的预付仲裁费。申请人按要求支付了一半的预付费用,但被申请人未支付。为避免案件被驳回,申请人根据《SCC 仲裁规则》第 51(5)条支付了应由被申请人支付的剩余一半的预付费用。

2019 年 8 月 9 日,申请人根据《SCC 仲裁规则》第 51(5)条请求仲裁庭作出一项单独裁决,要求被申请人赔偿其代为支付的一半预付费用。《SCC 仲裁规则》第 51(5)条规定:"如果另一方支付了所要求的款项,仲裁庭可以根据当事人的请求,就该款项的赔偿作出单独裁决。"随后,仲裁庭给予被申请人机会对该请求予以回应,但被申请人保持沉默。经过几番波折后,2019 年 11 月 25 日,仲裁庭作出一项命令,批准了申请人关于一半预付费用及其利息的请求。2020 年 1 月 17 日,申请人向法院提出本案动议,请求执行仲裁庭的命令。

被申请人认为,基于以下两个理由,法院不应对单独裁决予以确认:① 单独裁决是一个中间裁决,而不是有约束力的终局裁决;② 申请人未证明急需救济。

针对被申请人所提出的第一个异议理由,法院认为单独裁决是一个终局裁决。如被申请人所言:"'对非终局仲裁裁决的司法审查,若有,也只有在最极端的情况下才应当允许'是一项既定的法律"。尽管有这一规则,法院仍然可以对最终和结论性地解决独立问题的临时仲裁裁决予以确认。被申请人援引 Sensor Dynamics AG Entwicklungs — Und Produktionsgesellschaft v. Memsco LLC, No. 8:08 - CV - 00966 DOC (ANx), 2008 WL 11343383(C.D. Cal. Oct. 10, 2008)案认为,最终的裁决结果可能对费用数额进行变更,单独裁决非终局裁决,故不应予以确认。法院认为,预付费用问题独立于待仲裁的基础案情裁决。事实上,若单独裁决仅因案情裁决可能在某一时刻变更费用而不可执行,则单独裁决的整个过程将变得毫无意义。而且,由于单独裁决解决了预付费用的独立问题,且预付费用不会变更,故这是一种可执行的终局临时裁决。

针对被申请人所提出的第二个异议理由,法院认为申请人无须证明急需救济。被申请人援引了 Sensor Dynamics 案[①]的裁定。该案法官驳回了一项类似的动议,理由是该案申请人自愿选择以现金代替银行保函支付预付费用,其未能

---

① Sensor Dynamics AG Entwicklungs — Und Produktionsgesellschaft v. Memsco LLC, No. 8:08 - CV -00966 DOC (ANx), 2008 WL 11343383(C.D. Cal. Oct. 10, 2008).

证明急需救济。但是法院指出，Sensor Dynamics 案似乎是一个特例，不能适用于本案。值得注意的是，第九巡回上诉法院还没有急需救济的标准。第九巡回法院基于缺乏终局性而维持地区法院在 Sensor Dynamics 案中的裁定，而不是基于地区法院的急需救济理论。尽管判例法中关于急需救济要求的解释很少，在 Hyosung（Am.）Inc. v. Tranax Techs. Inc.，No. C 10‐0793 VRW，2010 WL 1853764（N.D. Cal. May 6，2010）案中，地区法院确认了一项临时仲裁裁决，其依据是它"最终和结论性地解决了一项单独和独立的请求……而且不会扣减或抵消"。为反驳被申请人的主张，该案法院将急需救济的要求追溯至 Hall Steel Co. v. Metalloyd Ltd. 492 F. Supp. 2d 715（E.D. Mich. 2007）案，并认为 Hall Steel 案所依据的先例（其中包括第九巡回法院的判例）无法支持对急需救济的要求，因此，拒绝采用该标准。法院认为，Hyosung 案法院的分析是可靠的，故驳回了被申请人关于申请人必须证明急需救济的论点。

另外，法院指出，施加急需救济的要求不符合《纽约公约》所规定的确认仲裁裁决的标准。要求寻求执行裁决的一方当事人证明急需救济，将不正当地使举证责任倒置。基于这一额外理由，法院拒绝要求申请人证明急需救济。

综上所述，法院支持了申请人的动议，命令被申请人根据仲裁庭的单独裁决向申请人偿还预付费用及相应利息。[①]

本案法院认为，由于单独裁决解决了预付费用的独立问题，且预付费用不会变更，因此该裁决是一项终局临时裁决。另外，法院在本案中阐明，寻求执行裁决的一方当事人无需证明急需救济。一是因为第九巡回法院还未采用急需救济的标准；二是因为要求急需救济将不正当地使举证责任倒置，不符合《纽约公约》所规定的确认仲裁裁决的标准。

本案主要涉及单独裁决的承认与执行问题，即使仲裁庭没有对整个案件给出完整的裁决，其作出的单独裁决依然在某些情况下可以被承认与执行。相应地，中国也有类似的制度，例如，《上海仲裁委仲裁规则》（简称《上仲规则》）第 52 条就规定了中间裁决与部分裁决，[②]其含义与本案的单独裁决类似。在《仲裁法

---

① 张振安：《美国法院准予执行单独裁决（美国案例）》，微信公众号"临时仲裁 ADA"，最后访问日期：2020 年 11 月 25 日。

② 《上仲规则》第 52 条："（一）对于影响仲裁程序进展的争议事项，或者需要在最终裁决作出前予以明确的事项，仲裁庭可以作出中间裁决。中间裁决有履行内容的，当事人应当履行；中间裁决是否履行不影响仲裁程序的进行和最终裁决的作出。（二）仲裁庭认为必要的，或者当事人申请并经仲裁庭同意的，仲裁庭可以在根据本规则第五十一条的规定作出裁决之前，就当事人的部分请求事项作出部分裁决。部分裁决是终局的，对各方当事人均具有约束力。"

《征求意见稿》中也规定了部分裁决与中间裁决,①同时明确"部分裁决"可以被法院强制执行。

中间裁决与部分裁决在内涵方面有所差异。中间裁决是针对对于影响仲裁程序进展的争议事项,或者需要在最终裁决作出前予以明确的事项;而部分裁决是其中一部分事实已经清楚,可以就该部分先行作出的裁决。如果与前述的美国案例进行对比的话,是予以确认仲裁费的支付,应当是"最终裁决作出前予以明确的事项",故属于"中间裁决"。值得注意的是,在我国司法实践中,并没有对中间裁决与部分裁决进行严格区分。刘晓春在《〈深圳国际仲裁院仲裁规则〉理解与适用》中也认为"本条规定的部分裁决与《仲裁法》规定先行裁决相似",其并没有对两者作特别区分。② 学界对这两者即使进行了区分,内涵仍有着争议与模糊地带。③

执行的标的可能也会导致裁决无法被执行,例如执行的标的是某一国家的主权财产,这在外国的司法实践中已有先例。

摩尔多尔投资者 Anatolie Stati 等与摩尔多尔政府及哈萨克斯坦政府之间产生纠纷,Stati 等其后根据《能源宪章公约》对哈萨克斯坦提起投资仲裁。2013年,仲裁庭裁决哈萨克斯坦败诉,赔偿金额超过 4 亿美元。裁决作出后,哈萨克斯坦未履行裁决。

Samruk 是一家根据哈萨克斯坦法律成立的股份公司,也是《哈萨克斯坦国家福利基金法》定义的基金公司,哈萨克斯坦是 Samruk 的创始人和唯一的股东。依照《哈萨克斯坦国家福利基金法》规定,Samruk 的股份是哈萨克斯坦的专有财产,不得转让。Samruk 持有荷兰公司 KMGK 的股份。2017 年 9 月 14 日,Stati 申请并获得阿姆斯特丹地区法院的许可,对 Samruk 在 KMGK 持有的所有股份进行了查封。在扣押申请中,Stati 认为 Samruk 应被视为哈萨克斯坦的一部分,尽管其已被设计为一个独立的法律实体,且所扣押的财产具有公共用途以外的目的。Samruk 申请解除扣押,阿姆斯特丹地区法院于 2018 年 1 月 5 日作出判决,驳回其解扣申请,故 Samruk 提出上诉。阿姆斯特丹上诉法院在 2019

---

① 《仲裁法修订征求意见稿》第 74 条:仲裁庭仲裁纠纷时,其中一部分事实已经清楚,可以就该部分先行作出部分裁决。仲裁庭仲裁纠纷时,其中有争议事项影响仲裁程序进展或者需要在最终裁决作出前予以明确的,可以就该问题先行作出中间裁决。部分裁决和中间裁决有履行内容的,当事人应当履行。当事人不履行部分裁决的,对方当事人可以依法申请人民法院强制执行。部分裁决或者中间裁决是否履行不影响仲裁程序的进行和最终裁决的作出。
② 刘晓春:《〈深圳国际仲裁院仲裁规则〉理解与适用》,北京大学出版社 2020 年版,第 150 页。
③ 苟应鹏:《中间裁决制度的体系展开》,《商事仲裁与调解》2022 年第 2 期,第 97—112 页。

年 5 月 7 日的判决中维持了地区法院的判决。

后来，荷兰最高法院于 2020 年 12 月 18 日作出判决，撤销了阿姆斯特丹上诉法院的判决，将案件交由海牙上诉法院审理，海牙上诉法院在 2022 年 6 月 14 日作出了判决。[①] 海牙上诉法院认为，首先，根据《联合国国家及其财产管辖豁免公约》第 19(c)条，被扣押的股份属于哈萨克斯坦，因为哈萨克斯坦对这些股份行使了控制权。根据法律，哈萨克斯坦仍然是 Samruk 的唯一股东，被授权转让 Samruk 在荷兰实体中持有的股份，并且可以任命和解雇 Samruk 的董事。法院没有审查哈萨克斯坦和 Samruk 是否应被视为同一人的问题，尽管各方对此进行了激烈的辩论，法院认为这与执行豁免原则的适用无关。其次，法院考虑了这些股份是否具体用于或打算用于哈萨克斯坦的非政府、非商业目的。法院无法确定这一点。Samruk 持有公司股份的目的是增加哈萨克斯坦的国家福利，Samruk 不能在没有哈萨克斯坦的同意下转让其股份。即使 Samruk 以商业方式管理其股份，正如 Stati 所辩称的那样，这也不能改变其目的是增加哈萨克斯坦的福利这一事实，因此，它仍然被认为是供政府用于非商业目的。最后，法院认为，根据荷兰最高法院、欧洲人权法院和国际法院的判例法，在这个问题上接受执行豁免权并不是对 Stati 等在《欧洲人权公约》第 6 条意义上的诉诸法律的权利和其在《第一议定书》第 1 条意义上财产权的不当限制。[②]

该案例指出，在裁决执行的时候要考虑《联合国国家及其财产管辖豁免公约》，[③]该公约认定一般情况国家财产不得被执行，除非已经证明该财产被该国具体用于或意图用于政府非商业性用途以外的目的，但是如何理解"非商业性用途以外的目的"则是一个争议点。

在 Stati 向瑞典最高法院起诉的案件中，瑞典最高法院认定哈萨克斯坦国家银行投资组合的某些财产不能享有执行豁免权。瑞典最高法院认为，被瑞典执行机构扣押的相关财产从投资策略上专注于上市股票，其风险承受能力明显高于正常水平，以提供高回报，这与国家银行正常行使货币政策职能不同，意味着

---

① Samruk and others v. Stati and others (ECLI：NL：GHDHA：2022：977).

② 采安仲裁团队：《海牙上诉法院案例：仲裁裁决执行中外国主权财富基金的扣押》，微信公众号"采安律师事务所"，最后访问日期：2022 年 7 月 7 日。

③ 《联合国国家及其财产管辖豁免公约》第 19 条："免于判决后的强制措施的国家豁免不得在另一国法院的诉讼中针对一国财产采取判决后的强制措施，例如查封、扣押和执行措施，除非：(a) 该国以下列方式明示同意采取此类措施：(一) 国际协定；(二) 仲裁协议或书面合同；(三) 在法院发表的声明或在当事方发生争端后提出的书面函件；(b) 该国已经拨出或专门指定该财产用于清偿该诉讼标的的请求；(c) 已经证明该财产被该国具体用于或意图用于政府非商业性用途以外的目的，并且处于法院地国领土内，但条件是只可以对与被诉实体有联系的财产采取判决后强制措施。"

该投资与充分的主权性质的目的缺乏明确联系,因此,具有商业因素,不能享有执行豁免,这展示了另一种认定"商业目的"的判断标准。根据该判决,法院有时会从国有银行的正常职能来认定其是否能被豁免。

中国已于 2005 年加入《联合国国家及其财产管辖豁免公约》,故上述案例对于中国也有一定的借鉴意义。该公约在原则上肯定了国家及其财产的管辖豁免作为国际法的一条基本规则,对外国法院判决后的强制执行问题,基本采取了限制豁免论的立场,即国家及其财产是否享有豁免权,主要从涉案主体从事的是主权行为还是非主权行为而定。如果外国国家从事的商业活动为非主权行为或私法行为,不应享有豁免权,该公约对该类问题作出了建设性地富有成效地分类和尝试,虽暂未对具体的非主权行为给出名单分类,但对于已签署的联合国成员国具有很强的指导性意义,各国立法、司法机关应当被认为已经认可、参考了该公约规定。

六、相关程序问题

(一) 内地法院协助香港地区司法机构送达

随着粤港澳大湾区建设的进一步推进,我国内地与香港地区在司法实践上的联系也日益紧密,涉及双方在诉讼、仲裁程序中的互动和协助等也日益密切。

2020 年,申请人陈某依据《最高人民法院关于内地与香港特别行政区法院相互认可和执行当事人协议管辖的民商事案件判决的安排》向北京市第四中级人民法院提出申请执行香港法院已作出的终审判决。本案最终由北京市高级人民法院作出二审裁定。一审中,被申请人认为,在我国香港法院审理的程序中,法院的传讯令未被合法送达。香港《高等法院规则》第 4A 章第 11 号命令第 5A 条规定:"凡按照本规则须在中国内地将令状送达须予送达的人,则该令状须透过中国内地的司法机构送达。"北京市第四中级人民法院查明,北京法院已协助香港法院送达,但结果为"经协助,未送达成功。"拒收理由为:"此处无此人。"因此,香港法院已按规定进行了送达,未成功,故可以进行替代送达。二审中,被申请人继续辩称,委托送达应按内地法律进行,一次送达未成功不能直接替代送达。对此,依据《最高人民法院关于内地与香港特别行政区法院相互委托送达民商事司法文书的安排》第 5 条:"受委托方无法送达的,应当在送达回证或者证明书上注明妨碍送达的原因、拒收事由和日期,并及时退回委托书及所附全部文书。"北京市高级人民法院认为,"互相委托协助送达"并不意味着保证送达成功。

因此,在未送达成功的情形下,相关文书被退回香港法院,则应该依据香港法律确定下一步的程序措施。总体而言,送达是否合法,其判断标准在于依照原审法院地法律。[1]

《最高人民法院关于内地与香港特别行政区法院相互认可和执行当事人协议管辖的民商事案件判决的安排》第 9 条规定了对不予认可和执行的情形应当进行有限的、形式的审查,体现了促进仲裁建设、促进内地与香港司法互信加深的趋势。[2]

（二）认可及执行香港仲裁裁决前可申请财产保全

内地与香港的司法协助同时还体现在内地法院对香港仲裁相关的财产保全。[3] 相关案例如下。

申请人华夏航运(新加坡)有限公司与被申请人东海运输有限公司于 2012 年 4 月 21 日签订租船合同。其后发生纠纷,并在我国香港地区提交仲裁。仲裁庭作出第一次裁决后,申请人向广州海事法院申请认可和执行。该仲裁庭未对被申请人应予赔偿的法律费用金额进行审理和裁决,但裁决保留对该项争议的管辖权。2018 年 7 月 23 日,因协商未果,申请人就前述法律费用争议向同一仲裁庭提出仲裁申请。2018 年 9 月 28 日,该仲裁庭依照香港特别行政区《仲裁条例》作出第二次有关法律费用的终局裁决,裁决被申请人应向申请人支付相关费用。

其后,申请人向广州海事法院申请认可和执行该仲裁裁决,在广州海事法院受理认可和执行该仲裁裁决申请之前,特申请冻结被申请人设立银行存款。申请人以中国平安财产保险股份有限公司广东分公司出具的担保函提供担保,保证承担因申请保全错误而给被申请人或任何第三方造成损失的赔偿责任。

广州海事法院经审查认为,申请人在本院受理认可和执行香港仲裁裁决之前请求保全被申请人的相关财产,且已经提供充分担保,其申请符合相关法律规定,对申请人的申请应予准许。最终认可与执行了该财产保全。[4]

所以,申请承认(认可)及执行域外仲裁裁决能否申请财产保全？我国法律并没有作出明确规定,但是上述案件给出了答案。这样的司法实践将进一步促进法域之间的交流并有利于跨国之间的民商事交易。

---

[1] (2020)京 04 认港 3 号民事裁定；(2020)京认复 1 号民事裁定。

[2] 采安仲裁团队：《北京四中院首例认可与执行香港法院判决解析》,微信公众号"采安律师事务所",最后访问日期：2021 年 3 月 11 日。

[3] 陈延忠：《喜大普奔！认可及执行香港仲裁裁决前可申请财产保全！》,微信公众号"万邦法律",最后访问日期：2019 年 3 月 22 日。

[4] (2018)粤 72 财保 78 号民事裁定。

(三) 域外制度：第三方披露令

在仲裁裁决得到承认与执行的过程中，往往需要法院提供程序上的辅助，例如前文已经提及的财产保全等，而域外英美法系国家较为常用的制度是禁令制度，用以保障仲裁裁决的执行，例如全球冻结令（worldwide freezing order，WFO）、容许查察令（search order）和第三方披露令（norwich pharmacal order）。

第三方披露令（norwich pharmacal order，NPO），是普通法系的一项特殊规定，源自英国上诉法院于 1974 年作出的判例 Norwich Pharmacal Co. v. Customs & Excise Commissioners [1974] AC 133。第三方披露令适用于诉讼案件中的其中一方，向非涉案的第三方（公司或个人要求其为不知情、本身没有犯错的情况下与某些不正当行为扯上了某种关系的）披露文件或资料，本质上属于民事诉讼程序中的文件披露程序。

用一个案例来阐述第三方披露令的适用。2012 年 12 月 17 日，本案原告 Arcelor Mittal USA LLC（简称 AMUSA）与 Essar Steel Minnesota LLC（简称 ESML）签订了一份协议，由 ESML 在 10 年内持续向 AMUSA 供应铁矿球团。2014 年 1 月 10 日，通过对该协议的修正和重述，本案主要被告 Essar Steel Limited（一家毛里求斯公司，简称 Essar Steel）作为 ESML 的共同债务人正式加入协议。2016 年 5 月 27 日，AMUSA 终止协议并由此产生纠纷。

2016 年 8 月 9 日，AMUSA 将争议提交至 ICC 仲裁院，仲裁地为美国明尼苏达州。由于 ESML 已在美国申请破产，Essar Steel 作为唯一被申请方参加仲裁并提出反请求。后经过一轮证据出示，Essar Steel 通知仲裁庭将不再继续参与仲裁。2017 年 12 月 19 日，仲裁庭作出裁决，AMUSA 获得 13 亿美元的赔偿，其中包括各种费用和利息。

2019 年 1 月 10 日，AMUSA 向英国法院提出申请，请求法院签发针对 Essar Steel 的全球冻结令和针对其英国关联公司 Essar Capital Services (UK) Limited（简称"Essar Capital Services"）和两位相关当事人 Mr. Prashant Ruia 以及 Mr. Sushil Baid 的容许查察令，还有针对 Essar Capital Services 和包括 Mr. Prashant Ruia、Mr. Sushil Baid 在内的六位相关当事人的第三方披露令。对此，Butcher J. 法官决定将仲裁裁决作为英国高等法院的判决予以执行，并签发了针对 Essar Steel 的全球冻结令和相关的披露禁令以及其他两项禁令。[①]

本案的争议点在于，法院是否应维持上述三项禁令，即针对 Essar Steel 的

---

① Arcelor Mittal USA LLC v. Essar Steel Limited and others [2019] EWHC 724 (Comm).

全球冻结令，以及针对其他关联方的容许查察令和第三方披露令。

对于法院是否有权在本案签发第三方披露令，被申请人主张，由于本案披露的文件用于外国程序，因此法院无权签发第三方披露令。对此，法院不接受该主张，并提出，法院有权签发第三方禁诉令以支持其作出的冻结令，尽管该种决定只有在须获得关于不法行为信息的情况下才有必要作出，因此需慎重考虑。此外，法院还援引了 In Mercantile Group (Europe) AG v. Aiyela [1994] QB 366 和 NML Capital Ltd v. Chapman Freeborn Holdings Ltd et al. [2013] EWCA Civ. 589 判例支持其主张，并提出原则上，当存在证据显示债务人已采取措施流失其资产或试图使其自身无清偿能力时，法院可命令其提供信息以协助判决的执行。在本案关于签发全球冻结令的考量中，法院已作出认定，本案存在资产流失的重大风险，为协助冻结令的有效实施，法院有权命令第三方披露相关信息，以防止任何进一步的资产流失，故法院认定，本案应当适用第三方披露令。

同时，关于判定适用第三方披露令是否适当的问题，根据 Flaux J.法官在 Ramilos Trading Ltd v. Buyanovsky [2016] EWHC 3175 (Comm)，[2016] 2 CLC 896 一案中得出的相关结论，本案法院作出如下认定：首先，本案被告除了不予支付仲裁裁决款项，还存在一些"不法行为"，即在 WFO 相关认定中关于被告试图流失资产的行为；其次，法院认为本案存在由被告 Essar Steel 以外的人提供有关流动资产信息的必要性，并至少提供一些关于先前处置资产的资料，以便能够在实施全球冻结令时对其采取有效行动；再次，法院还认为存在表面证据表明，或存在争议情况，证明这些被申请人已被卷入不法行为之中，从而为其提供了便利，并能够或很有可能能够提供相关资料，以致使 WFO 有效实施。法院还认为，结合所有相关因素来看，本案涉及的正当权益证明了签发该命令具有合理性，综上，法院决定维持该命令在本案的适用。①

第三方披露令是英美法系常用的保障裁决被执行的手段，可以防止被执行人故意流失财产等行为，对中国的司法实践有借鉴意义。

第四节　结　　语

中国法律对于仲裁裁决承认与执行的规则虽按仲裁籍属进行区别，但不论

---

① 《20190402 仲裁早新闻：关于在仲裁裁决执行案件中签发第三方披露令的考量（英国商事法院案例）》，微信公众号"临时仲裁 ADA"，最后访问日期：2019 年 4 月 2 日。

是国内裁决、涉外裁决还是外国裁决，法院审查的标准和依据比较接近，中国国内规则也真正实现了与国际规则的接轨。然而，由于历史原因，很长一段时间内，根据籍属相区别的现状将继续维持，不同类别的裁决在审查程序、审查范围上仍存在一定的差异和倾向上的区别。

《最高人民法院关于仲裁司法审查案件报核问题的有关规定》于 2018 年的实施，无疑对于统一审核的标准和程序具有重要意义。最高人民法院决定将此前仅针对涉外和外国仲裁裁决的报核制度扩大适用于所有类型的仲裁裁决，无疑体现了我国对于仲裁作为一种争端解决手段的支持和鼓励。在对国内仲裁裁决的审查过程中，由于各地人民法院因地方治理因素、对仲裁程序的把握程度不一致等，故对《民事诉讼法》第 244 条作出了许多饱受争议的理解，在程序上也常常出现纰漏。对此，在不予承认和执行需层报最高人民法院进行裁定的背景之下，地方法院此前作出的不合理裁定有待通过典型案例的新理解、新裁定予以纠正。

第九章
执行涉外仲裁裁决内部报告制度 *

第一节　地方保护主义与司法低效

尽管我国的政治体制是一元化的,但是它的司法层级类似于行政层级,呈现出一种碎片化和分散化的结构。在这种结构中,各级政府的政策目标通常会与同级司法机关发生冲突。① 这种分散化结构根植于法院体系的设计和职能安排。这种横向的委托代理关系至少在两个方面对各级法院的独立性和专业性产生挑战。首先,分税制改革后,地方政府实际控制本地企业纳税或土地出让所得,从而造成地方法院严重依赖地方政府维持稳定的经费来源。② 地方法院往往不愿使企业因对其执行不利的判决或者仲裁裁决而遭受财务损失。③ 其次,法官没有任期限制,而且任命法官的最终权力掌握在地方人民代表大会手里,地方法院的法官在体制上相当于地方行政官员。④ 这种双重管理模式通过财政控制和人员任命得以巩固,同时也将地方法院置于地方政府之下,使行政权更容易凌驾于司法权之上。因此,地方一级的法院可能更容易受到地方行政管理的影响。

---

* 　本章作者沈伟。

① 　Yuhua Wang. Judicial Hierarchy and Judicial Outcomes: Evidence from a Natural Experience in China. http://scholar.harvard.edu/files/yuhuawang/files/court_2.pdf.

② 　Shen Wei. The Logic (or Illogic) of China's Local Government Debts out of Control: Law, Governance or Other Perspectives. *Hong Kong Law Journal*, Vol.44, No.3, 2014, pp.887 - 916.

③ 　我国于1994年推行一种新的税收体制,其作用是让地方政府依靠地方财政收入来维持政府预算。同时,法院的资金来源依靠地方。造成这一现象的另一个原因是全国GDP数据排名给地方政府造成了与日俱增的压力,导致欠发达地区过于注重财政收入的增长("分税制"改革的决策背景、历程与历史功绩,参见 http://theory.gmw.cn/2014-06/25/content_11721771.htm)。

④ 　Aaron Andrew P. Bruhl. Elected Judges and Statutory Interpretation. *University of Chicago Law Review*, Vol.79, No. 4, 2012.

这种令人费解的司法—行政关系似乎是导致我国地方保护主义的首要原因。[①] 地方保护主义有多种形式，最后的结果是判决或者判决的执行会受到地方政府政策或举措的过度影响，导致司法不公。例如，在执行阶段中，A 区法院可以阻碍 B 区原告对居住地在 A 区被告不利判决的执行。[②] 这种情况也可能发生在外部法院前往其他区域执行对当地当事人不利的判决或者裁决时，当地的法院拒绝配合。[③] 当地方法院与争议方私下交涉，告知其将资金和财产转移到别处，使外地法院无法执行判决或裁决时，这种不正当影响可能更为微妙。例如，在 Revpower 案中，美国公司于 1991 年 6 月向斯德哥尔摩商会仲裁院提出仲裁申请，要求中方支付违约赔偿。1993 年 7 月，仲裁庭在斯德哥尔摩作出美国公司胜诉的仲裁裁决。由于中方拒绝履行裁决，美国公司于 1993 年 12 月向上海市中级人民法院提出申请，请求法院强制执行该裁决。[④] 当时的上海市中级人民法院认为当事双方在本院还存在一项国内未决诉讼而拒绝执行该裁决，美国公司无法获得 490 万美元赔偿。[⑤] 在最高人民法院的推进下，该案最终于 1999 年进入执行阶段，此时距离仲裁裁决的作出已过去 6 年。而在此期间，中方当事人已将其企业资产全部移转至母公司和其他关联公司，使仲裁裁决的执行变得愈发不可能。[⑥]

在更为一般的层面上，国内存在两种形式的地方保护主义：一是被动干预，即司法机关迫于压力而改变案件结果。这种形式的干预严重影响了司法机关独立行使职权。二是采取更积极主动的方式。既得利益可能会驱使法官过度解读地方政府领导的真实意图而过度保护地方利益。在一个相对薄弱的司法体制

[①] Randall Peerenboom. *Are China's Legal Reforms Stalled? The Foundation for Law，Justice and Society in collaboration with the Centre for Socio — Legal Studies*. University of Oxford；Donald C. Clarke. Power and Politics in the Chinese Court System；The Enforcement of Civil Judgments. *Columbia Journal of Asian Law*，Vol.10，No.1，1996；Randall Peerenboom. Seek Truth from Facts；An Empirical Study of Enforcement of Arbitral Awards in the PRC. *American Journal of Comparative Law*，Vol.49，2001.

[②] Donald C. Clarke. Power and Politics in the Chinese Court System；The Enforcement of Civil Judgments. *Columbia Journal of Asian Law*，Vol.10，No.1，1996.

[③] Donald C. Clarke. Power and Politics in the Chinese Court System；The Enforcement of Civil Judgments. *Columbia Journal of Asian Law*，Vol.10，No.1，1996.

[④] 赵健：《国际商事仲裁的司法监督》，法律出版社 2000 年版，第 262—263 页。

[⑤] Alberto Mora. *The Revpower Dispute：China's Breach of the New York Convention in Dispute Resolution in the PRC：A Practical Guide to Litigation and Arbitration in China*. 1995，pp.153‐158.

[⑥] David T. Wang. Judicial Reform in China：Improving Arbitration Award Enforcement by Establishing a Federal Court System. *Santa Clara Law Review*，Vol.48，2008，p.649.

中，地方保护主义会被用来作为法定权利保护的制度性备份（或替代）。① 无论如何，尽管时常会出现地方保护主义的个别案件，但是很难推定地方保护主义已经成为严重损害中国司法机关运作的主要因素；相反，近期研究表明地方保护主义有弱化倾向。② 一些实证研究甚至对一种所谓"众所周知"的论断，即中国企业主要仰仗地方保护主义产生了质疑，一定程度上可能是因为中国经济总量不断加大，以致地方政府难以控制依靠中央政府能获得更好的保护或优待，过去20 年里依靠中央政府保护的企业比例有所增加。③

　　地方保护主义在法律领域影响的弱化部分归功于国内司法审判程序改革的努力，几轮旨在加强法治建设的司法改革在一定程度上巩固了最高法院的地位。例如，最高法院于 2010 年建立了指导性案例系统，明确了只有最高法院享有可以选择和公布指导性案例的排他性权力；同时，对围绕各级上诉法院（中级法院和高级法院）在其管辖区域内是否也有权编纂、公布指导性案例问题的各种争论也给出了答复。指导性案例系统正式上线运行后，最高法院成为通过精选案例指导全国范围内法院司法裁判的唯一法院，以确保下级法院裁判的一致性。就任命法官问题，部分法院进行了包括赋予上级法院更多话语权的一些尝试，逐步增强司法独立性。④

第二节　执行涉外及外国仲裁裁决的
内部报告制度

一、不予执行仲裁裁决的法律框架

　　承认和执行仲裁裁决的法律框架基本成型。在 1982 年《民事诉讼法》颁布

---

① 国内薄弱的法治体制中还有其他的制度替代品，诸如信访（或口头、信件、拜访）就是公民求助于司法之外进行维权的又一途径。Carl F. Minzner. Xinfang：An Alternative to Formal Chinese Legal Institutions. *Stanford Journal of International Law*，Vol.42，2006，pp.103 - 179.

② data comes from Department of Justice，https://www.justice.gov/civil/current-and-recent-cases.

③ Yuhua Wang. Beyond Local Protectionism：China's State—Business Relations in the Last Two Decades. *China Quarterly*，2016，pp.319 - 341.

④ Jerome A. Cohen. Struggling for Justice：China's Courts and the Challenge of Reform. *World Politics Review*，https://www.worldpoliticsreview.com/articles/13495/struggling-for-justice-chinas-courts-and-the-challenge-of-reform；Donald C. Clarke. Power and Politics in the Chinese Court System：The Enforcement of Civil Judgments. *Columbia Journal of Asian Law*，Vol.1，1996，p.91.

之前,国内尚无承认或执行外国或涉外仲裁裁决的法律存在,该法颁布之后的 5 年内也没有外国仲裁裁决得以执行。《民事诉讼法》颁布以来经历了三次修订,但承认和执行仲裁裁决规则始终没有改变。我国于 1987 年加入《纽约公约》,以鼓励和吸引外商投资。[①] 结合相关法律法规,国内仲裁裁决执行体制根据裁决的来源分成三类:一是由外国仲裁机构作出的外国裁决;二是由国内仲裁机构作出的涉外仲裁裁决,它包含最高人民法院司法解释中提到民事关系中的"涉外因素";[②]三是由国内仲裁机构作出的完全不含涉外因素的国内仲裁裁决。这种三元结构与《纽约公约》规定的内国仲裁和非内国仲裁的二元结构有所不同。执行仲裁裁决的路径也分成三条,导致不同仲裁裁决受制于不同形式和程度的司法审查。[③]

在我国,对于上述三种仲裁裁决,当事人和法院,甚至案外人[④]都可以通过撤销和(不予)执行两种不同的程序使仲裁裁决失去效力。撤销程序可以在仲裁裁决作出后 6 个月内由任何一方当事人启动,然而执行只能在仲裁裁决被某一国内法院承认以后,由仲裁案件中胜诉方的当事人启动,[⑤]不予执行的申请可以由仲裁程序的败诉方向人民法院提出。[⑥] 这两种程序一般都由被执行人住所地、财产所在地或者作出仲裁裁决的仲裁机构所在地的中级人民法院组成一个新的合议庭作出裁定,[⑦]特定情况下可以由基层人民法院管辖。[⑧]

对于外国或涉外仲裁裁决的撤销和(不予)执行,通常情况下,法院会根据申请人的申请,适用与《纽约公约》相同的不予执行的理由:"(i) 当事人在合同中没有仲裁条款或者事后没有达成书面仲裁协议的;(ii) 被申请人没有得到指定仲裁员或者进行仲裁程序的通知,或者由于其他不属于被申请人原因未能陈述意见的;(iii) 仲裁庭的组成或者仲裁的程序与仲裁规则不符的;(iv) 裁

---

① Ellen Reinstein. Finding a Happy Ending for Foreign Investors: The Enforcement of Arbitration Awards in the People's Republic of China. http://law.bepress.com/expresso/eps/506/.

② 《最高人民法院关于适用〈中华人民共和国涉外民事关系法律适用法〉若干问题的解释(一)》第 1 条(2012 年 12 月 28 日发布,2013 年 1 月 7 日实施)。

③ 刘家兴:《民事诉讼法学教程》,北京大学出版社 2001 年版;李祖军:《民事诉讼法学论点要览》,法律出版社 2001 年版。

④ 《最高人民法院关于人民法院办理仲裁裁决执行案件若干问题的规定》第 9、18 条。

⑤ 《民事诉讼法》(2017 年修正)第 273 条;《仲裁法》(2017 年修正)第 58、62 条。

⑥ 《最高人民法院关于人民法院办理仲裁裁决执行案件若干问题的规定》第 8 条。

⑦ 《民事诉讼法》(2017 年修正)第 272、273、274 条;《仲裁法》(2017 年修正)第 58、62 条。司法解释扩大了仲裁司法审查案件的地域管辖范围,尤其确定了外国仲裁裁决可由相关联的中级人民法院管辖。参见《最高人民法院关于审理仲裁司法审查案件若干问题的规定》第 2、3、4 条。

⑧ 《最高人民法院关于人民法院办理仲裁裁决执行案件若干问题的规定》第 2 条第 2 款。

决的事项不属于仲裁协议的范围或者仲裁机构无权仲裁的。"①不予执行的裁
定还可以基于另外一项事由作出，即公共政策或"国家的社会公共利益"。②虽
然外国投资者不断表达他们的担忧，认为国内法院对《纽约公约》中的公共政
策进行扩张解释和滥用，但是这种观点从来没有得到实证证实。正如最高人
民法院所声称的那样，它很少以公共政策为依据拒绝承认或执行一项仲裁
裁决。③

与此同时，国内仲裁裁决实际上受到法院更为严格的司法审查。④《仲裁法》
第58条概述了中级法院撤销一项国内仲裁裁决的理由，其中前三项与《民事诉讼
法》第274条第1款关于撤销涉外仲裁裁决之理由的规定非常相似，还进一步补充
了以下几点理由："裁决所根据的证据是伪造的""对方当事人隐瞒了足以影响公正
裁决的证据的""仲裁员在仲裁该案时有索贿受贿，徇私舞弊，枉法裁决行为的"。⑤
这些额外的理由使法院有权对国内仲裁裁决进行实质性审查。重新审查不仅关
注仲裁程序上的瑕疵，而且可以对仲裁庭适用实体法进行审查。与外国或涉外
仲裁裁决的执行相比，当事人在申请执行国内仲裁裁决的案件中，更容易或更有
机会受到地方保护主义的影响。

为了决定适用的准据法，更准确地说是为了适用相关的司法审查标准，港澳
台地区作出的仲裁裁决被视为涉外仲裁裁决，国内法院执行来自这些法域的仲
裁裁决制度和《纽约公约》的规定一致。1999年6月21日签署了《关于内地与
香港特别行政区相互执行仲裁裁决的安排》（简称《内地与香港的安排》）；⑥《关
于内地与澳门特别行政区相互认可和执行仲裁裁决的安排》（简称《内地与澳门
的安排》）于2008年1月1日起生效。基于政治关系，两岸之间没有任何相应的

---

① 《民事诉讼法》（2017年修正）第274条。最新的司法解释对"（iii）仲裁庭的组成或者仲裁的程序与仲
　裁规则不符的""（iv）裁决的事项不属于仲裁协议的范围或者仲裁机构无权仲裁的"进行了细化，参
　见《最高人民法院关于人民法院办理仲裁裁决执行案件若干问题的规定》第13、14条。
② 而且根据司法解释，人民法院可以在（不予）执行申请中，对该条进行主动审查。参见《最高人民法院
　关于人民法院办理仲裁裁决执行案件若干问题的规定》第11条。
③ Lan-fang Fei. A Case Study of the Reporting Mechanism of International Arbitration in China.
　Contemp Asia Arb J，Vol.5，2012，pp.89 - 90.
④ 在司法解释颁布后，申请执行国内仲裁裁决的案件也被提高到由中级人民法院管辖，参见 http://
　paper.yunnan.cn/html/20060908/news_91_20700.html.
⑤ 《仲裁法》（2017年修订）第58条。最新的司法解释对"裁决所根据的证据是伪造的""对方当事人隐
　瞒了足以影响公正裁决的证据的"进行了细化，参见《最高人民法院关于人民法院办理仲裁裁决执行
　案件若干问题的规定》第15、16条。
⑥ 《最高人民法院〈关于内地与香港特别行政区相互执行仲裁裁决的安排〉的理解与适用》，http://
　www.chinacourt.org/article/detail/2017/06/id/2903816.shtml.

互惠安排。① 最高法院于 2015 年颁布了一项司法解释，明确列举了拒绝执行台湾地区所作仲裁裁决的理由，② 这使我国大陆地区法院在执行台湾地区和其他外国法域作出的仲裁裁决时存在一些不同之处。首先，台湾临时仲裁庭作出的裁决在大陆能够执行，然而其他法域的临时仲裁庭作出的裁决在大陆是不予承认和执行的；③ 其次，对于需要法院审查的台湾仲裁裁决可以适用快速程序；④ 再次，大陆法院可以违背一个中国原则或者裁决不具有拘束力为由裁定不予执行某一台湾地区的仲裁裁决。⑤ 这些规定表明，我国大陆法院在执行台湾地区仲裁裁决方面更宽容，通常以更快、更广泛的方式进行审查。并且，我国大陆法院更尊重台湾"司法机构"，例如，已经被某一台湾"法院"撤销的裁决，或者仲裁程序违背台湾法律的裁决将不被执行。在内地与香港、澳门之间的互惠协定中并无此类规定。

二、审查报告制度

《仲裁法》生效的当年，最高人民法院就宣布建立报告制度。⑥ 1995 年，最高人民法院颁布了《关于人民法院处理与涉外仲裁及外国仲裁事项有关问题的通知》，构建了报告制度的基本结构。起初，这一制度仅涉及不予执行外国或涉外仲裁裁决的裁定，之后，最高人民法院将该制度的覆盖面扩展到撤销外国或涉外仲裁裁决的裁定。⑦ 这一制度的目的是通过上级法院乃至最高法院加强监督外

---

① 最高人民法院于 2015 年颁布《最高人民法院关于认可和执行台湾地区法院民事判决的规定》，其中规定："台湾地区法院民事判决具有下列情形之一的，裁定不予认可：（一）申请认可的民事判决，是在被申请人缺席又未经合法传唤或者在被申请人无诉讼行为能力又未得到适当代理的情况下作出的；（二）案件系人民法院专属管辖的；（三）案件双方当事人订有有效仲裁协议，且无放弃仲裁管辖情形的；（四）案件系人民法院已作出判决或者中国大陆的仲裁庭已作出仲裁裁决的；（五）香港特别行政区、澳门特别行政区或者外国的法院已就同一争议作出判决且已为人民法院所认可或者承认的；（六）台湾地区、香港特别行政区、澳门特别行政区或者外国的仲裁庭已就同一争议作出仲裁裁决且已为人民法院所认可或者承认的。认可该民事判决将违反一个中国原则等国家法律的基本原则或者损害社会公共利益的，人民法院应当裁定不予认可。"
② 《最高人民法院关于认可和执行台湾地区法院民事判决的规定》。
③ 《最高人民法院关于认可和执行台湾地区法院民事判决的规定》。
④ 《最高人民法院关于认可和执行台湾地区法院民事判决的规定》。
⑤ 《最高人民法院关于认可和执行台湾地区法院民事判决的规定》。
⑥ 1998 年 4 月 23 日，最高人民法院以法（1998）40 号文件发布《关于人民法院撤销涉外仲裁裁决有关事项的通知》，在此通知中，又对人民法院撤销我国涉外仲裁裁决建立报告制度。Lan-fang Fei. A Case Study of the Reporting Mechanism of International Arbitration in China. *Contemp. Asia Arb. J.*, Vol. 5, 2012, pp.83, 86, 100.
⑦ 《关于人民法院撤销涉外仲裁裁决有关事项的通知》。

国或涉外仲裁裁决的执行。① 2017 年 12 月，《最高人民法院关于仲裁司法审查案件报核问题的有关规定》发布，健全了内部报告制度的法律框架，明确和扩大了仲裁司法审查案件的范围、②对三种仲裁案件施行"并轨"报核、③明确和细化了上下级法院之间的操作程序和职能等。

根据这一报告制度，任何中级人民法院或专门法院在裁定不予执行一项仲裁裁决之前，必须报请本辖区所属高级人民法院进行审查。如果高级人民法院同意不予执行或者拒绝承认和执行，高级人民法院再报给最高人民法院，最高人民法院对案件有权作出有拘束力的最终裁定。但一般情况下，对于国内仲裁案件，只需要由高级人民法院审核。如果中级人民法院同意执行仲裁裁决，但是高级人民法院在上诉中推翻了原裁定，情形同上，最高人民法院通常会成立一个特别合议庭审查下级法院提交的案件。④ 在报告制度中，上级法院的意见是以复函或者批复的方式下达下级法院的，其中不存在行政或党派的干预。因此，由报告制度产生的公开决定包含最高人民法院向高级人民法院传达的指示，进而指导中级人民法院作出一项裁定。这些由最高人民法院发出的信函是本章研究的基础。然而，这些公开的复函（或批复）在质量上各有不同，有的包含对每一个法律问题的全面分析，有的仅对基本事实进行简要描述。

起初，外国投资者对报告制度的实施持欢迎态度，但是该制度并未受到国内投资者的同等欢迎，因为报告制度并不适用于国内的仲裁裁决，所以这一机制因忽视国内当事人的利益而受到批评。报告制度受到质疑的另一个理由是，上级法院对下级法院裁决的干涉违背了正当程序原则以及每一级法院独立行使审判权的原则。这一审查监督制度的功能建立在这样的推断上，即审级较高的法院在处理涉及跨境商业交易的法律问题时比下级法院更具司法资格和专业能力。

---

① 《关于人民法院处理与涉外仲裁及外国仲裁事项有关问题的通知》。
② 《最高人民法院关于仲裁司法审查案件报核问题的有关规定》第 1 条。
③ 对国内仲裁裁决的报核制度与适用于涉外仲裁裁决的内部报告制度仍有细微差别。如果中级人民法院不予执行我国内地仲裁机构的仲裁裁决，应当向本辖区所属高级人民法院报核；待高级人民法院审核后，方可依高级人民法院的审核意见作出裁定。在特定情况下，如高级人民法院拟认定不予执行，还要报最高人民法院审核，这些情况包括：① 仲裁司法审查案件当事人住所地跨省级行政区域；② 以违背社会公共利益为由不予执行或者撤销我国内地仲裁机构的仲裁裁决。参见《最高人民法院关于仲裁司法审查案件报核问题的有关规定》第 2、3 条。
④ 《关于人民法院处理与涉外仲裁及外国仲裁事项有关问题的通知》《最高人民法院关于仲裁司法审查案件报核问题的有关规定》。

国内法院的司法审判能力参差不齐,因此长期受到诉讼当事人和西方观察者的质疑。[1] 在司法改革之前,国内法官的招聘严重依赖法外来源,[2]特别是在基层法院,诸多法官是没有足够法律知识和法律训练的退伍军人。人们通常认为,执行工作不具备太高的复杂度,不需要太多的法律知识和技能,从而导致负责执行的法官比负责审判业务的法官能力更低。由此可能得出的结论是,在执行阶段受地方保护主义影响而造成的错误或许是最严重的。[3]有效的报告制度不仅是上级法院抵制地方保护主义的一种手段,而且是抵制难以控制的司法渎职行为的手段。

第三节　基于最高法院 98 份批复的实证研究

进行实证研究的目的是调查仲裁执行制度在国内的实际运行情况。中国国际经济贸易委员会仲裁研究所在 1996 年调查研究发现,当时外国仲裁裁决的执行率为 71%。然而 Peerenboom 发现,国内法院在 20 世纪 90 年代对外国仲裁裁决的执行率为 52%。两者的研究都指出地方保护主义是不执行国内外仲裁裁决的一项重要影响因素。[4]最高人民法院根据 2002—2006 年发生的 610 个涉及仲裁裁决的案件(其中 74 个案件涉及承认和执行外国仲裁裁决)所做的实证研究发现,外国仲裁裁决的执行率为 93%。[5]这些研究的局限性是显而易见的,其严重依赖受访者的个人经历和访问调查。在一些其他的实证研究中,数据采集数量很少且不完全,数据的范围可能并未涵盖所有相关案件。

本章实证研究基于最高法院对下级法院不予执行外国或涉外仲裁裁决之初

---

[1] Zhang Taisu. The Pragmatic Court: Reinterpreting The Supreme People's Court of China. *Columbia Journal of Asia Law*, Vol.25, No.1, 2012.

[2] Zhang Taisu. The Pragmatic Court: Reinterpreting The Supreme People's Court of China. *Columbia Journal of Asia Law*, Vol.25, No.1, 2012.

[3] 刘作翔:《中国司法地方保护主义之批判:兼论"司法权国家化"的司法改革思路》,《法学研究》2003 年第 1 期,第 83—98 页。

[4] Wang Shengchang. Enforcement of Foreign Arbitral Awards in the People's Republic of China, in Albert Jan van Den Berg ed. *Improving the Efficiency of Arbitration and Awards: 40 Years of Application of the New York Convention*, 1999.

[5] Yang Honglei. Report on the Judicial Review of International Arbitration in Chinese Courts. *International Law Review of Wuhan University*, No.1, 2009.

始裁定所作的 98 份批复。据此，有可能构建起一个执行外国及涉外仲裁裁决司法实践状况相对完整的图景。但是，这种实证研究也存在局限性。首先，虽然这98 个案件覆盖了 1995—2015 年被提交审查的不予执行的大部分裁定，但是所收集的数据并未包含经历过该项制度的所有案件。即使最高法院已经努力通过公开更多的判决或裁定来提高司法透明度，但能够查到和研究的经过报告制度的批复仍然有限。[①] 其次，实证研究试图通过对批复的司法推理和分析进行案件调查和梳理，但即使在 98 个案件中，批复信函中的矛盾也引起了一些分析中的不匹配。例如，虽然准据法是影响中级法院是否拒绝执行外国或涉外仲裁裁决之申请的因素，但是我们无法测试这一因素的相关性，因为大多数公布的批复中并未指出引起纠纷的原始合同中所指定的准据法。一个相对合理的解释是法院回避适用外国法的倾向，这与保护性的司法方法和趋势相吻合。显然，数据集中方面的缺陷难以补充或补救，可能会对绘制报告制度功能的完整图景造成一些技术上的困难。

此外，内部报告制度没有规定明确的时限。[②] 对此，普遍的批评是内部报告制度可能不合理地延长了司法审查程序，在技术上使外国或涉外仲裁裁决的执行变得更为困难。根据数据统计，最高法院审查不予执行的外国或涉外仲裁裁决平均需要 3 个月，这在国内的不同地区基本保持稳定。[③] 这验证了早先的假设：增加最高法院审查的额外程序可能会不必要地延长执行仲裁裁决的时间，从而对仲裁案件的外国当事方造成不必要的负担。

一、统计结果：概述

在本章所研究的 98 个案例中，有 39 个案件是由一方当事人提出撤销仲裁裁决申请，其余则是不予执行的案件，其执行仲裁裁决的申请最初都被中级人民法院驳回。一方当事人申请撤销或执行仲裁裁决的案件中，有 20 个案件由国内当事人提起，其余则是由外国当事人提起的。外国投资者实际上对这一内部报告制

[①] 根据这些早期研究，至少在最初的几年里，最高人民法院一般每年审查 30 个案件。

[②] 根据《关于人民法院撤销涉外仲裁裁决有关事项的通知》，受理申请撤销裁决的人民法院如果认为应予撤销裁决或通知仲裁庭重新仲裁的，应在受理申请后 30 日内报请其所属的高级人民法院，该高级人民法院如同意撤销裁决或通知仲裁庭重新仲裁的，应在 15 日内报最高人民法院，以严格执行《仲裁法》第 60 条的规定。2022 年施行的《最高人民法院关于仲裁司法审查案件报核问题的有关规定》没有明确审查仲裁案件的期限。

[③] 我们计算了 98 个案件的审查期间，从中级人民法院将案件提交审查之日起，到最高人民法院发布批复之日止。虽然有些案件需要更多时间去审查，但是平均而言，每个不予执行案件的审查需要 90 天。

度有很强的依赖,希望其保护外国或涉外仲裁裁决不被国内法院否定。还有一个案件是由外国第三人申请撤销仲裁裁决,即 Chong Zheng 国际有限公司申请撤销第 V19990351 号仲裁裁决案(案件编号:34),但该案的信息十分有限。[①]

如表 9-1 所示,在 98 个案例中,有 40 个案件在经过最高法院的审查后最终得以执行。下级法院最初作出的不予执行的裁定有 40.8% 被最高法院推翻。[②]推翻率相对较高的原因可能是审级较低的法院法官能力不足从而导致法律解释错误,也可能是低级别法院的审查标准更为严格,这与地方保护主义可能有一定关联。40.8% 的推翻率可能足以证明建立这种报告制度的必要性,这可以被视为对不执行外国或涉外仲裁裁决的有效制约。

表 9-1 被最高法院推翻的不予执行裁定的数量

类 别	案件数量(件)	被最高法院确认的不予执行(包括被最高法院撤销的)案件的数量(件)	最高法院执行案件的数量(件)	推翻率(%)
所有最高法院报告案例	98	58	40	40.8

假设地方保护主义是影响外国或涉外仲裁裁决在地方一级法院能否得到执行的决定性因素,涉及外方当事人的执行案件本应该更有可能被最高法院推翻。然而,目前的分析结果大不相同。从表 9-2 可以看出,虽然由外国申请人提出的执行申请更多地被中级人民法院推翻,但是比较国内当事人和国外当事人提出的执行申请时可以发现,最高法院对两者的推翻率大致相同(40%∶44.9%)。由外国申请人提出的强制执行申请(49 件)多于由国内申请人提出的强制执行申请(10 件)。这可能说明由国内申请人发起的执行申请实际上大部分都得到了中级人民法院的承认和执行。因此,较少提交至最高法院审查的案件是外方发起的案件。这表明,国内申请人在地方一级法院执行裁决相对容易。

---

① Fan Yang. *Foreign-Related Arbitration in China: Commentary and Cases*. Cambridge University Press, 2015.

② 根据 2000—2011 年作出的 58 个不予执行裁定而进行的一项田野调查表明,执行率(或最高人民法院改判率)高达 62%。参见 Liu Guixiang & Shen Hongfu. Recognition and Enforcement of Foreign Arbitral Awards: A Reflection on Court Practices. *Beijing Arbitration*, No.1, 2012;另一项更早的研究显示,最高人民法院推翻了下级人民法院 80% 的拒绝执行裁定。

表 9 - 2　根据申请人国籍统计的执行结果(执行案件)

	国内申请人	国外申请人
执行案件数量(件)	10	49
最高法院执行案件的数量(件)	4	22
推翻率(%)	40	44.9

　　撤销案件可能得出一个比较混乱的情形(见表 9 - 3)。如果撤销申请是由外国当事人发起的,该外国当事人是仲裁中的申请人还是被申请人并不重要,最高法院将其推翻的概率很低,这意味着对于国内当事人的影响微乎其微。这种低概率或许表明,在权利保护方面,外国或者涉外仲裁裁决相对有利于国外当事人。然而,由国内当事人发起的撤销申请的推翻率就很高,当国内的申请人或被申请人试图申请撤销仲裁裁决时,在任何一种情形下,最高法院的推翻率都达到50%以上。一种可能的解释是,当国内的当事人试图使一项仲裁裁决被地方法院撤销时,地方保护主义表现得更为强烈。这一点不无道理,因为国内当事人更易于在当地申请撤销仲裁裁决,以防止外方当事人收到不利的仲裁结果时采取进一步的执行措施,因为地方保护主义可以在支持和保护国内各方的合法权益或经济利益方面发挥一定的作用。

表 9 - 3　根据当事人国籍统计的执行结果(撤销案件)

	国内申请人	国外申请人	国内被申请人	国外被申请人
撤销案件(件)	8	10	11	8
最高法院不予撤销案件数量(件)	4	2	6*	1
推翻率(%)	50	20	55	12.5

* 有 4 例实际上是被发回中级人民法院重新裁定的。

　　另一个值得注意的因素是,当国内申请人试图撤销仲裁裁决,提交的证据不明确或未严格遵守程序要求时,就会导致发回重审。这表明,国内被申请人试图撤销裁决时,司法审查比较不严厉。地方法院更有可能操纵此类程序。例如,2004 年《最高人民法院关于不予执行国际商会仲裁院 10334/AMW/BWD/TE

最终裁决一案的请示的复函》认为，太原市中级人民法院应该重审该案，因为在拒绝申请之前，太原市中级人民法院没有给予当事人足够的时间来重新提交相关材料。而山西省高级人民法院认为在证据材料瑕疵方面给予当事人第二次救济机会将更为适当。由于申请撤销仲裁裁决的国内当事人和当地法院之间的密切关系，法院很可能作出类似裁定。另一个案例是 Paul Castro 案［案件编号：60］，当国内当事方申请撤销由国内仲裁机构作出的仲裁裁决时，当地的中级人民法院以仲裁程序瑕疵和存在矛盾为由同意撤销。但高级人民法院发回该裁决，允许仲裁庭使用更灵活的方式来满足当事人的偏好意图和安排，这种情况下更难判断是地方保护主义导致裁决无效，因为国内当事人是一家山西公司，而执行申请发生在辽宁。山西当事方意图避开地方保护，从而选择仲裁裁决作出地而不是财产所在地申请撤销仲裁裁决。

　　一般而言，当事方的国籍不应在执行结果中起主导作用。虽然在国内当事方试图撤销仲裁裁决时可能存在一定程度的地方保护，但这并不意味着外国当事方试图在国内执行仲裁裁决时必然处于弱势地位，结果可能与预期恰恰相反，最高人民法院可能欢迎执行有利于外国申请方的仲裁裁决。这与 Peerenboom之前的研究结果相符，即中国当事方申请执行裁决的成功率略低于外国当事方申请执行裁决的成功率（以财产得到实际执行为标准）。理论上这种做法可以理解为：政府非常重视吸引外资，法院作为当地司法机构应当支持这一积极吸引外资的投资政策。承认和执行外国或涉外仲裁裁决是向外国投资者表达善意的一种方式。事实上，这种内部报告机制本身的执行可以视为是进一步保护外国投资者产权的一种方式，从而在争议解决机制方面给予外国投资者更多信心，这也正是为什么国内投资者对此颇有微词的原因。①

二、执行地点（由中级人民法院所在地决定）

　　以首次被申请执行仲裁裁决的中级法院所在地为标准，可以按照人均 GDP将其分为两类：经济较发达地区和经济欠发达地区，②在各中级人民法院所在地中，北京、广东、上海、浙江、江苏、天津、福建、辽宁和山东被划分为"经济较发达

---

① Christina Cheung. The Enforcement Methodology of Non-Domestic Arbitral Awards Rendered in the United States & Foreign-Related Arbitral Awards Rendered in the People's Republic of China pursuant to Domestic Law and the New York Convention. *Santa Clara Journal of International Law*, Vol.11, 2012, p.237.

② 《中国经济数据省份图》, https://www.dbresearch.com/Prod/Dbr_Internet_En-Prod/Prod00000000 00356963/China's_provinces%3A_Mapping_the_way_forward.pdf.

地区"，其他地区划归为"经济欠发达地区"。可以发现，执行案件多集中发生在经济较发达地区，这可能是因为大部分国际或跨境交易经常发生在这些地方。另外一个原因可能是，较多的裁决争议当事方已经在经济较发达地区积累了财富。根据《仲裁法》规定，国内所有仲裁机构都可以负责涉外仲裁案件，然而只有少部分仲裁机构受到国外当事人的欢迎而被当事方选择作为仲裁机构。中国国际经济贸易仲裁委员会，包括其在北京、上海和深圳的分支机构，是目前中国最受欢迎的处理涉外仲裁案件的仲裁机构。

表9-4 不同一审法院所在地的执行结果

	经济较发达地区	经济欠发达地区
案件总数（件）	68	30
执行案件数量（件）	24	15
不予执行案件的数量（件）	44	15
推翻率（％）	35.3	50

表9-4简单比较了两组地区的仲裁裁决执行案件的情况。这一比较显示经济欠发达地区法院审理案件的推翻率高于经济较发达地区，这可能是因为经济欠发达地区存在一定的地方保护主义。然而进一步分析这些案件可以发现，上级法院推翻许多案件的原因是经济欠发达地区的地方法院对法律的解释窄化，地方法院的法官通常认为自己具备较为有限的司法解释权或自主权，因此可能倾向于不予执行仲裁裁决。

三、争议类型

在98个案例中，大多数争议要么是买卖（包括国际买卖）争议，要么是投资争议（包括外国公司在中国投资成立企业），这两种类型的争议是提交司法审查的主要争议类别。但是，实证数据并没有显示争议种类和裁决执行情况之间的正向关联关系。

通常情况下，假定争议涉及投资合同时，政府更有可能进行操纵性活动，因为合资企业可以为当地增加税收或者合资企业的中国投资方可能与当地政府有紧密的政治联系，导致投资合同争议的仲裁裁决不予执行的推翻率较高，如表

9－5所示,买卖合同争议的推翻率高于其他类型的争议。进一步分析这些案例就会发现,这些不予执行的买卖合同争议通常涉及农产品的进出口。根据我国进出口管理部门规定的农业安全标准,特定产品的进出口需要特别许可,尤其是进口到国内的食品。进口许可和我国现存的贸易壁垒有紧密联系,可能隐含着变相的地方保护主义。

表 9－5　不同争议性质的执行结果(合同类型)

	执　行	不予执行	推翻率(%)
买卖合同(件)	15	14	51.7
投资合同(件)	10	30	25
许可合同(件)	3	3	50
租赁合同(件)	0	5	0
服务合同(件)	1	6	16.7
其他合同(件)	8	3	72.7

例如,在《最高人民法院关于路易达孚商品亚洲有限公司申请承认和执行国际油、种子和脂肪协会作出的第 3980 号仲裁裁决请示一案的复函》中,湛江市中级人民法院拒绝执行由国际油、种子和脂肪协会作出的仲裁裁决,该仲裁裁决支持外国当事方路易达孚商品亚洲有限公司。这个案例涉及大豆买卖合同,争议双方选择英国法作为准据法。湛江市中级人民法院认为该案的英国仲裁员错误地解释了中国法律,而且进口这些腐烂的产品也将对我国公民的健康造成风险,裁决违背了《纽约公约》规定的公共政策条款,因此不予执行该仲裁裁决。高级人民法院审查该案事实后予以推翻。广东省高级人民法院认为,无论是对国内法律的错误解释,还是进口腐烂大豆,都不构成对《纽约公约》公共政策的违反。这一推理在后来的一系列案件中得到了确认。[①]这些外国商品的当地竞争者(例如进口商)可能会在执行阶段对当地法院施加一些影响,从而导致执行偏好。

四、仲裁机构类型

在这 98 件案例中,有 35 件裁决由国外仲裁机构在我国境外作出,其余由国

---

① 《关于舟山法院不予执行仲裁裁决的答复》。

内的仲裁机构作出。在 35 件由国外仲裁机构作出仲裁裁决的案件中，有 19 件案件经最高人民法院审核后推翻了下级法院不予执行的决定。如表 9 - 6 所示，国外机构作出的仲裁裁决不予执行决定的推翻率要稍高于国内机构作出的仲裁裁决，这可能是因为地方法院具有更强的地方保护主义。还有一些人认为最高法院对外国或涉外仲裁裁决不予执行决定的推翻率稍高于国内仲裁裁决的原因是：前者更多因程序违规被拒绝执行，国内仲裁裁决更多涉及对仲裁庭管辖权的挑战。① 本质上讲，《纽约公约》提供了一个有利于仲裁裁决执行的体系，使得在外国或外国仲裁机构作出的仲裁裁决更容易在国内得到承认和执行。因此，推翻率的差异(54%∶38%)表明，由于包括地方保护主义在内的各种原因，在国外作出的裁决很可能受到地方法院的歧视。

表 9 - 6　不同仲裁机构的执行结果

	由国外仲裁机构作出的裁决	由国内仲裁机构作出的裁决
总计(件)	35	63
执行(件)	19	24
不予执行(件)	16	39
推翻率(%)	54	38

五、仲裁请求标的额

裁决所涉标的额越大，申请执行的当事方通常会有更大的动力坚持执行仲裁裁决。裁决的争议标的额越大，更容易滋生地方保护主义。本章研究的 98 件案例大部分涉及货币补偿，这些案件中特别履行的诉求很少，其中有 21 件案例的争议当事人要求解除合同，不涉及仲裁请求的金额，因此不包括在本章分析标的金额的案件中。根据争议数额的不同，这些案例可以分为 6 组。大多数外国或涉外仲裁裁决涉及大额争议金额(50 万—100 万美元)。仲裁请求金额较小的仲裁裁决似乎会有更高的推翻率，没有展现出一个清晰的模式或规律。争议涉及较大金额或不涉及货币金额的仲裁裁决不予执行决定的推

翻率更低。

　　假设地方保护主义是影响执行结果的一个重要因素,这个结果貌似反常。若不探究案件的具体事实,该结果可能归因于这样一个事实,即法院通常花费更少的时间来审查小额仲裁裁决,而对涉及争议标的额更高的案件给予更多的关注,导致小额案件中出现更多的错误,法院可能极少会因为仲裁请求标的额较小的案件发生错误而受到舆论或司法谴责。在这类案件中,司法能动主义可能稍显逊色。本章研究的数据文本显示,一般来说,标的额和推翻率之间的相关性较弱(见表9-7)。

表9-7　不同仲裁请求标的额的执行结果

	执行裁决(件)	裁决总数(件)	推翻率(%)
1—10 000 美元	2	3	66
10 000—100 000 美元	2	5	40
100 000—500 000 美元	13	23	56
500 000—1 000 000 美元	5	11	45
1 000 000—5 000 000 美元	14	24	58
>5 000 000 美元	4	11	36
不涉及标的额	6	21	28

六、不予执行的理由

　　由于最高法院无须在答复中给出撤销不予执行外国或涉外仲裁裁决决定的详细理由,故尽管最高法院在批复中提供的信息有限,但是这些批复指出了致使裁决瑕疵的法律条款,这些可以作为分析最高法院推理和案例研究的依据。这些批复在一定程度上表达了最高法院对仲裁和仲裁裁决执行的关切,对更广泛的利益相关者例如执业律师和企业有所帮助。

　　通过研究这98件案例可以发现,缺乏有效的仲裁协议(或条款)是法院拒绝执行申请最常援引的理由之一。仲裁庭组成或仲裁程序不符合仲裁协议、仲裁事项超出仲裁协议范围或仲裁庭无权仲裁是拒绝执行申请的主要理由。

在具体裁决中，下级法院依据这些理由拒绝执行裁决的比例较高，而最高法院的推翻率也较高，原因可能是下级法院对涉外仲裁没有采取较为包容的态度，而是比较严格地执行了这些拒绝执行的法定理由。我国法院对外国或涉外仲裁裁决态度较为苛刻，只要裁决存在《纽约公约》或者法律规定的程序缺陷，就毫无例外地否定仲裁裁决。法院会以微不足道的瑕疵拒绝执行裁决，这种司法取向不利于保护当事人的合法权益，造成争端解决机制低效和资源浪费。在对待仲裁裁决的承认和执行以及撤销问题上，大多数国家的法院会努力维持仲裁裁决的效力，即使仲裁裁决存在一定的程序瑕疵，只要结果的公正性或者当事人的权利不会遭受重大影响，法院一般裁定承认和执行或者不予撤销仲裁裁决（见表 9 - 8、表 9 - 9）。

表 9 - 8   中级人民法院不予执行的理由

不予执行的理由	案件总数（件）	执行案件数（件）	推翻率（%）
无有效仲裁条款或协议	14	6	42
未能送达①或未能陈述意见②	9	3	33
仲裁庭组成或仲裁程序不符合仲裁协议	15	6	40
超出仲裁协议范围或仲裁庭无权仲裁③	13	9	69
公共政策	8	7	87
不可仲裁性	0	0	0
未及时申请执行	3	0	0

---

①   迄今为止，国内法院只援引了"未予通知"条款作为不予执行的理由，未援引更广泛的"程序不正当"条款。
②   《民事诉讼法》(2017 年修正)第 274 条第 2 款列举了三种情形："被申请人没有得到指定仲裁员或者进行仲裁程序的通知，或者由于其他不属于被申请人负责的原因未能陈述意见的。"
③   《民事诉讼法》(2017 年修正)第 274 条："经人民法院组成合议庭审查核实，裁定不予执行：……（四）裁决的事项不属于仲裁协议的范围或者仲裁机构无权仲裁的。"超出仲裁指虽然当事方将争议提交仲裁，但争议根据法律不具有可仲裁性。《纽约公约》第 5 条规定的"裁决涉及仲裁协议所没有提到的，或者不包括仲裁协议规定之内的争议"，说的也是这种情况。《最高人民法院关于人民法院办理仲裁裁决执行案件若干问题的规定》第 13 条将该种情况具体分为四类：① 裁决的事项超出仲裁协议约定的范围；② 裁决的事项属于依照法律规定或者当事人选择的仲裁规则规定的不可仲裁事项；③ 裁决内容超出当事人仲裁请求的范围；④ 作出裁决的仲裁机构非仲裁协议所约定。

表 9 - 9　高级人民法院不予执行的理由

不予执行的理由	不予执行案件数量(件)
无有效仲裁协议	19
未能送达或未能陈述意见	9
程序瑕疵	13
超出仲裁协议范围	11
公共政策	2
未及时申请执行	3
其他法定理由	6

　　尽管指出不予执行外国或涉外仲裁裁决的特定理由和地方保护主义之间的关系存在困难,但这些理由是分析外国或涉外仲裁裁决执行情况的重要因素。衡量不予执行外国或涉外仲裁裁决理由的重要性是一项技术性的挑战,因为法院通常不会根据《民事诉讼法》《仲裁法》或者《纽约公约》对不予执行外国或涉外仲裁裁决给予多种理由。[①]

　　《民事诉讼法》规定了一项模糊的公共政策例外,即法院可以基于公共政策而拒绝执行仲裁裁决。[②] 尽管不断有批评和担忧认为公共政策条款可能在中国遭到滥用,但这在现实中并未发生。事实上,国内法院极少援引公共政策条款拒绝执行外国或涉外仲裁裁决。在 98 件案例中,高级人民法院最早援引公共政策条款的案件——美国制作公司和汤姆·胡莱特公司诉中国妇女旅行社演出合同纠纷,建立了基于公共政策不予执行仲裁裁决的高标准。在该案中,美国作品因为表演包含了"不适宜中国观众观看"的素材而被禁止在国内表演。[③] 虽然美国制作公司在 CIETAC 仲裁中获得了有利裁决,但中国法院以公共政策为由驳回了仲裁裁决。除了我国传统社会习俗受到外国表演者过分使用不适当言论和行为的扰乱的情形之外,公共政策条款极少被援引。

　　以《纽约公约》中的公共政策例外为由拒绝执行的另一实例是在 Hemofarm

---

① 　Meg Utterback. Enforcing Foreign Awards in China: A Review of the Past Twenty Years. http://www.kwm.com/en/knowledge/insights/enforcing-foreign-arbitral-awards-in-china-20160915.

② 　《民事诉讼法》(2017 年修正)第 274 条。

③ 　赵秀文:《国际商事仲裁现代化研究》,法律出版社 2010 年版,第 311—312 页。

DD,MAG 国际贸易公司和苏拉么传媒有限公司诉济南永宁制药股份有限公司因合资投资合同的资产租赁使用产生的纠纷中,济南市中级人民法院裁定,永宁公司的申请财产保全措施违反了中国的公共政策,不应在中国强制执行。最高人民法院维持了这一裁决,显然是认为强制执行这样的裁决很可能侵犯中国的司法完整性。

可见,缺乏有效仲裁协议或不具有可仲裁性的案件在最高人民法院会有较高的推翻率。法院在援引这些条款时,法律的模糊性可能会造成更多的司法滥用,但从数据来看,不予执行的理由和地方保护主义之间的相关性不强。

七、年份

本章统计了 98 件案例在不同年份的分布数据(见表 9 - 10)。数据显示,2003—2010 年,越来越多的案件通过内部报告制度提交申请执行,这表明越来越多的案件被中级人民法院拒绝执行;2003—2006 年的推翻率特别高,但 2006 年之后推翻率大幅下降。中级人民法院不予执行案件的数量和最高法院推翻比例的下降,可能与中级人民法院、高级人民法院和最高法院日益积累的执行案件处理经验和最高法院在内部报告制度运转过程中的做法有关。各级法院更加适应这种内部报告制度,使得这一制度功能性和透明度更加突出。推翻率的波动也可能与同期对外政策和国内改革进程的变化有关。[①]

表 9 - 10　根据年份整理出的执行数据

年　份	案件总数(件)	予以执行案件数量(件)	推翻率(%)
1997	1	0	0
2001	7	4	57
2002	4	1	25
2003	12	6	50
2004	7	4	57
2005	5	3	60

---

① 司法改革与法院结构的关联并不显著。

续　表

年　份	案件总数(件)	予以执行案件数量(件)	推翻率(%)
2006	13	8	61
2007	10	3	30
2008	14	3	21
2009	6	3	50
2010	9	5	55
2011	3	1	33
2012	1	0	0
2013	5	3	60
2015	1	1	100

第四节　实证研究的回归分析

为了更加准确地对地方保护主义和司法抑制的相关性进行分析,需要运用实证模型进行分析。笔者在实证分析模型中将最高人民法院推翻或未被推翻的案件作为因变量,由于因变量的性质为离散被解释变量,因此,选取 probit 模型对地方保护主义行为进行分析。在此模型中,我们选取申诉方、被申诉方、仲裁机构、标的金额、年份五个变量为自变量。其实证模型可由以下方程表示。

$$Y^* = \alpha + \beta X + \mu \tag{1}$$

以及

$$Y^* = \begin{cases} 1, & \text{当 } Y^* > 0 \text{ 时},被推翻 \\ 0, & \text{当 } Y^* < 0 \text{ 时},未被推翻 \end{cases} \tag{2}$$

其中,式子(1)中的 μ 为扰动项,服从标准正态分布,进而影响中级人民法院被推翻或未被推翻的案件的二元离散模型可以表示为:

$$\begin{aligned}
\text{prob}(Y=1|X=x) &= \text{prob}(Y^{*}>0|x)\\
&= \text{prob}([\mu>(\alpha+\beta x)]|x)\\
&= 1-\phi[-(\alpha+\beta x)]\\
&= \phi(\alpha+\beta x)
\end{aligned}$$

其中,ϕ 为标准正态累计分布函数,Y^{*} 是不可观测的潜在变量,Y 是实际观测到的因变量,当中级人民法院被推翻时为 1,未被推翻时为 0;X 为影响因素向量,x 为实际观测到的影响因素,主要包括申诉方、被申诉方、仲裁机构、标的金额、年份这五个标量,它们分别由请求方、被请求方、仲裁机构、价值和日期表示。其中,申诉方、被申诉方、仲裁机构属于本国的为 1,属于外国的为 0。

在实证分析的过程中,删去了缺失数据的样本和数据结构不符合本文实证分析的部分样本。本模型的实证分析结果如表 9-11 所示。

表 9-11　模型的实证分析结果

变量	边际效应	标准误差	z 值	P>|z|	[95%置信区间]	
请求方	0.374 130 3	0.493 084 8	0.76	0.448	−0.592 298 1	1.340 559
被请求方	0.891 267 2	0.503 807 2	1.77	0.077	−0.096 176 7	1.878 711
价值	−2.99e-08	3.41e-08	−0.88	0.381	−9.68e-08	3.70e-08
相关仲裁	0.317 934 3	0.336 765 3	0.94	0.345	−0.342 113 6	0.977 982 3
日期	0.007 302 8	0.044 704 1	0.16	0.870	−0.080 315 6	0.094 921 2
常数项	−15.407 2	89.679 72	−0.17	0.864	−191.176 2	160.361 8

其中,仅被申诉方在地方保护主义中有比较明显的作用(关联性),其他几个变量均不显著;我们进一步对这些变量进行边际效应分析,分析结果如表 9-12 所示。

从边际效应分析的结果看,被请求方在司法地方保护主义中的作用最为显著,其他变量均不显著。在使用 probit 模型时,事件发生的概率依赖于解释变量,因此进一步分析了边际效应,其结果与上一个实证结果基本一致。只是在本模型中,被请求方在边际效应中的显著性明显提升了,进一步佐证了被申诉方受地方保护主义的现象。换言之,被请求方如果是国内当事人的话,下级人民法院不予执行仲裁裁决的决定被最高人民法院推翻的可能性更高。

表 9‑12 变量进行边际效应分析的结果

变 量	边际效应	标准误差	z 值	P＞|z|	[95%置信区间]		X 值
请求方	0.143 517 8	0.182 02	0.79	0.430	−0.213 235	0.500 271	0.220 588
被请求方	0.341 833 2	0.175 21	1.95	0.051	−0.001 578	0.685 245	0.808 824
价值	−1.18e−08	0.000 00	−0.88	0.381	−3.8e−08	1.5e−08	2.6e+06
相关仲裁	0.125 294	0.132 06	0.95	0.343	−0.133 538	0.384 126	0.588 235
日期	0.002 878 4	0.017 62	0.16	0.870	−0.031 654	0.037 411	2 006.26

最后,我们进一步验证了本模型准确预测的比率,其结果如表 9‑13 所示。

表 9‑13 本模型准确预测的比率

分 类	预测 D	非 D	总 计
＋	31	17	48
－	7	13	20
总计	38	30	68
分类＋如果预测 Pr(D)＞=0.5 真实 D 定应为执行≠0	—	—	—
敏感性	Pr(＋|D)		81.58%
特异性	Pr(−|∼D)		43.33%
阳性预测值	Pr(D|＋)		64.58%
阴性预测值	Pr(∼D|−)		65.00%
假阳性率对于真实的∼D	Pr(＋|∼D)		56.67%
假阴性率对于真实的 D	Pr(−|D)		18.42%
分类＋的假阳性率	Pr(∼D|＋)		35.42%
分类−的假阴性率	Pr(D|−)		35.00%
正确分类	64.71%		

综上可知,本模型正确预测结果的比率为 64.71%。正确预测比率表明的是将预测值与实际值(样本数据)进行比较,进而得到准确预测百分比,体现的是模型预测能力。本实证模型能够对该研究进行合理的预测。

第五节 中央化司法控制：内部报告制度 对抑制地方保护主义的有效性

随着中国经济的迅速发展,法治的重要性及社会对司法的尊重得以加强,地方审判机关为了在作出司法决定的过程中获得更多独立性,呼吁建立一项将其与所受行政压力隔离开来的制度。与美国的法院不同,国内的上级法院很少改变下级法院作出的司法决定的实质性内容。这一限制性做法很大程度上与许多下级法院采用的考评制度有关,这种考评制度不会排除对解释和适用法律错误的法官进行评估和惩罚。由此推定,中国的法院总体上在表达关于法律解释的意见时是很谨慎的。与 1995 年的《法官法》和 1998 年最高人民法院实施的《人民法院审判人员违法审判责任追究办法(试行)》不同,地方法院会处罚在审判工作中犯法律错误的法官。这一严厉的纪律制度迫使基层法院与上级法院工作一致,这种"不言而喻"的规则导致上级法院在上诉审查中的矫正率较低,限制了上诉程序监督功能的发挥。

在我国当前的司法实践中,当下级法院在审判阶段遇到疑难案件时,通常会向上级法院咨询。应当承认的是,这种内部监督或咨询制度反映了国内司法的实际。内部报告制度在加强由上至下的司法问责制度方面发挥着一些特殊功能。首先,它使法官在上级法院的帮助下有更多恰当地解释法律的机会;其次,它增强了地方司法机关和上级司法机关对公众的问责。通过运用这种交流方式,下级法院和上级法院都可以更加清晰地表达各自的意见,内部报告制度的引进保障了下级法院在独立发挥司法决定功能的同时正确解释涉外法律问题。

在外国或涉外仲裁裁决的执行程序中,第一次审查的管辖权从基层人民法院上移到了中级人民法院。[①] 在债务执行案件的研究中,有学者将地方保护主义与不同地区的发展情况联系起来。在这项研究中,从基层法院收集的数据表

---

① 《民事诉讼法》(2017 年修正)第 224 条。

明地方保护主义更多发生于基层的法院。[①] 该研究指出,珠江三角洲和山西省研究结果的差异在某种程度上是因为珠江三角洲私有化程度(民营企业比例)更高,珠三角自 20 世纪 90 年代末采取了更多的改革措施,以建立相对独立的执行局、分离审判和执行程序、提高法官资格的入职门槛等。[②]

近年,中央司法机关支持仲裁的态度是明确的。[③] 尽管内部报告制度在制止和纠正地方保护主义方面发挥着作用,但它为防止过度的地方保护主义,将会对司法领域实行一种直接的控制。[④] 为了保持对国外投资和国际贸易的吸引力,使外国投资者对伴随着稳定政治环境的有效产权保护法律体系保持信心,[⑤]确信自己可以诉诸一个独立的法院很有必要。尽管实行了多轮司法改革,外国投资者对我国司法制度的信心依然不足,执行被称为我国争端解决机制的薄弱之处。[⑥] 由于没有一个监督地方官员的规范机制,[⑦]中央政府选择依靠司法制度实现加强投资者保护和信心的目标,而非进一步对现存的司法等级制度和结构予以复杂化或改变。内部报告制度可以被视为对我国司法机关的功能性补充,通过控制执行案件的最终结果建立一个纵向控制机制。在 2016 年发表的一项最新研究中,根据从在我国执行仲裁裁决有坚实经验的执业者处获取的数据,高效的执行更多发生于没有司法偏见或对仲裁持友好态度之时,这些执业者的证言进一步弥合了由可获得的公开案件意见仅代表少数执行决定这一事实导致的差距。

司法监督程序的目的是弥补法律程序规定的不足,但也存在严重的缺陷。

[①] Xin He. Debt Collection in the Less Developed Regions of China: An Empirical Study from a Basic-Level Court in Shanxi Province. *The China Quarterly*, Vol. 206, 2011, pp.253－275.

[②] Xin He. Debt Collection in the Less Developed Regions of China: An Empirical Study from a Basic-Level Court in Shanxi Province. *The China Quarterly*, Vol. 206, 2011, pp.253－275.

[③] Weixia Gu. Judicial Review Over Arbitration in China: Assessing the Extent of the Latest Pro-Arbitration Move by the Supreme People's Court in the People's Republic of China. *Wisconsin International Law Journal*, Vol.27, 2009, p.221.

[④] Weixia Gu. Judicial Review Over Arbitration in China: Assessing the Extent of the Latest Pro-Arbitration Move by the Supreme People's Court in the People's Republic of China. *Wisconsin International Law Journal*, Vol.27, 2009, p.221.

[⑤] John F. Pierce. Philippine Foreign Investment Efforts: The Foreign Investment Act and the Local Governments Code. *Pacific Rim Law & Policy Journal*, 1992; Elliot Glusker, Arbitration Hurdles Facing Foreign Investors in Russia: Analysis of Present Issues and Implications. *Pepperdine Dispute Resolution Law Journal*, Vol.10, No.3, 2010.

[⑥] New Disputes Dilemmas, China Economic Review, December 1, 1997. http://www.chinaeconomicreview.com/node/23321.

[⑦] Thomas A. Metzger. *The International Organization of Qing Bureaucracy*. Cambridge: Harvard University Press, 1973, p. 291.

首先,这种制度是一种纯粹的内部监督方法。各方当事人既没有收到有关"报告"的通知,也没有机会参与上级人民法院的司法决策过程。如果争议各方没有进入司法程序的权利,就可能引发正当程序问题。除此之外,允许对一个案件进行无限审查可能造成司法资源的利用效率低下。这种报告制度的运作实际上损害了司法的独立性。最后,这一制度并不适用于中国的国内仲裁裁决的执行,客观上对国内仲裁裁决和当事人的司法保护有歧视之嫌。双重监督模式实际造成对当事人双方的不公平。这种报告制度应被视为当下功利性需求明显超过合法性顾虑的国内司法现状的一种现实妥协。① 2018 年 1 月 1 日起实施的《最高人民法院关于仲裁司法审查案件报核问题的有关规定》结束了仲裁裁决司法审查程序长期"内外有别"的双轨制实践,比照涉外仲裁裁决的报核制度,把国内仲裁纳入了报核的范围之内。国内仲裁向涉外仲裁并轨,统一了仲裁裁决司法审查制度,体现了最高人民法院对国内仲裁的支持,有利于营造仲裁友好型的司法环境,维护司法公正和仲裁公信力。

第六节　以司法改革为背景

本章基于 98 个最高法院关于拒绝在国内执行外国或涉外仲裁裁决的批复的实证研究,得出以下结论。

首先,地方保护主义在执行外国或涉外仲裁裁决的过程中,并没有像很多人认为的那样发挥了很大的负面作用;其次,由于统计数据始于 1995 年,同年实施的内部报告制度可能实质上发挥了抑制地方保护主义的功能。这项研究的数据无法使笔者从统计学意义上发现地方保护主义与执行外国或涉外仲裁裁决的缺陷之间相关的特定因素。笔者可以得出的基本判断是,我国能够提供相对稳定的法律制度来促进外国或涉外仲裁裁决的有效执行。长期以来,外国投资者对于我国执行外国或涉外仲裁制度的质量和有效性的担忧可能更多地与我国缺少西方式司法制度或早期拒绝执行外国仲裁裁决的实践有关。

---

① 早有学者指出,中国《仲裁法》对内国仲裁裁决监督和涉外仲裁监督实行双轨制,不符合中国参加有关国际条约以及当代各国仲裁立法的通例,应该实行统一全面监督(参见陈安:《中国涉外仲裁监督机制申论》,《中国社会科学》1995 年第 4 期,第 97—105 页)。在完善涉外仲裁监督机制的前提下,以涉外仲裁的监督模式为标准,使国内仲裁监督向涉外仲裁靠拢,实行两者的最终并轨(参见张斌生:《仲裁法新论》,厦门大学出版社 2002 年版,第 601 页)。

内部报告制度长期以来被看作最高人民法院支持仲裁的制度安排。这一制度显示了国家对司法权的一种变异的控制，间接反映了最高人民法院通过执行仲裁裁决来控制仲裁结果的制度设计。从长远来看，由于目前地方法院在结构和专业上并不具备足够的司法审判能力能跟上最高人民法院发起的支持裁决生效和仲裁执行的改革步伐，因此，缺乏地方法院的合作可能仍会降低最高人民法院支持仲裁的倡议带来的益处。只有地方法院越早实现机构的独立性并且真正提升判决的司法质量，执行仲裁裁决的法律框架才能得到更加有效和公正的发展。

我国独特的"政法传统"和市场经济体制改革导致法院的地方化和科层化。[①] 司法分权造成了严重的司法保护主义，滋生了"司法不公""司法腐败""地方保护主义"等问题。[②] 目前，改革者将新一轮司法改革的主旋律定位为司法改革的"去地方化"，强调"彰显审判权的中央事权属性"。[③] 法院体制改革推出了"省以下地方法院、检察院人财物统一管理"和"探索建立与行政区划适当分离的司法管辖制度"等措施。[④]

其次，内部报告制度能够有效隔绝地方保护的不当影响，而且还可能发挥其他有益的功能。可以预见的是，目前集权型司法改革可以有助于防止地方保护主义或者与之相关联的不当影响，有助于地方司法机关获得更多独立的决策权，但是集权化司法改革也有其弊端。司法行政管理权的过于集中，上下级法院之间所具有的类似于行政机关越来越明显的完全垂直领导关系，有可能进一步扭曲上下级的关系，以致破坏本就岌岌可危的审级独立，出现一种新型的司法地方保护主义，或者"司法唯上级化"。[⑤] 我国法院上下级之间的关系是监督关系，而不是领导关系，各级法院依法独立行使审判权。通过集权化的方式推动司法的"去地方化"，违背了长期以来坚守的政治理念和《宪法》《人民法院组织法》等规定。

再次，此次"矛盾回应性"的司法改革，短期来看会释放出一定的改革红利，

---

① 梁三利：《论法院的组织结构：兼论中国法院的解构与重构》，《法学杂志》2007 年第 6 期，第 99—101 页。

② 也有学者论证自从 1993 年实施的司法的人、财、物集权改革之后，司法的地方保护主义呈现淡化趋势，取而代之的是以上级法院的控制成为法院外部干预的主要形态。参见刘忠：《司法地方保护主义话语批评》，《法制与社会发展》2016 年第 6 期。

③ 最高人民法院：《关于全面深化人民法院改革的意见：人民法院第四个五年改革纲要（2014—2018）》，法发〔2015〕3 号。

④ 《中共中央关于全面深化改革若干重大问题的决定》。

⑤ 陈瑞华：《法院改革的中国经验》，《政法论坛》2016 年第 4 期，第 112—125 页。

但是这种基于应对央地关系失衡而导致的国家治理危机推动的司法改革，既会偏离司法规律的一般要求，也可能使法院不堪重负，长远来看有碍于其既定目标的完成。① 集权化司法改革并不能根治地方保护主义出现的体制性弊端。在循序渐进的改革过程中，根本在于选择良好的平衡央地关系的国家治理模式，②政府单向垄断公共权力未必能解决地方政府治理失败的困境。③ 政治领域的中央统一领导能够有效维护中央权威，强力推动改革的步伐，经济和社会领域的地方分权化有助于调动地方积极性，促进地方经济发展。④ 国家机构体制改革应当逐步厘清中央与地方之间的混乱的人权、事权和财权关系，做到平衡配置，并给予其法治化和制度化的保障。在司法体制改革领域，则需要注重司法规律，让司法回归本源，回到"规则确认性"改革路径上。合理确定中央与地方、地方与地方之间司法权的界限。⑤ 解决地方保护主义的根本出路不是简单地将"控制"与"自治""集权"与"分权"严格对立，而是按照法治的要求和规律，⑥从制度上保证地方法院从盘根错节的地方利益中解脱出来，通过制度性安排保证实现司法公正性。

---

① Yuhua Wang. Judicial Hierarchy and Judicial Outcomes: Evidence from a Natural Experience in China. http://scholar.harvard.edu/files/yuhuawang/files/court_2.pdf.

② 也有学者认为中国国家治理的一个深刻矛盾在于中央一统体制和地方有效治理之间的矛盾，集权和分权两条线并进的改革本身就有不兼容之处。参见周雪光：《中国国家治理的制度逻辑》，生活·读书·新知三联书店 2017 年版，第 7—29 页。

③ 邓聿文：《响水爆炸：中国地方政府治理失败的样本》，《金融时报》（中文版），http://www.ftchinese.com/story/001082027?archive，最后访问日期：2019 年 5 月 11 日。

④ 王建学：《中央的统一领导：现状与问题》，《中国法律评论》2018 年第 1 期，第 46—53 页。

⑤ 葛洪义、江秋伟：《中国地方司法权的内在逻辑》，《南京社会科学》2017 年第 1 期，第 102—109 页。

⑥ 李拥军：《司法改革中的体制性冲突及其解决路径》，《法商研究》2017 年第 2 期，第 15—25 页。

第十章

国际商事仲裁中的
公共利益(公共政策) *

第一节 "公共利益"的内涵

一、"公共利益"的内涵

"公共利益"最早可以追溯到公元前 5 世纪的古希腊。古希腊特殊的城邦制度造就了一种"整体国家观",与"整体国家观"相联系的是具有整体性和一致性的公共利益,公共利益被视为一个社会存在所必需的一元的、抽象的价值,是全体社会成员的共同目标。[①]

根据《牛津高级英汉双解词典》的解释,公共利益是指"公众的、与公众有关的或为公众的、公用的利益"。英美法系和大陆法系国家对公共利益的理解有所不同。在英美法系国家中,公共利益也被称为公共政策(public policy),主要指"被立法机关或法院视为与整个国家和社会根本有关的原则和标准,该原则要求将一般公共利益(general public interest)与社会福祉(good of community)纳入考虑的范围,从而可以使法院有理由拒绝承认当事人某些交易或其他行为的法律效力"。在大陆法系国家,与"公共政策"相关的概念是公共秩序,也称为公序良俗。但"公共政策"与"公共利益"是否相同的概念,学者们的观点各异。[②] 以我国为例,"公序良俗"一词是我国民法学理上的通用表达,但是在我国的立法实践中对"公共利益"的表述却经历了一个演化的过程。在 1986 年颁布的《民法通

---

* 本章作者魏恒泽、许雨竹。

① 胡建淼、邢益精:《公共利益概念透析》,《法学》2004 年第 10 期,第 3 页。

② 韩大元:《宪法文本中"公共利益"的规范分析》,《法学论坛》2005 年第 1 期,第 5 页。

则》中，"公共利益"的概念在条文中是通过"社会公德""社会公共利益""社会经济秩序"等词汇进行表述。到了民法典时代，条文使用了学理上的惯常表述"公序良俗"来表达"公共利益"的概念。与大多数大陆法系国家一样，我国法律没有使用"公共政策"概念。公共政策因时间、地点、具体情况的不同而有不同的表现形式。我国现行立法、司法实践与学术界会使用"国家社会利益""社会经济秩序""国际安全主权"等来指代我国的公共政策。①

　　无论是《仲裁法》还是《民事诉讼法》等在规定"公共政策"时所使用的都是"社会公共利益"一词，而非"公共政策"这一概念。而"社会公共利益"这一概念与"公共政策"相比，始终没有社会一致认同的客观标准，也缺乏足够宣示公布的透明度，所以可能会随着国家在不同时期和在不同领域的政策而发生变化，更由于缺乏判例和具体的实践研究和指引而变得十分宽泛模糊，即"社会公共利益"不等于"公共政策"，因此，这种与《纽约公约》不同的法律用语容易在适用公约时发生偏差。如果我国法院从保护国家利益的角度完全依据我国的法律概念狭隘地解读《纽约公约》下的"公共政策"，将有损于我国法院执行公约义务的国际公信力。

二、公共政策的性质

　　首先，公共政策是国际商事仲裁制度体系中的一部分。国际商事仲裁作为一种争端解决机制，之所以能在世界范围内得到主权国家的普遍接受和采纳，归根到底在于各主权国家期望仲裁员能像法官那样尊重基本的"公平与正义"观念，并在特定案件中适用相关的强度性规定。仲裁员在各国之间之所以能有此公信力，实则是暗含了仲裁员裁决乃至整个仲裁程序都必须建立对有关国家公共政策和整个国际社会公共政策充分尊重的基础之上。

　　关于公共政策的性质，有学者认为，《纽约公约》并不试图建立国际统一标准，《纽约公约》允许缔约国将公共政策用于保护各自国家的利益，而不是国际公共利益。所以，国际仲裁中"公共政策"的基本性质是国内法而不是国际法。但是，也有学者认为："一般认为公共政策应限于自然公平为各国普遍接受的基本法律原则，即国际性的公共政策而非执行地国的内外政策。"换言之，《纽约公约》

---

① 朱匡胤、洪梦如：《关于国际商事仲裁裁决承认与执行中的公共政策适用研究》，《法制博览》2018年第15期，第66页。

中的公共政策属于国际法范畴。① 如果存在国际公共政策，那么，就是指在国际社会层次上所反映的国际商业社会普遍愿望、利益和基本价值观念。它由自然法的根本原则、"普遍的正义"原则、国际公法中的强行性规定和文明国家所接受的一般道德与公共政策原则所组成。②

前者的观点似乎更有说服力。一方面，从《纽约公约》使用的措辞来看，它所规定的公共政策是"该国的公共政策"（the public policy of that country）而非"国际公共政策"；另一方面，从《纽约公约》的目的来看，它规定公共政策的目的在于保护裁决执行地国的重大利益、基本政策、法律的基本原则、道德的基本观念等，而非维护整个国际社会的共同利益。

三、利益衡量理论

将"公共利益"作为一种独立的利益进行讨论，目的在于界定内涵、外延与价值目标和其他类型的利益相区别的一种利益，进一步的目的则在于对不同类型的利益进行价值衡量，确定出不同类型利益之间的位阶，从而在发生利益冲突的时候能够在不同类型的利益之间做出合理的选择。作为利益衡量与利益选择的理论，"利益衡量理论"为"公共利益"的价值实现奠定了理论基础，有助于更好理解"公共利益"。

1966 年，日本学者加藤一郎发表《法解释学的论理与利益衡量》一文，在批判概念法学各种弊病的基础上，提出了"利益衡量"的民法解释观。作为民法解释的方法，利益衡量理论认为，法院在解释法律时需要进行利益衡量，强调民法解释取决于利益衡量的思考方法，即关于某问题如果有两种解释的情形时，解释者只能依据利益衡量决定选择哪一种解释。③

根据利益衡量的需要，利益可分为"当事人的具体利益""群体利益""制度利益"（即法律制度的利益）和"社会公共利益"。而且，当事人的具体利益、群体利益、制度利益和社会公共利益形成了一定的层次结构。④ 在具体案件的利益衡量中，对当事人之间发生冲突的具体利益进行衡量时，首先，要判断发生冲突的利益所属的结构层次；其次，将其放置在利益的层次结构中进行衡量，从而保

---

① 乔欣：《比较商事仲裁》，法律出版社 2004 年版，第 370 页。
② 朱克鹏：《国际商事仲裁的法律适用》，法律出版社 1999 年版，第 138 页。
③ 梁上上：《利益的层次结构与利益衡量的展开：兼评加藤一郎的利益衡量论》，《法学研究》2002 年第 1 期，第 52 页。
④ 梁上上：《利益的层次结构与利益衡量的展开：兼评加藤一郎的利益衡量论》，《法学研究》2002 年第 1 期，第 52 页。

证利益衡量的公正与合理,但是对于不同类型的利益之间的优先顺序,尤其是个人利益、社会利益与国家利益之间的位阶次序,仍存在大量争论,而这一争论也受到不同意识形态的影响,并没有统一的观点。

第二节　"公共利益"在仲裁制度中的体现

公共利益作为一国法律秩序的"安全阀",在商事仲裁的司法审查中得到了普遍应用,几乎所有《纽约公约》法域国的仲裁法都将违反"公共利益/公共政策(public policy)"作为撤销仲裁裁决的理由。

一、《示范法》中的"公共政策"

《示范法》第34条(2)款(b)项将"仲裁裁决与国家的公共政策相矛盾"(the award is in conflict with the public policy of this State)作为法院不予承认与执行仲裁裁决的理由之一。对于违背公共政策的情形,该条还特别规定法院应对此种情形进行主动审查,而非通常情形下由一方当事人向法院举证提出存在不予承认或执行仲裁裁决的情形。

二、《纽约公约》中的"公共政策"

根据《纽约公约》第5条第2款[①](b)项,"违背公共政策"(be contrary to the public policy of that country)是仲裁地国拒绝承认与执行仲裁裁决的事由之一。

对于条文的表达方式,受《纽约公约》的影响,不少《纽约公约》缔约国采用了"公共政策"的表述,这与我国语境下的"公共利益"在表达方式上有所不同。因此,随之产生的一个问题是,在仲裁法律法规中,"公共利益"与"公共政策"的内涵是否相同。根据我国相关法律法规的规定,可以认为,虽然我国选用的是"公共利益"一词,但其与《纽约公约》中的"公共政策"基本可作同义理解。例如,在2000年《最高人民法院关于内地与香港特别行政区相互执行仲裁裁决的安排》

---

① Article V 2. Recognition and enforcement of an arbitral award may also be refused if the competent authority in the country where recognition and enforcement is sought finds that:(a) The subject matter of the difference is not capable of settlement by arbitration under the law of that country;or (b) The recognition or enforcement of the award would be contrary to the public policy of that country.

第 7 条第 3 款中,最高人民法院规定:"内地法院认定在内地执行该仲裁裁决违反内地社会公共利益,或者香港特区法院决定在香港特区执行该仲裁裁决违反香港特区的公共政策,则可不予执行该裁决。"

三、我国仲裁相关法律法规中的"公共利益"

我国法律下的仲裁裁决中对违反公共政策(公共利益)的后果也作了规定。《仲裁法》第 58 条①规定:"人民法院认定该裁决违背社会公共利益的应当裁定撤销。"《民事诉讼法》第 244 条②规定,人民法院认定执行该裁决违背社会公共利益的,裁定不予执行。

第三节　"公共利益"仲裁司法
审查的司法实践

一、司法机关视野下"公共利益"的内涵

在最高人民法院主编的《新民事诉讼法理解适用与实务指南》中,"社会公共利益"被解释为:"所谓社会公共利益,就是法理上通常所说的公共利益,它是指社会全体成员的利益。公共利益范畴的核心内容就是其公共性,基本内涵是指

---

① 《仲裁法》第 58 条:"当事人提出证据证明裁决有下列情形之一的,可以向仲裁委员会所在地的中级人民法院申请撤销裁决:(一) 没有仲裁协议的;(二) 裁决的事项不属于仲裁协议的范围或者仲裁委员会无权仲裁的;(三) 仲裁庭的组成或者仲裁的程序违反法定程序的;(四) 裁决所根据的证据是伪造的;(五) 对方当事人隐瞒了足以影响公正裁决的证据的;(六) 仲裁员在仲裁该案时有索贿受贿,徇私舞弊,枉法裁决行为的。
　　人民法院经组成合议庭审查核实裁决有前款规定情形之一的,应当裁定撤销。
　　人民法院认定该裁决违背社会公共利益的,应当裁定撤销。"
② 《民事诉讼法》第 244 条:"对依法设立的仲裁机构的裁决,一方当事人不履行的,对方当事人可以向有管辖权的人民法院申请执行。受申请的人民法院应当执行。被申请人提出证据证明仲裁裁决有下列情形之一的,经人民法院组成合议庭审查核实,裁定不予执行:(一) 当事人在合同中没有订有仲裁条款或者事后没有达成书面仲裁协议的;(二) 裁决的事项不属于仲裁协议的范围或者仲裁机构无权仲裁的;(三) 仲裁庭的组成或者仲裁的程序违反法定程序的;(四) 裁决所根据的证据是伪造的;(五) 对方当事人向仲裁机构隐瞒了足以影响公正裁决的证据的;(六) 仲裁员在仲裁该案时有贪污受贿,徇私舞弊,枉法裁决行为的。
　　人民法院认定执行该裁决违背社会公共利益的,裁定不予执行。
　　裁定书应当送达双方当事人和仲裁机构。
　　仲裁裁决被人民法院裁定不予执行的,当事人可以根据双方达成的书面仲裁协议重新申请仲裁,也可以向人民法院起诉。"

特定社会历史条件下,从私人利益中抽象出来能够满足共同体中全部或大多数社会成员的公共需要,经由公共程序并以政府为主导所实现的公共价值。"①同时,《新民事诉讼法专题讲座》一书进一步指出:"尽管公共利益是一个不易准确界定的概念,但有一点可以肯定,当下全球几乎所有国家都把生态保护、环境治理及可持续发展视为一类公共利益。"②

尽管对于"公共利益"的内涵并未形成权威、统一的定义,但从司法实践的情况来看,基本未偏离最高人民法院的基本精神与国际共识,相关裁判的准绳依旧有迹可循。以近年来北京市第四中级人民法院司法审查案件为例,对于"社会公共利益"的解读主要有两个方面的考量。

第一,社会公共利益应是关系全体社会成员利益,为社会公众所享有,为整个社会发展存在所需要,具有公共性和社会性,不同于当事人自身的利益。在广州市浪奇实业股份有限公司(简称浪奇公司)与兴发香港进出口有限公司申请撤销仲裁裁决案③中,北京市第四中级人民法院认为,社会公共利益一般是指关系全体社会成员或者社会不特定多数人的利益,主要包括社会公共秩序和社会善良风俗等。社会公共利益是社会公众享有的非独占的、为一个社会生存所必需的利益,不属于任何一个具体的人,而是社会上不特定的人的利益。浪奇公司及其投资者的利益是其作为具体社会主体单独享有的利益,不是关系全体社会成员或者社会不特定多数人的利益,不属于社会公共利益。

在姚某某与北京浩宇思创国际投资有限公司申请撤销仲裁裁决案④中,北京市第四中级人民法院亦指出,"姚某某与浩宇思创公司之间的争议仲裁案,系私主体之间的纠纷,不涉及社会公共利益"。

在中标建设集团股份有限公司与青岛金石灏汭投资有限公司申请撤销仲裁裁决案⑤中,北京市第四中级人民法院指出:"《中华人民共和国仲裁法》第58条第3款规定的违背社会公共利益,主要指向仲裁裁决违反我国法律的基本原则、违反社会善良风俗、危害国家及社会公共安全等情形,应涉及不特定多数人的共同利益,为社会公众所享有,不同于合同当事人的利益。"而本案所涉《关于中标建设集团有限公司之增资扩股协议》是平等民事主体间的合同争议,处理结果仅

---

① 江必新:《新民事诉讼法理解适用与实务指南》,法律出版社 2015 年版,第 226 页。
② 江必新:《新民事诉讼法专题讲座》,法律出版社 2012 年版,第 69 页。
③ (2020)京 04 民特 661 号。
④ (2020)京 04 民特 749 号。
⑤ (2020)京 04 民特 725 号。

影响合同当事人,不涉及社会公共利益。

在北京西创投资管理有限公司(简称西创公司)与张某某申请撤销仲裁裁决案[①]中,北京市第四中级人民法院认为,社会公共利益应是关系全体社会成员的利益,为社会公众所享有,为整个社会发展存在所需要,具有公共性和社会性,不同于合同当事人的利益。西创公司、张某某及浦发北京分行作为平等民事主体签订合同,由此引发的民事纠纷属于私主体之间的纠纷,仲裁庭依照相关法律规定和当事人之间的合同约定,就当事人间的争议作出了裁决,不存在违反社会公共利益的情形。

第二,违背社会公共利益是指违背以社会公众为利益主体的、涉及整个社会根本的法律、道德的共同利益。在昆明和夼商贸有限公司(简称和夼公司)等与永立建机(中国)有限公司(简称永立公司)申请撤销仲裁裁决案[②]中,北京市第四中级人民法院认为,违背社会公共利益是指违背以社会公众为利益主体的、涉及整个社会根本的法律、道德的共同利益,其表现形式应当是违背我国法律的基本制度与准则、违背社会和经济生活的基本价值取向,危害社会公共秩序和生活秩序,违背社会全体成员共同普遍认可、遵循的基本道德准则等,涉及全体社会成员或者不特定多数人的共同利益,不同于合同当事人的利益。本案永立公司与汤晰、和夼公司针对案涉合同项下的纠纷仅系平等民事主体之间的民事纠纷,仲裁裁决也仅影响当事人,并未违反社会公共利益,亦未对金融监管秩序造成影响。虽然每一具体法律关系的背后都体现有一定的社会秩序,并具有一定的价值引导性,但是该等秩序与价值不能直接等同于社会生活中既存的公共利益和价值。

总之,北京市第四中级人民法院对于"公共利益"的理解突出了"公共性"和"根本性"两大特征,并强调应与平等民事主体之间的纠纷进行区别,这与最高人民法院的解读一致。

二、司法机关视野下"公共利益"的类型

(一)违反法律强制性规定

尽管最高人民法院在相关复函中曾表示,违反我国法律法规强制性规定不必然构成对公共利益的违反。[③] 然而,不仅国际上有将明显漠视法律认定为违

---

① (2021)京 04 民特 36 号。
② (2020)京 04 民特 607 号。
③ 《最高人民法院关于 ED&F 曼氏(香港)有限公司申请承认和执行伦敦糖业协会仲裁裁决案的复函》,[2003]民四他字第 3 号。

反社会公共秩序的立法和实践，而且在我国司法实践中，亦不乏以违反强制性法律法规为由而撤销仲裁裁决的案例。

在徐州京诚房地产开发有限公司、陈某等申请撤销仲裁裁决案①中，涉案房款系由借款转化而来，具有以房抵债性质，双方不具有真实的商品房买卖合同关系。陈某提出的仲裁请求是要求京诚公司交付房屋及房屋使用说明书、房屋质量保证书和税收发票，并承担逾期交房违约金。参照江苏省高级人民法院(2014)2 号会议纪要精神，因本案双方当事人尚未办理房屋交付及物权转移手续，债权人要求继续履行抵债协议或要求确认所抵之物的所有权归其所有，人民法院应驳回其诉讼请求。虽然法院对仲裁裁决原则上不进行实体审查，但是《仲裁法》第 58 条第 3 款规定："人民法院认定该裁决违背社会公共利益的，应当裁定撤销"。因以物抵债行为有转移责任财产、规避国家政策之嫌，存在损害其他债权人合法利益的可能，同时违反物权法定基本原则，故徐州仲裁委员会作出的(2013)徐仲裁字第 267 号仲裁裁决具有法定撤销事由，申请人京诚公司要求撤销仲裁裁决，法院予以采纳。

（二）侵害不特定社会公共利益

1. 江西润馨实业有限责任公司(简称润馨公司)、江西省辉煌建设集团有限公司(简称辉煌公司)申请撤销仲裁裁决案②

仲裁裁决既已认定双方当事人签订的《建设工程施工合同》因涉及违法挂靠和分包而无效，又在工程尚未竣工且没有证据证明工程质量合格的情形下径直裁决润馨公司向辉煌公司给付工程款，缺乏法律依据，违背社会公共利益(建设工程质量关系人民群众生命和财产安全，承包人要取得工程价款须首先履行工程质量保证义务)。

江西省九江市中级人民法院特别指出"建设工程质量关乎人民群众生命和财产安全"，也就是说，该案虽表面上仅涉及"润馨公司是否应向辉煌公司支付工程款"的问题，但实际上仲裁裁决的结果关系"建设工程质量"，涉及不特定的社会群众利益，因此法院撤销了该仲裁裁决。

2. 锦达房地产开发有限公司与李某某申请执行仲裁裁决案③

本案中，申请人作为"锦达·香格里拉"项目的开发商，应当积极筹措资金将

---

① (2014)徐民仲审字第 90 号。
② (2017)赣 04 民特 15 号。
③ (2020)桂 08 执异 18 号。

项目完成开发建设,由于受多种因素影响导致其资金断链而无法完成项目开发建设,致使其不能如期竣工交房给业主。后在贵港市委、市政府协调和各方共同努力下,通过招商引资方式,在 2/3 以上购房业主同意变更违约条款为按日 0.28‰ 的标准计算违约金,以及签订《贵港锦达·香格里拉项目一期工程逾期交付补偿复工协议》的情况下,引进了案外人广西鑫炎投资有限责任公司承担申请人的权利义务,投资完成剩余项目工程的建设,让案涉建设项目内房屋得以顺利交付给业主管理使用。"锦达·香格里拉"项目购房业主签订的《贵港锦达·香格里拉项目一期工程逾期交付补偿复工协议》是大部分业主的真实意思表示,得到了大部分业主认可和支持,维护了大部分业主的合法权益。况且,通过引资方式解决该类社会遗留问题,能够有效维护社会稳定。综上,贵港仲裁委员会作出的(2020)贵仲字第 92 号裁决违反了该小区广大业主的真实意愿,违背社会公共利益,依法应对该裁决不予执行。

(三) 危害公共价值

具体法律关系的背后可能代表了一定的社会秩序,具有一定的价值引导性,但并不是所有法律关系都涉及公共价值。近年来,我国法院在审理案件和审查仲裁裁决的过程中,所关注的一种典型的公共价值是"金融秩序稳定"。就仲裁裁决司法审查的视角来看,我国近年来也不乏在"维护金融秩序稳定"这一公共价值的基础上,以"违背社会公共利益"为由,撤销相关仲裁裁决。

1. 高某某申请撤销仲裁裁决案[①]

2017 年 12 月 2 日,申请人高某某与被申请人深圳市云丝路创新发展基金企业(简称云丝路企业)、李某签订了《股权转让协议》,约定云丝路企业将其持有的极 x 公司 5％股权以 55 万元转让给高某某,李某委托高某某进行个人数字货币资产的理财,高某某未偿还李某相关资产及收益。基于该数字货币资产产生的收益,李某同意代替高某某向云丝路企业支付 30 万元股权转让款,高某某直接向云丝路企业支付 25 万元股权转让款。高某某分三期将李某委托其进行理财的货币资产(20.13 个比特币、50 个比特币现金、12.66 个比特币钻石)全部归还至李某的电子钱包。该协议签订后,高某某未履行合同义务。

云丝路企业、李某根据其与高某某于 2017 年 12 月 2 日签订的《股权转让协议》中约定的仲裁条款,向深圳仲裁委员会申请仲裁。深圳仲裁委员会于 2018 年 1 月 10 日受理了云丝路企业、李某与高某某之间的股权转让合同纠纷案,受

---

① (2018)粤 03 民特 719 号。

案号为(2018)深仲受字第 64 号,仲裁程序适用 2011 年 5 月 1 日起施行的《深圳仲裁委员会仲裁规则》。

云丝路企业、李某申请仲裁,主要请求为:变更云丝路企业持有的极 x 公司 5%股份到高某某名下,高某某向云丝路企业支付股权款 25 万元,高某某向李某归还数字货币资产 20.13 个 BTC(比特币)、50 个 BCH(比特币现金)、12.66 个 BCD(比特币钻石)资产相等价值的美金 493 158.40 美元和利息,高某某支付李某违约金人民币 10 万元。

仲裁庭经审理认为,高某某未依照案涉合同的约定交付双方共同约定并视为有财产意义的比特币等,构成违约,应予赔偿。仲裁庭参考李某提供的 okcoin.com 网站公布的合同约定履行时点有关 BTC(比特币)和 BCH(比特币现金)收盘价的公开信息,估算应赔偿的财产损失为 401,780 美元。仲裁庭裁决,变更云丝路企业持有的极 x 公司 5%股份至高某某名下;高某某向云丝路企业支付股权转让款人民币 25 万元;高某某向李某支付 401,780 美元(按裁决作出之日的美元兑人民币汇率结算为人民币);高某某向李某支付违约金人民币 10 万元。

申请人高某某向深圳市中级人民法院请求撤销深圳仲裁委员会于 2018 年 8 月 21 日作出的(2018)深仲裁字第 64 号仲裁裁决,理由是该仲裁裁决违背社会公共利益。

首先,仲裁裁决关于财产损失金额估算参考的公开信息为 okcoin.com 网站公布的收盘价。根据《中国人民银行中央网信办工业和信息化部工商总局银监会证监会保监会关于防范代币发行融资风险的公告》,自 2017 年 9 月 4 日以后任何所谓的代币融资交易平台不得从事法定货币与代币、"虚拟货币"相互之间的兑换业务,不得买卖或作为中央对手方买卖代币或"虚拟货币",不得为代币或"虚拟货币"提供定价、信息中介等服务。因此,自 2017 年 9 月 4 日起,okcoin.com 网站提供数字货币的交易及定价均为非法。而且,既然数字货币在上述网站无法交易,上述网站对数字货币的定价也没有合理依据,无法采信。

其次,仲裁裁决高某某归还与数字货币相等价值的美元,并按裁决作出之日美元兑换人民币汇率结算为人民币,变相支持了数字货币和法定货币的交换,涉嫌支持非法发售代币票券及人民币非法流通行为,违背了法律强制性规定及社会公共利益,仲裁裁决应当予以撤销。

被申请人认为,案涉《仲裁规则》第 5 条规定可以参考国际惯例进行仲裁,而比特币计价、确定价值、定价等均属于国际市场惯例,采用美元计价或采用公开市场上的定价是国际上的通行做法。高某某明显违反诚实信用和公平公正原则,将承诺归还的数字资产占为己有,拒不归还,严重侵犯财产物权制度。有关数字资产的持有和返还、赔偿均属于双方合同约定,与社会公共利益无关。依据《民法总则》第 127 条"法律对数据、网络虚拟财产的保护有规定的,依照其规定",数字资产属于财产范围,应该受到法律保护。

如果高某某侵吞云丝路企业、李某财产,按照高某某所说不能返还数字资产,也不用返还财产或者赔偿相应金额的款项,财产关系不能得到法律保护,这才是损害国家的财产保护法律制度,违背社会公共利益。如果双方按照诚信原则、公平原则履行合同,返还财产,合同行为还是存在,不是说没有这个裁决,这个财产就不存在。即使没有本案裁决,国家也没有法律禁止高某某返还数字资产或者等值财产给李某。按照公平、诚实原则和合同约定,高某某更应该要返还相关资产,因此,裁决不会损害社会公共利益。

法院认为,《中国人民银行工业和信息化部中国银行业监督管理委员会中国证券监督管理委员会中国保险监督管理委员会关于防范比特币风险的通知》(银发〔2013〕289 号)明确规定,比特币不具有与货币等同的法律地位,不能且不应作为货币在市场上流通使用。2017 年,中国人民银行等七部委联合发布《关于防范代币发行融资风险的公告》重申了上述规定。同时,从防范金融风险的角度,进一步提出任何所谓的代币融资交易平台不得从事法定货币与代币、"虚拟货币"相互之间的兑换业务,不得买卖或作为中央对手方买卖代币或"虚拟货币",不得为代币或"虚拟货币"提供定价、信息中介等服务。上述文件实质上禁止了比特币的兑付、交易及流通,炒作比特币等行为涉嫌从事非法金融活动,扰乱金融秩序,影响金融稳定。涉案仲裁裁决高某某赔偿李某与比特币等值的美元,再将美元折算成人民币,实质上是变相支持了比特币与法定货币之间的兑付、交易,与上述文件精神不符,违反了社会公共利益,该仲裁裁决应予撤销。

从规范性文件的效力层级来看,案涉《关于防范比特币风险的通知》和《关于防范代币发行融资风险的公告》均属于部门规章的范畴。这些部门规章是否充分体现了社会公共利益,在很大程度上要取决于不同时期的金融监管力度,以及司法机制对于金融监管的回应。近年来,出于防范系统性风险的目的,我国加强了金融监管的力度。2019 年 11 月 8 日,最高法院发布《全国法院民商事审判工作会议纪要》,其第 30 条将"金融安全"规定为"公序良俗"的一种,并在第 31 条进一步规定"违反规章一般情况下不影响合同效力，但该规章的内容涉及金融安全、市场秩序、国家宏观政策等公序良俗的，应当认定合同无效。人民法院在认定规章是否涉及公序良俗时，要在考察规范对象基础上，兼顾监管强度、交易安全保护以及社会影响等方面进行慎重考量，并在裁判文书中进行充分说理"。

随着国家金融监管机关对比特币态度的转变，法院在审查仲裁裁决的过程中对这一态度的转变进行了回应，否定了本案中将比特币与法定货币进行兑付和交易的行为。但是法院在回应逐渐趋紧的金融监管强度的同时不应忽视法律制度的本意。作为平等主体之间的合同，双方当事人享有较大范围的行为自由。虽然本案当事人将比特币与法定货币进行了兑付和交易，但是可认为当事人仅是将比特币作为一种具有一定价值的物品，充当了合同标的物，在此意义上，当事人的行为并无不妥，仲裁庭在审理案件时仅需考虑当事人之间的法律关系，而不需要特别关注合同的标的物比特币本身。显然，这里存在着两种不同的价值取向，涉及法院和仲裁庭的价值衡量，而法院和仲裁庭作出了不同的选择。

2. 涉金融借贷纠纷案件中的公共利益审查

近年来，我国金融领域强监管局面逐渐形成。作为回应，法院对公共利益的解释也出现了一定的倾向性。在大批金融借贷纠纷案件中，法院进行了公共利益审查。

（1）优享公司与谢伟申请执行仲裁裁决案。[①] 2019 年 4 月 29 日，申请执行人优享融资租赁（广州）有限公司（简称优享公司）与被执行人谢某签订《车辆买卖合同》约定，被执行人谢某将其所有汽车出售给申请执行人优享公司，申请执行人优享公司委托上海富友银行将购车款 20 万元支付给了被执行人谢某。2019 年 4 月 29 日，申请执行人优享公司与被执行人谢某又签订《优享融资租赁（广州）有限公司汽车融资租赁合同》，约定具体交易类型为融资租赁售后回租方式，申请执行人优享公司根据签订的《车辆买卖合同》向被执行人谢某支付购车价款，同时在合同附件中约定了租金、租期和违约金等。2019 年 4 月 29 日，被执行人谢某办理了车辆抵押登记，抵押权人为申请执行人优享公司。同日，申请执行人优享公司通过占有改定的方式将车辆出租给被执行人谢某。后被执行人谢某未按合同约定支付租金。北海仲裁委员会根据以上查明事实，认定被执行人谢某构成违约，裁决解除申请执行人优享公司与被执行人谢某签订

---

① （2021）渝 02 执 23 号执行裁定书。

的《融资租赁合同》,并支付逾期租金;被执行人谢某向申请执行人优享公司支付违约金。

法院通过对本案中的法律关系进行分析,认为本案的法律关系名为融资租赁,实为借贷。申请执行人优享公司受其经营范围限制,以融资租赁形式变相经营贷款业务,无视国家金融监管规定,严重破坏正常社会金融秩序。依照《民事诉讼法》第237条第3款的规定,对该仲裁裁决不予执行。

(2)上海东正汽车金融股份有限公司与张某某申请执行仲裁裁决案。[①] 上海东正汽车金融股份有限公司以向社会不特定对象提供汽车消费贷款的形式提供金融服务,出借行为具有反复性、经常性,借款目的也具有营业性。《中华人民共和国银行业监督管理法》第19条和银保监会《关于规范民间借贷行为维护经济金融秩序有关事项的通知》都明确规定未经有权机关依法批准,任何单位和个人不得设立从事或者主要从事发放贷款业务的机构或以发放贷款为日常业务活动。上海东正汽车金融股份有限公司《营业执照》中载明的经营范围不包括金融业务经营事项,其未经批准超越经营范围,直接从事或以债权转让等形式变相从事经常性的贷款业务,属于从事非法金融业务活动,为法律及《网络借贷信息中介机构业务活动管理暂行办法》所禁止。该裁决如得到执行,将扰乱金融管理秩序,损害社会公共利益。

3. 未被法院认定为违背公共利益的案例

(1)喆颢资产管理(上海)有限公司(简称喆颢公司)与韩某申请撤销仲裁裁决案。[②] 北京仲裁委员会依据韩某提交的仲裁申请书以及其与喆颢公司签订的《喆颢诺德定增1号私募证券投资A基金合同》(简称《基金合同》)中的仲裁条款及有关法律规定,于2019年2月11日受理了因上述《基金合同》引起争议的仲裁案,并在审理后作出了仲裁裁决。

申请人认为仲裁裁决违背社会公共利益。根据国家相关规定,私募基金对投资人的投资结果不能强制性保本、保息、不能设定兜底条款,仲裁裁决事实上为私募基金设定兜底条款,违背了国家对私募基金相关规定,与整个市场环境和国家规定相悖离。

被申请人认为,本案基金产品通过宜信卓越财富投资管理(北京)有限公司及其在无锡、上海等地分公司对外推销,在不确定投资人风险承受能力的情况

---

① (2021)鲁07执177号执行裁定书。
② (2020)京04民特55号。

下，吹嘘案涉基金的巨额收益，让投资人直接向指定的账户打款，在 3 天时间内募集资金 5 亿人民币，损害社会公众利益的是喆颢公司。

法院认为，违背社会公共利益是指违背以社会公众为利益主体的、涉及整个社会根本的法律、道德的共同利益，其表现形式应当是违背我国法律的基本制度与准则、违背社会和经济生活的基本价值取向，危害社会公共秩序和生活秩序，违背社会全体成员共同普遍认可、遵循的基本道德准则。本案喆颢公司与韩某系平等民事主体之间的民事纠纷，喆颢公司未能提供证据证明仲裁裁决存在违背社会公共利益的情形。喆颢公司该项主张的实质是认为仲裁庭认定事实和适用法律错误，仲裁庭认定事实和适用法律问题属于仲裁庭实体审查权限范围，不属于人民法院仲裁司法审查的范围。

与前述案件不同，在本案中，法院在合同自由与金融监管秩序两种价值倾向中支持了前者。但是该案件与前述案件的不同点在于，本案涉及的金融纠纷关系并非某一金融监管法律法规直接针对的对象，而是首先要通过对合同条款进行解释，在解释的基础上确认合同条款是否违背了相关金融监管法律法规的某项条款。这样不稳定的论证路径决定了法院判定仲裁裁决违背社会公共利益的可能性。

但在司法实践中存在着认定私募基金中兜底条款违背公共利益的案件。在（2019）粤 01 民终 16045 号民事判决书中，广州市中级人民法院认为"案涉补充协议实为双方为规避法律、行政法规的监管而作出的约定，内容违反了市场基本规律和资本市场规则，严重破坏资本市场的合理格局，不利于金融市场的风险防范，有损社会公共利益"。两个案件中法院的不同判决也再次体现了因为"公共利益"内涵的模糊而给法院的适用所带来的不确定性。

（2）北京西创投资管理有限公司与张某某申请撤销仲裁裁决案。① 2019年，中国国际经济贸易仲裁委员会（简称贸仲）根据张某某于 2019 年 7 月 1 日向该会提交的仲裁申请以及张某某与北京西创投资管理有限公司（简称西创公司）、上海浦东发展银行股份有限公司北京分行（简称浦发北京分行）签署的《西创黄山六十二号私募投资基金——基金合同》中仲裁条款的约定，受理了双方当事人之间因上述合同产生的争议仲裁案。

申请人认为仲裁裁决违背社会公共利益，且存在严重错误。首先，仲裁裁决结果将动摇基金行业基础，即未进行基金清算时，不进行损失认定和清算后剩余

---

① （2021）京 04 民特 36 号。

财产处理,径行以投资人投资本金和预期收益作为投资人损失,而要求基金管理人予以全部赔偿,不仅导致整个基金行业的毁灭性打击,而且影响国家的社会稳定和金融安全。其次,该案裁决在既未确定投资人实际损失,亦未对清算后的投资人剩余财产进行安排时,就要求西创公司承担全部本金损失和预期利益损失,没有任何法律依据,也不符合行业惯例和经验。

被申请人认为,本案作为私募基金纠纷与公共利益无关。公共利益对应的是不特定主体的利益,而私募基金之所以被称之为"私",是因为其本身以特定对象确认为运作前提,仅针对特定对象募集发行,不允许公开发行募集,具有私密性和特定性的特点,所以,私募基金纠纷与公共利益无关。

法院采纳了被申请人的观点,价值衡量倾向于保护合同的自由,认为社会公共利益应是关系全体社会成员的利益,为社会公众所享有,为整个社会发展存在所需要,具有公共性和社会性,不同于合同当事人的利益。西创公司、张某某及浦发北京分行作为平等民事主体签订合同,由此引发的民事纠纷属于私主体之间的纠纷,仲裁庭依照相关法律规定和当事人之间的合同约定,就当事人间的争议作出的裁决,不存在违反社会公共利益情形。

(3) 四达时代公司申请撤销仲裁裁决案。[①] 2018 年 9 月 3 日,李某某与四达时代通讯网络技术有限公司(简称四达时代公司)签订了《认购协议》,认购四达时代公司依据相关法律法规发行的、在普惠金融交易中心(大连)有限公司挂牌发行并备案的产品。协议载明:本《认购协议》由下列双方签订:发行方四达时代公司,认购方李某某。协议首页显示北京中海盈泰投资管理有限公司(简称中海盈泰公司)作为发行方四达时代公司的受托管理人。2018 年 9 月 4 日,中海盈泰公司向李某某出具《产品认购(申购)确认函》,确认根据《四达时代通讯2018 年定向融资计划第一期合同》规定,该项目于 2018 年 9 月 4 日成立计息,李广安认购(申购)金额为 100 万元。该协议第 12 条约定,凡因本产品的发行、认购、转让、受让、兑付等事项引起的或与本产品引发的任何争议,应首先通过协商解决。如果在接到要求解决争议的书面通知之日起第 30 日内仍不能通过协商解决争议,任何一方可以向北京仲裁委员会申请仲裁。

北京仲裁委员会根据李某某向该会提交的仲裁申请书,以及李某某与四达时代公司签订的《认购协议》中的仲裁条款及有关法律的规定,于 2020 年 11 月6 日受理了双方之间因上述合同所引起的争议仲裁案,案件编号为(2020)京仲

---

① 　(2021)京 74 民特 1 号。

案字第 4501 号。

申请人认为,仲裁裁决违背社会公共利益。仲裁委将投资理财产品认定为民间借贷,明显与事实不符,违背诚实信用原则和社会公共利益,如果不予撤销将会扰乱现有的投资基金管理秩序。被申请人则认为,申请人并非具有金融理财产品发行销售的合法金融机构,仲裁庭关于事实认定及法律适用均无错误,裁决的效力也仅限于平等民事主体的个体权益,不存在损害公共利益的问题。

法院认为,本案所涉《认购协议》是民事主体自愿订立的协议,仲裁庭关于该协议产生的合同争议的处理结果仅影响合同当事人,不涉及社会公共利益。虽然每一具体法律关系背后都体现有一定社会秩序,并具有一定的价值引导性,但上述秩序与价值并不直接等同于社会生活中既已存在的公共利益。在合同双方因履约产生争议时,争议解决结果对于每一方当事人利益义务的认定是以合同中的当事人合意和法律的强制性规定为前提的,故裁决中对于当事人权利义务的认定仅为将法律强制力赋予在合同当事人的合意中,并未破坏社会生活中既已存在的秩序和价值,亦未损害既有的社会公共福祉,不存在违反社会公共利益的情形。仲裁庭根据本案证据和所涉法律审理案件,所作出的裁决属于仲裁权范畴,不能因仲裁庭依法认定双方责任而认为裁决内容违反社会公共利益,故四达时代公司的该项主张不能成立,本案裁决不存在违反社会公共利益的情形。

第四节　公共政策在国际商事仲裁实践中的适用

公共政策目前已为世界各国国内法及相关国际公约所普遍接受,是法院拒绝承认与执行国际商事仲裁裁决的一项主要依据。我国自 1987 年加入《纽约公约》以来的 30 多年间,在被请求承认与执行的外国仲裁裁决中,尽管许多当事人提出执行外国仲裁裁决将违反我国社会公共利益的抗辩,但大部分并没有得到法院的支持。国际上对因违反公共政策而不予承认与执行仲裁裁决的援引总体上也采取限缩、谨慎的态度。由于各国所奉行的关于经济、法律、道德、政治、宗教的基本信念和标准有很大不同,各国对反映这些基本信念和标准的公共政策给予解释也存在着很大差异。所以,从国际商事仲裁案件中潜在的公共政策抗辩问题来看,公共政策抗辩在法院里取得成功的可能性愈来愈小。

一、构成对公共政策的违反,不予承认和执行仲裁裁决的情形

(一) 美国禁止对外国主权国家采取惩罚性措施案[①]

本案中,三家企业与印度政府签订《生产合作合同》,约定:如果开采到原油,评核期(appraisal period)为 2 年;如果开采到天然气,评核期则为 5 年。2006 年,HEPI 开采到碳氢化合物并认定为天然气,但主管部门印度石油与天然气部(Ministry of Petroleum & Natural Gas)却认定为原油,并于 2009 年通知 HEPI 由于其未按时提交商业声明(declaration of commerciality),视为放弃对相关开采地的权利。

双方发生争议,提请仲裁裁决,仲裁庭作出了有利于 HEPI 的最终裁决,认定印度政府的行为构成违约,其作出的弃权命令被宣布无效。命令双方继续履行合同,印度政府需向 HEPI 赔偿损失。印度政府不服仲裁裁决,向法院请求撤销。印度德里高等法院随后驳回了印度政府的撤销请求,理由是由于仲裁地(seat of arbitration)在马来西亚,而不是在印度。后 HEPI 公司向美国地区法院提出承认与执行仲裁裁决。印度政府辩称,执行原仲裁裁决会违反美国公共政策,因其要求印度放弃所有并控制的自然资源,且仲裁裁决应禁止对外国主权国家采取惩罚性措施,而本案的利息部分属于惩罚性措施。

美国地区法院在判决中认为,《纽约公约》第 5 条"公共政策抗辩"事实上在认定门槛上较高,仅在执行仲裁裁决违反法院地国家最基本的道德和正义理念这种清楚明确的案件中才可以依赖公共政策例外。《纽约公约》的宗旨以及美国加入该公约的目的在于鼓励对商事仲裁协议的承认和执行,以及统一签字国遵守仲裁协议和执行仲裁裁决的标准,法律给予地区法院的自由裁量权十分有限。

但是,美国地区法院认同印度提出的关于仲裁裁决强制履行部分违反了美国公共政策的主张,因为原仲裁裁决中强制主权国家继续履行合同的部分违反了美国的公共政策。首先,确认原仲裁裁决的后果在履行无法保证,或是行使此种权力将可能导致混乱以及与其他国家当局的冲突时,作出域外禁令的权力应当谨慎行使。其次,美国通过规定对外国国家的特定形式救济来实现其尊重外国主权国家的公共政策承诺。最后,虽然国际互惠原则通常并不反对确认仲裁裁决,但是如果确认本案中的仲裁裁决将导致恶性循环,外国法院将对美国在自

<hr>

[①] Hardy Exploration and Production (India) Inc. v. Government of India, Ministry of Petroleum & Natural Gas, Civil Action No.16 - 140 (RC).

己境内或维护自己领土而采取的行为持否定意见；由于美国政府在美国法院并未放弃对合同案件强制履行的主权豁免权利，外国法院可以指令要求美国政府强制履行合同义务的这种情况显然与美国的公共政策格格不入。

若结合利益衡量理论对本案进行反思可以看出，美国综合考虑了判决带来的利弊：若支持原仲裁裁决，可能有损于美国本国的国家利益，即使这种损害暂时只是潜在的一种可能性，但也不得不放弃具体案件中个别事实的公平性，以保全本国的公共利益。

（二）法国承认与执行用于资助或补偿腐败活动金额的裁决将违反国际公共秩序案[①]

ABL（负有协助 Alstom 参与投标中国高铁项目的义务）和 Alstom（负有支付佣金的义务）签订了一份《咨询合同》，按照约定，Alstom 已支付了部分佣金，对于剩余部分佣金，Alstom 主张由于合同相关项目受刑事调查，ABL 相关行为违反了其内部合规政策，为避免受到刑事处罚，决定暂停支付剩余佣金。由合同产生的争议诉诸国际商会仲裁院（la Chambre de Commerce Internationale，ICC）仲裁解决，仲裁地为日内瓦，适用瑞士法。

根据仲裁条款，ABL 向 ICC 提交仲裁，要求 Alstom 支付剩余佣金，并赔偿相应损失以及惩罚性赔偿金。2016 年 1 月 29 日，ICC 仲裁庭作出终局裁决，支持 ABL 部分仲裁请求。法国巴黎初审法院（Tribunal de Grande Instance de Paris）作出命令予以同意承认与执行仲裁裁决。2016 年 5 月 18 日，Alstom 向巴黎上诉法院（Cour d'Appel de Paris）提起上诉。与此同时，Alstom 以违反公共政策为由向仲裁地法院瑞士联邦最高法院（Tribunal Fédéral de Lausanne）提出撤销裁决之诉。2016 年 11 月 3 日，瑞士联邦最高法院作出判决予以驳回，理由是申请人未提供具体证据证明 ABL 腐败行为，仅违反内部合规政策并不构成违反公共秩序。

法院认为，相关信息足以提供严谨、准确和一致的证据证明 Alstom 向 ABL 支付的佣金是对公职人员腐败行为的资助和奖励。据此，法院最终认定，承认与执行命令 Alstom 向 ABL 支付用于资助或补偿腐败活动的金额的裁决违反国际公共秩序，故作出命令，撤销初审法院作出的承认与执行 ICC 裁决的命令，并要求 ABL 退还 Alstom 支付的所有款项。

巴黎上诉法院将《纽约公约》规定的违反公共秩序的撤销理由创造性地发展

---

① Alstom Transport SA & Alstom Network UK Ltd. v. Alexander Brothers Ltd. N RG 16/11182 - N Portalis 35L7 - V - B7A - BY3JK.

为违反国际公共秩序，并指出：法国仲裁法中的国际公共秩序是指国际社会作为整体接受并公认不许损抑且仅有以后具有同等性质之一般国际法规律始得更改之规律，通常是指以国际强行法或国际公约下的一般规则，其中具有典型代表意义的是国际人权法。

由于法国整体上对仲裁采取了较为支持的态度，对于国际仲裁裁决的承认与执行，法院基本采取较为审慎的态度，故向法国法院请求撤销或不予执行仲裁裁决，其难度可想而知。但在本案中，基于违反国际公共秩序，要求其拒绝承认与执行国际仲裁裁决的情况，法国巴黎上诉法院采取了更为严格的认定，最终以承认与执行相关仲裁裁决将构成奖励和资助腐败行为为由，认定本案构成对国际公共秩序的违反。

但是，本案的仲裁地在瑞士日内瓦，作为仲裁地法院的瑞士联邦最高法院已在 2016 年作出了相关裁决不构成违反公共秩序的认定，理由是申请人未提供具体证据证明 ABL 腐败行为，仅违反内部合规政策和以仲裁裁决中合同履行部分涉及腐败不足以构成违反国际公共秩序。在本案中，相关仲裁裁决的承认与执行构成对腐败的资助和奖励，故最终认定，承认与执行用于资助或补偿腐败活动金额的裁决将违反国际公共秩序，应撤销初审法院作出的承认与执行 ICC 裁决的命令，并要求当事人退还已支付的所有款项。

关于本案，首先，是否应有"国际公共秩序"解决国际商事仲裁中"公共秩序"相关的判决自由裁量过泛的问题？其次，巴黎上诉法院是否有权作出创造性的发展，即可以将纽约公约规定的违反公共秩序的撤销理由创造性地发展为违反国际公共秩序？以上都是值得继续讨论的问题。

二、不构成对公共政策的违反，予以承认与执行原仲裁裁决的情形

（一）英国商事法院判决补偿性赔偿仲裁裁决不违反公共政策案①

在本案中，P 公司和尼日利亚共和国签署了《天然气供应协议》（简称《协议》），约定发生争议时，仲裁地为伦敦，适用《尼日利亚仲裁与调解法》。后尼日利亚不履行《协议》相关义务，P 公司提请仲裁，主张尼日利亚构成根本违约，应赔偿近 60 亿美元。

根据协议，双方提交英国商事仲裁庭仲裁，该仲裁庭支持 P 公司主张，认为

---

① Process & Industrial Developments Limited v. The Federal Republic Of Nigeria，[2019] EWHC 2241 (Comm).

尼日利亚共和国构成根本违约,应赔偿 P 公司近 60 亿美元。尼日利亚向英国商事法院主张原仲裁裁决数额过高,构成惩罚性赔偿,进而违反英国公共政策,应予撤销。英国商事法院判决原仲裁裁决不违反公共政策。

法院认为,首先,原仲裁仅构成补偿性赔偿仲裁裁决,并不构成具有任何惩罚性质或惩罚性损害赔偿金额的裁决。其次,即使本案裁决就损害赔偿部分超出了法院认为适当的范围,法院仍认为这属于仲裁员在认定事实或法律部分的错误,不涉及公共政策。最后,即使裁决中带有惩罚性赔偿,也不涉及违反"普遍的道德原则",不是"对公共利益的严重损害",因此,没有必要据此不予承认依照纽约公约作出的裁决。

关于本案,首先,仲裁庭可否做出惩罚性赔偿裁决? 不同国家对此问题持不同态度。美国认为可以,仲裁员有权作出惩罚性赔偿裁决,除非当事人在仲裁协议中明确禁止这种救济,理由是仲裁是替代法院诉讼的一种方式,所以,仲裁中可使用的救济的范围至少应与法院可采用的救济一样。其他普通法系国家则认为仲裁庭不可以作出惩罚性赔偿裁决。其次,关于利益衡量理论的适用。本案的实质是,法院认为支持国际仲裁裁决的公共政策所内含的利益价值超过了拒绝执行惩罚性赔偿裁决的公共政策价值,所以,法院更倾向于支持裁决的执行。

(二) 新加坡法院认为商业行为排除对公共政策的违反案[①]

本案中,原告和 CEE 签订了四份购销合同,卖方提供货物、开具发票,要求买方支付货款,但买方逾期未支付任何款项,双方协议延期至 2016 年 7 月,后双方又签订了六份购销合同,延期到 2017 年 3 月支付,但是卖方一直未支付之前 4 份合同货款,卖方就于 2017 年 3 月 31 日单方面解除了这六份合同。原告未足额收到(收到了一部分)之前合同项下的货款而单方面解除了之后的合同,故 CEE 认为原告未在约定日期前提供这六份合同中涉及的货物,无权解除,且货物涨价,原告应承担直接损失。

新加坡商事仲裁庭根据双方约定,以印度法为准据裁决:因为先后两份合同是相互独立的,所以,原告不能解除未履行的合同,且原告应支付因未交货而导致的被告间接损失(可抵消前合同款项);同时,被告应支付剩余货款。原告上诉至法院,以原仲裁裁定违反公共利益为由,请求撤销仲裁裁决。后新加坡法院判决原仲裁裁决不违反公共政策,驳回了原告的请求。

法院的理由是:根据既定法律,只有在特殊情况下,当裁决与新加坡的公共

---

① CEB v. CEC and another matter [2020] SGHC(I) 11.

政策相冲突时才可以撤销裁决。上诉法院在 PT A suransi Jasa Indonesia (Persero) v. Dexia Bank SA[2007]1 SLR(R)597 案中阐明,只有当维持仲裁裁决将"冲击良知"(shock the conscience)或"明显对公众利益有害,完全冒犯普通的理性和知情的公众,或违反法院地最基本的道德和正义感"时才可以援引公共政策,并以违反公共政策为由撤销裁决。在判断时,需要考虑公共政策的主体性质、违反公共政策的程度及后果。原告向被告提供信贷而未在合同中加入装运前付款的条款,这是一种冒险的做法。原告在明知付款已逾期且 CEE 财务困难的情况下还订立之后的合同,但并未写入装运前付款的条款,也没有约定不支付先前合同的款项将使其有权撤销后来的合同。在这两起争议中,原告解除了未履行的合同,承担了由此产生的违约风险。法院认为,原告所做的某些商业决定的结果不利,是正常交易的一部分,并没有"冲击法院的良知"。

本案可以得到以下启示:首先,基于违反公共政策这一理由对仲裁裁决的撤销需要满足很高的标准。只有当维持仲裁裁决将"冲击良知"或"明显对公众利益有害,完全冒犯普通的理性和知情的公众,或违反法院地最基本的道德和正义感"时才可以援引公共政策。这些非常例外的情况在商事案件中十分少见。其次,从法理的角度来讲,基于商业行为本身的特殊性、风险性,实务中应该如何区分正常的经营风险和违约行为(可解除合同的条件),也是值得思考的问题。

(三)新加坡高等法院认为 MIC 既判力原则阻却对公共政策的违反案[①]

在本案中,BTO 公司和两名自然人签订《雇用协议》,由两名自然人 BTP、BTQ 为其处理股权转让事宜。同时,当事人签订《股权转让协议》,约定当股权问题发生纠纷需要仲裁时,由毛里求斯管辖,适用毛里求斯法律。《雇用协议》约定,当就雇用问题发生纠纷需要仲裁时,由马来西亚管辖,适用马来西亚法律。《股权转让协议》和《雇用协议》对终止雇用约定了实质性相同的条款,包括"有理由"终止雇用(根据列明的正当理由终止雇用)和"无理由"终止雇用(因所列明理由之外的其他原因而终止雇用)。2014 年 1 月 8 日,BTO 通知两名被上诉人的行为已经构成了"有理由"终止雇用的情形,并列举了一些所谓的正当理由。但是被上诉人认为他们被错误解雇,争议由此产生。

按约定,发生此类纠纷应提请仲裁,但是双方都没有提请仲裁。后马来西亚工业法庭(Malaysian Industria Court,MIC)在作出判决后,BTN 才上诉至新加坡高等法院,主张在先前双方提起 MIC 程序时违反仲裁协议,且维持部分裁决

---

① BTN and another v. BTP and another [2020] SGCA 105.

意味着被上诉人将从违约行为中获利，这将违反公共政策。但法院判决（MIC程序）有既判力，驳回了上诉人的上诉理由。

新加坡高等法院认为，《示范法》第 34(2) 条所规定的撤销裁决的公共政策理由范围很窄。本案法院曾经在 PT A suransi Jasa Indonesia（Persero）v. Dexia Bank SA[2007]1 SLR(R)597 案中认定，只有在维持或执行裁决会"冲击良知"或"明显损害公众利益或……完全冒犯普通的理性和充分知情的公众"时，撤销理由才能成功。法院重申，既判力原则长期以来一直是新加坡法律的组成部分，在新加坡法院提起的案件中援引该原则并不罕见。因此，一项基于判力原则的裁定，其本身绝不能被认为会冲击良知或完全冒犯知情的公众。在被上诉人提起 MIC 程序时，上诉人本可以在这个阶段启动仲裁程序，但是上诉人并未这样做。上诉人既未提起仲裁程序，也未试图限制 MIC 程序的进一步进行。如仲裁庭所言，有关仲裁条款的强制性是以一方当事人实际援引为条件。由于两名上诉人均没有援引仲裁条款，被上诉人在马来西亚根据马来西亚法律（《1967年马来西亚劳资关系法》）提起 MIC 程序在此后不能受到指责。

（四）我国香港地区法院认为违背公共政策不应作为兜底条款随意使用案[①]

本案中，申请人和被申请人是《贷款协议》的签署人，两人是 40 年的朋友。《贷款协议》约定将贷款支付到罗少明、李玉静和李玉龙的账户，而这三人均是被申请人的亲属。在这种情况下，被申请人主张其不是《贷款协议》当事人，并认为申请人不具有放贷资质，《贷款协议》无效。

广州仲裁庭作出裁决，认定协议有效，并命令被申请人向申请人支付相关本金、利息、其他支出和费用。后申请人向我国香港地区法院提出申请，法院作出最终判决，认为原仲裁裁决有效，驳回被申请人撤销裁决的申请。

法院认为《香港仲裁条例》第 95 条规定了法院可拒绝强制执行内地裁决的情形。根据第 95(2)(b) 条，如果裁决所针对的一方能向法院证明，"有关仲裁协议根据以下法律属无效：(i)（凡各方使该协议受某法律规限）该法律；(ii)（如该协议并无显示规限法律）内地法律"，则法院可以拒绝强制执行内地裁决。而根据第 95(3)(b) 条，如果法院认为"强制执行该裁决，会违反公共政策"，法院也可以拒绝强制执行内地裁决。另外，关于贷款协议效力问题，法院认为仲裁庭在裁决中已考虑并处理了《贷款协议》的有效性问题。仲裁庭注意到双方对适用法律没有明确约定，考虑到相关贷款是在内地发放或与内地有关，仲裁庭认为中国

---

① H v. L [2021] HKCFI 1203.

法律与《贷款协议》和贷款安排具有最密切联系，故予以适用。最后，关于放贷资格问题，基于案件事实（申请人与被申请人是 40 多年的亲密朋友，且贷款的收款人是被申请人的亲属而非申请人的陌生人或商业客户），法院认为没有充分证据证明申请人在香港从事放贷业务。

本案的启发是，公共政策理由不能作宽泛解释，也不能在方便时作为一项兜底条款（a catch all provision）随意使用。"它的适用范围有限，应谨慎适用。"只有当执行裁决会使法院的良心受到震撼或违背道德和正义的基本概念时，才可以拒绝执行裁决。而在裁定是否拒绝执行裁决时，执行法院不考虑案件的实体方面或基础交易。法院不能将公共政策作为托辞或借口，以审查裁决的实体方面或审查仲裁庭所作事实或法律认定的正确性。

第四节　结　语

"公共利益"在社会科学领域具有悠久的历史，涉及政治学、法学等多个学科的内容。但到目前为止，法学视野下的"公共利益"并没有一个明确的内涵和外延，给司法适用带来了极大的不确定性，对"公共利益"的解释极易受到一时一地的政治、经济、文化等社会环境的影响。同样，仲裁司法审查下的"公共利益"也没有统一定义。司法实践中，"违背社会公共利益"的解释尺度较难把握。虽然我国法院根据相关法律法规的规定可以凭职权主动适用这一撤销或不予执行仲裁裁决的事由，但各地法院通常是较为审慎的，最高人民法院通过内部报告制度加大了监管力度。

在我国仲裁实践中，存在着大量当事人援引"违背社会公共利益"主张撤销或不予执行仲裁裁决的案件，其原因可能在于任何一项平等民事主体之间纠纷的解决，其背后都必然指向特定的法律价值，而是否触及"社会公共利益"可能只是程度问题，从结果上来看，往往差之毫厘，谬之千里，这就导致在仲裁结果中处在不利地位的当事方一旦认为仲裁裁决可能涉及公共利益，便有可能借助公共利益的相关规定阻碍仲裁裁决的执行。这一现实情况给法官和仲裁员提出了更高要求。[①] 在国际商事仲裁中，当事人主张裁决违反"公共政策"、请求撤销原裁

① 　环中争端解决团队：《探析仲裁司法审查中"公共利益"的内涵与适用（深圳案例）》，微信公众号"环中商事仲裁"，最后访问日期：2021 年 2 月 3 日。

决的案件层出不穷。但是无论是学界还是各国司法实践中，都暂时未对"公共政策（公共利益）"作出明确的界定和适用标准。

鉴于各国政治、经济、宗教、社会文化等诸多因素的差异，不同地区的法院在是否援引、如何援引"违反公共政策不予承认和执行"时会面临较大的自由裁量权，进而引发该项规范适用时的不稳定性风险。目前各国达成一致的事由主要是"承认与执行原仲裁裁决会不利于本国司法主权的维护"。从国际"公共政策"角度来看，极少数国家会将裁决影响扩大解释为"违反国际公认的秩序"。因此，学界和实务界都应该对"公共秩序"的国际标准作出统一的认定和解释，以更及时、灵活地适应国际商事仲裁实践对立法、司法等层面提出的要求。

参 考 文 献

一、著作类

沈伟、陈治东：《商事仲裁法：国际视野和中国实践》(上、下卷)，上海交通大学出版社 2020 年版。

刘晓红：《国际商事仲裁专题研究》，法律出版社 2009 年版。

杨弘磊：《中国内地司法实践视角下的〈纽约公约〉问题研究》，法律出版社 2006 年版。

江必新：《新民事诉讼法理解适用与实务指南》，法律出版社 2015 年版。

杨良宜、莫世杰、杨大明：《仲裁法：从开庭审理到裁决书的作出与执行》，法律出版社 2009 年版。

徐伟功：《国际商事仲裁理论与实务》，华中科技大学出版社 2017 年版。

乔欣：《比较商事仲裁》，法律出版社 2004 年版。

朱克鹏：《国际商事仲裁的法律适用》，法律出版社 1999 年版。

江必新：《新民事诉讼法专题讲座》，法律出版社 2012 年版。

韩健：《现代国际商事仲裁法的理论与实践》，法律出版社 2000 年版。

赵秀文：《国际商事仲裁及其适用法律问题研究》，北京大学出版社 2002 年版。

陈治东：《国际商事仲裁法》，法律出版社 1998 年版。

马军等：《商事仲裁司法审查案件审理规范指南》，法律出版社 2020 年版。

江伟、肖建国：《仲裁法》，中国人民大学出版社 2016 年版。

李广辉、林泰松：《仲裁法学》，中国法制出版社 2019 年版。

沈达明、冯大同：《国际贸易法新论》，法律出版社 1989 年版。

谢石松：《商事仲裁法学》，高等教育出版社 2003 年版。

刘晓春：《〈深圳国际仲裁院仲裁规则〉理解与适用》，北京大学出版社 2020 年版。

杜万华：《解读最高人民法院司法解释(含指导性案例)：民事诉讼卷(下)》，人民法院出版社 2016 年版。

〔美〕加里·B. 博恩：《国际仲裁与协议管辖条款：起草与执行》，崔强译，法律出版社 2023 年版。

〔英〕施米托夫：《国际贸易法文选》，赵秀文选译，中国大百科全书出版社 1993 年版。

二、期刊类

徐三桥：《仲裁员的披露与回避问题探讨》，《商事仲裁与调解》2020 年第 3 期。

陈敏：《仲裁员的行为规范》，《仲裁与法律通讯》1994 年第 3 期。

邓瑞平等：《商事仲裁责任制度简论》，《重庆大学学报(社会科学版)》2005 年第 1 期。

刘晓红：《确定仲裁员责任制度的法理思考：兼评述中国仲裁员责任制度》，《华东政法大学学报》2007 年第 5 期。

文芳：《论仲裁员民事责任：试构建我国仲裁员责任体系》，《黑龙江省政法管理干部学院学报》2010 年第 6 期。

黄亚英：《外国仲裁裁决论析：基于〈纽约公约〉及中国实践的视角》，《现代法学》2007 年第 1 期。

王瑞华：《我国商事仲裁中间裁决制度的运行实践考察及思考：以北京仲裁委员会/北京国际仲裁中心为样本》，《北京仲裁》2017 年第 1 期。

张卫平：《仲裁裁决撤销程序的法理分析》，《比较法研究》2018 年第 6 期。

沈伟：《我国仲裁司法审查制度的规范分析：缘起、演进、机理和缺陷》，《法学论坛》2019 年第 1 期。

宋连斌：《〈仲裁法〉实施后中国仲裁制度的新发展》，《北京仲裁》2010 年第 3 期。

何其生、张霞光：《承认与执行外国法院判决的博弈分析》，《武大国际法评论》2017 年第 1 期。

张卫平：《仲裁裁决撤销事由的解析及调整》，《经贸法律评论》2018 年第 1 期。

傅攀峰：《未竟的争鸣：被撤销的国际商事仲裁裁决的承认与执行》，《现代法学》2017 年第 1 期。

刘双玉、吴献雅等：《完善仲裁公信力提升机制若干问题研究：以北京地区仲裁司法审查案件为分析样本》，《法律适用》2022 年第 11 期。

章杰超：《论仲裁司法审查理念之变迁：以 N 市中院申请撤销国内仲裁裁裁定为基础》，《当代法学》2015 年第 4 期。

覃华平：《我国仲裁裁决撤销制度探析及立法完善之建议》，《中国政法大学学报》2017 年第 2 期。

胡建淼、邢益精:《公共利益概念透析》,《法学》2004 年第 10 期。

韩大元:《宪法文本中"公共利益"的规范分析》,《法学论坛》2005 年第 1 期。

朱匡胤、洪梦如:《关于国际商事仲裁裁决承认与执行中的公共政策适用研究》,《法制博览》2018 年第 15 期。

梁上上:《利益的层次结构与利益衡量的展开:兼评加藤一郎的利益衡量论》,《法学研究》2002 年第 1 期。

李娜:《埃及仲裁裁决承认与执行实践对仲裁程序法律适用规则与"一带一路"法律风险防范的启示》,《法律适用》2018 年第 12 期。

寇丽:《论中国国际商事仲裁的法律适用问题》,《政法论坛》2004 年第 4 期。

刘贵祥等:《〈关于人民法院办理仲裁裁决执行案件若干问题的规定〉的理解与适用》,《人民司法》2018 年第 13 期。

李庆明:《仲裁的最低正当程序简析》,《商事仲裁》2006 年第 1 期。

吴艳:《论涉外仲裁协议效力的审查:从最高人民法院的典型复函入手》,《仲裁研究》2015 年第 3 期。

何其生:《国际商事仲裁司法审查中的公共政策》,《中国社会科学》2014 年第 7 期。

朱克鹏:《论国际商事仲裁中的法院干预》,《法学评论》1995 年第 4 期。

王瀚、李广辉:《仲裁庭自裁管辖权原则》,《中国法学》2004 年第 2 期。

肖永平:《也谈我国法院对仲裁的监督范围:与陈安先生商榷》,《法学评论》1998 年第 1 期。

丛雪莲、罗楚湘:《仲裁诉讼化若干问题探讨》,《法学评论》2007 年第 6 期。

苟应鹏:《中间裁决制度的体系展开》,《商事仲裁与调解》2022 年第 12 期。

洪培花:《确认仲裁协议效力应以形式审查为主》,《人民司法》2019 年第 26 期。

黎弘博:《案外人申请不予执行仲裁裁决的司法适用研究:以〈仲裁执行规定〉第 9 条、第 18 条为中心》,《北京仲裁》2019 年第 26 期。

李娜:《仲裁司法审查实践中的"公共政策"研究》,《北京仲裁》2022 年第 1 期。

索　引

A

《ADGM 仲裁条例》 157

B

被申请人 3,4,16,17,19,21—23,25—27,
　33,35,36,39,46,49,54,61,64—67,69,
　70,75,82,91,98,99,101,102,106,107,
　110,113,116,117,121,122,125,126,
　129,131,138,141,153,155,163,165—
　167,169,170,174,175,180—183,185,
　186,188—194,197,198,200,205,206,
　212,218,233,237,238,241,243,244,
　250,251

《比利时法典》 150

笔录 53,69,70,72,116

辩论 67—69,100,129,196

补充裁决 53,90,95

部分裁决 90,91,93,94,128,142,157,192,
　194,195,249

C

财产保全 167,198,199,220

撤销和不予执行仲裁裁决 40,153

陈述 19,20,26,30,52,66—69,101,106,
　109,116,128,129,131,137,138,143,
　148,188,189,205,218,219

承认 5,12,13,37,41—44,47,48,77,79,
　80,90,93,95—99,101—106,110,118,
　120,122,129,130,132,150—152,155,
　162—166,168,171,172,174,175,182,
　185,188—190,198,201,204—209,211,
　213,215,216,218,224,229,232,235,
　245,248,252

承认与执行 43,44,47,48,51,61,105,127,
　146,147,152,157,162,163,165,168,
　169,174,176,179,190,191,194,199,
　200,230,232,244—247,252

惩罚性措施 245

重复仲裁 113,114,141,142

重新仲裁 132,134,141,142,158,160,176,
　210

D

答辩 22,23,25,34,43,54,61,67—69,120,
　134,138,142,180,181,183

"当事人弃权"制度 84

《德国民事诉讼法典》 52

《德国仲裁法》 158

电子邮箱送达 65,66

独任仲裁员 30,33,36,54,55,60,64,74,
　77,94,111,112,146—148,184

E

俄罗斯《国际商事仲裁法》 150

F

法定程序 46,49—51,53—55,57,60—62,
66—70,72,73,76,82,93,106,110,111,
113—115,131—133,139—141,146,148,
149,155,175,180,181,183,184,233

《法官法》 224

《法国民法典》 14

《法国仲裁法》 130

法域 98,118,122,163,198,206,207,232

反垄断争议 7—9

G

公告送达 62,117,181

公共利益 9,99,100,121—123,130,131,
153,154,156,185—188,229—235,240—
244,246,248,251,252

公共政策 102,108,121—123,127,128,
138,149—157,159,165,187,206,215,
218—220,229—233,244—252

公司集团理论 17

《公务员法》 59

公序良俗 154,186,229,230,239,240

公证送达 63,117,126,140

《关于人民法院裁定撤销仲裁裁决或驳回当
事人申请后能否上诉问题的批复》 161

《关于完善仲裁制度提高仲裁公信力的若干
意见》 59

《关于现职法官不得担任仲裁员的通知》
75

管辖 6—8,10,13,16,19,23—27,29,32—

43,45,47,50,70,90—93,96—102,106,
107,112,113,118—120,126,128,130,
132—135,137,143,144,148,158,161,
162,165—169,176,177,180,189,196—
198,204—206,216,224,227,233,249

管辖权异议 6,9,23—27,35,120,121,134,
143,148,149,167

《广州仲裁委仲裁规则》 140

国际法协会国际商事仲裁委员会 151

国际公共政策 130,150,151,231

《国际律师协会国际仲裁利益冲突指引》
77

国际商事仲裁 1,29,31,32,51,63,81,99,
103,108,109,118—120,126,131,137,
150,151,155,157,171—173,203,219,
229—231,244,247,251,252

国内公共政策 150

H

《杭州仲裁委员会仲裁规则》 54,111,112,
184

合同解释 11

合同履行 5,9,11,64,103,106,247

《荷兰民事诉讼法典》 158

衡平法院 61,74

I

《IBA 国际仲裁利益冲突指引》 59

J

既判力 163,165,249,250

L

利益衡量理论 231,246,248

连接点 36

《联邦仲裁法》 96,97,118,119,159

《联合国国际贸易法委员会仲裁规则》 80,81,102

临时仲裁 4,36,70,71,99—103,105,107,109,110,114,135,137,167,171,180,181,183,188,193,194,200,207

《律师执业管理办法》 82

M

美国律师协会司法行为示范守则 60,74

《美国统一仲裁法》 52

《民事诉讼法》 20,23,46,49,50,54,62,67,83,102,103,105,106,111,114—116,122,131,132,142,146,149,150,156,160,161,163—167,174—176,178,180,181,183,185,188,201,204—206,218,219,224,230,233,241

N

内国仲裁 41,105,205

内国仲裁裁决 90,95,171,172,226

《纽约公约》 5,13,14,37,40,44,47,48,61,63,90,95—106,118,119,122,126,127,132,146,147,149,150,155,157,163,165,169,172,174,175,188—192,194,205,206,215,216,218,219,230—232,244—246

O

《欧洲人权公约》 99,100,196

P

披露制度 53,58,80,83—85,88

葡萄牙《自愿仲裁法》 150

Q

契约性 5,87,108,110,112

前置条件 113

强制性规定 47,48,50,51,107,141,235,238,244

R

《瑞典仲裁法》 35,58,102,172

《瑞士联邦国际私法法规》 135

S

商事争议 29,74,100

社会公共利益 7,106,115,116,121—123,127,130—132,150—155,176,179,182,185—188,206,208,230,231,233—239,241—244,251

涉外 4,12,14,18,32,35,36,45,46,50,51,82,85,92,93,95—97,99,101,103—108,115—118,130—132,156,166,167,171—174,188,190,201,202,204—214,216—219,224,226

《涉外民事法律关系法律适用法》 37

申请人 3,4,10,16,18—21,23—27,33,35,54,57,64—66,68—70,75,82,84,91,92,98,99,101,106,110,111,115—117,119,120,124—126,129,133,134,139—141,145,148,152,153,164—167,169,175,179,181,183,185—189,191—194,197,198,205,211,212,236—238,241,242,244,246,247,250,251

申诉方 31,166,221,222

SIAC 仲裁规则 55,120,147,189

实体审查 128,130,178,236,242

《示范法》 5,109,110,119—121,126—128,
132,134,142,146,149,150,156,159,
181,232,250

首要管辖权 97,98,118,119

司法豁免理论 86

司法让渡理论 73,81,86

司法审查 12,18,20,22—28,57,66,82,93,
99,101,103,106,112,113,116,121,123,
124,130—132,134,135,146,148,152,
153,160,161,174—179,184,186—188,
193,201,205,206,208,210,212,214,
226,232,234,237,242,251

司法主权 46,122,252

送达 2,25,43,44,47—49,54,61—63,65,
66,106,111,117,126,127,133,139—
141,148,168,170,176,181,183,189,
190,197,198,218,219,233

送达程序 117,140,141

W

外国仲裁 4,32,36,39,40,98,99,104,105,
151,174,205,207,208,216

外国仲裁裁决 5,37,44,47,90,95—98,
102—106,118,122,127,146,150,151,
163—165,167,169,171,172,174,175,
188,189,201,204,205,209,226,244

X

现职法官 60,61,74,75

《谢尔曼法》 8

新加坡国际仲裁中心 10,16,39,55,134,
146,147,165,189

信息披露 52,57,84

形式审查 178

Y

意思自治 26,29,32,50,52,72,75,76,87,
88,108,110—113,134,137,146—148,
187

英国《1996 年仲裁法》 51,52,60,68,69,
128,129,150,159

域外 7,79,82,85,98,100,102,118,132,
155,173,198,199,245

Z

争议解决 8,9,16,32,33,37,61,74,94,99,
100,102,107,115,118,135—137,143,
177,189,213,244

证据 14,19,20,28,38,42,44—49,52,54,
56,61,66,67,78,84,94,95,106,108,
110,114—116,122,128,130,131,133—
135,137,138,141—143,149,155,156,
160,167—170,175,176,180—183,190,
191,199,200,206,212,213,233,236,
242,244,246,247,251

执行 2,5—7,12—14,29,30,34,35,37—
40,42—44,46—51,54,55,58,61,62,72,
76,82,84,90,91,93—111,116,118,119,
121—123,125,126,130—133,140,144,
146,150—153,155,156,158,162—172,
174—185,188—220,222—227,230—
233,235—237,240,241,244,245,247,
248,250—252

《中国国际经济贸易仲裁委员会仲裁规则》
53,63,117

中间裁决 90—94,193—195

仲裁裁决 2,13,16,32,36,39—44,46—51,

53—56,59—63,66,67,69—77,82—84,
86,87,90,91,94—135,137—140,142—
149,151—184,186—194,196,198—219,
222,224—227,232—252

仲裁裁决程序瑕疵　108

仲裁裁决的撤销　98,115,119,124,127,
130,132,205,249

仲裁裁决的籍属　103,106

仲裁裁决的效力　43,72,96,218

仲裁超裁　116

仲裁程序法　29—33,36,40,41,44—48

仲裁程序违法　49,52,53,63,117,139,140,
180,182,184

仲裁地　12,26,27,31—40,43,45—48,71,
97—100,104—107,112,118,119,126,
168,173,174,177,199,232,245—247

仲裁地标准　99,103—105,107

仲裁地法　29,32,36—41,46—48,146,155

仲裁地法院　126,157,246,247

《仲裁法》　2,4,6,7,12,18,21,22,24—26,
45,46,49—54,57,58,60—62,66,67,72,
73,75,77,78,81—85,87,88,90,91,93—
96,100,103—105,111,113—117,121,
122,125,130—132,134,139,141,142,
144,149,152,156,160,161,179—181,
183,195,205—207,210,214,219,226,
230,233,236

仲裁规则　12,13,22,23,29,31,32,34—36,
39,41—55,57—59,61—63,66,67,69,
70,72,75,76,80,82,90,95,98,100,
102—106,110—113,116,117,126,130—
132,134,136,139,140,143,146—149,
156,177,179—181,183,184,193—195,
205,218,238

仲裁机构标准　98,104,105

《仲裁示范法》　81,83,85

仲裁条款　1—13,16—23,30,31,33—40,
43,44,47,48,54,64,77,92,99,100,103,
104,106—108,113,116,120,122,131,
133—136,144,147,148,152,156,166,
168,170,174,175,177,178,180,182,
184,189,192,205,218,233,237,241—
243,246,250

仲裁庭　2,6,10,16,22—27,29,31,35—59,
61,62,66—73,75—77,79,82,84,88,90,
91,93—96,99—103,106,108—118,
120—122,126,128—149,151,152,156—
160,162,163,174—176,179—181,183,
184,186—191,193—195,198,199,203,
205,206,210,213,216—218,233,235,
238,240,242—248,250,251

仲裁庭越权裁决　132

仲裁委员会　5—7,18,21,23,24,32,34,35,
43,46,47,49,52—54,57—59,61—63,
66,67,69,73,75—77,82,87,90—92,95,
96,100,101,104—106,111—115,117,
121,126,127,130,131,133,139,140,
142,144,146,148,149,155,173,175,
177,180—185,191,214,233,236—238,
240—243

仲裁协议　1—15,17—27,29,32—39,41,
42,44,50,55,56,60,74,76,87,97,99—
102,106,107,112,114—116,119—121,
128,130—136,142,144,145,155,156,
158,160—162,172—176,178—180,184,
188—191,196,205,206,217—220,233,
245,248—250

仲裁协议有效性　90,91,93,189

《仲裁与调解法》　33

仲裁员　11,29—32,35,37,40—42,45,47,
　48,52—61,63,64,69—71,73—88,91,
　104,106,108—112,115,116,119,120,
　123,126,128—133,135,137,140,143,
　144,146—149,155,158,159,175,176,
　180,183,205,206,215,218,230,233,
　248,251

准据法　14,30,31,34—40,44,106,126,
　190,206,210,215

自裁管辖权　25,27

自然正义　109,110,120,121,138,143

最低正当程序　51,52,72

最高法院　5—8,11,12,17,32,47,48,55,
　56,59,67,77,78,104,118,119,123,161,
　163,166,181,183,188,196,204,207,
　209—212,216—218,220,226,239,246,
　247

《最高人民法院关于人民法院办理仲裁裁决
　执行案件若干问题的规定》　49,76,110,
　146,179,192,205,206,218

《最高人民法院关于审理仲裁司法审查案件
　若干问题的规定》　149,161,164,165,
　205

《最高人民法院关于适用〈中华人民共和国
　仲裁法〉若干问题的解释》　6,37,44,
　116,133,136,139,160

最终裁决　35,56,84,90,93—95,104,157,
　194,195,212,245

后　　记

　　本书是上海仲裁委员会开放基金项目、上海市司法局《上海市浦东新区仲裁促进条例》立法调研项目、上海市浦东新区《浦东建设国际法律服务中心核心区》调研课题的阶段性成果,得到上海交通大学出版社的部分出版资助,特此感谢!

　　感谢汪娜编辑在本书出版过程中提供的专业帮助和精心编辑。

　　本书也是上海交通大学校级立项教材,受到上海交通大学资助,特此说明。

　　是为后记。

沈　伟

2024 年 5 月 26 日

"涉外法治论丛"已出版书目

沈伟、陈治东	著	商事仲裁法：国际视野和中国实践（上、下卷）
沈伟	著	金融制裁和反制裁法理研究
沈伟	著	国际经济规则中的安全例外问题：基于国际协定和适用的分析
沈伟、张磊	主编	《仲裁法》修订述评：重点和难点
沈伟	著	中美经贸摩擦和国际经济秩序转型（上、下卷）
沈伟、金可可	主编	金融纠纷解决机制的应然和实然面向：基于法教义学和法经济学的双重路径
沈伟	主编	美国外资安全审查法和外国代理人登记法述评：文本和解读
沈伟	主编	数字时代的金融平台和加密资产：技术、风险和规制
沈伟	主编	国际商事仲裁法：争点和案例